エシックス経営

パーパスを経営現場に実装する

Ethics beyond Compliance

Ethics as a New Management Driver to Realize Purpose-driven Value Creation for the Generations to Come

名和高司
Nawa Takashi

東洋経済新報社

はじめに

パーパス(志)が、時代のキーワードとなっている。先が見えない今だからこそ、自分たちの「ありたい姿」を描こうという思いが高まっているからだろう。

多くの企業が、パーパスを高く掲げている。三年前に『パーパス経営』を上梓した筆者としては、とても嬉しい情景である。

同書の中でも、パーパスづくりは、まず「白昼夢セッション」から、という話を紹介した。現実の制約を取り払って、夢のような未来を描くことが大切だからだ。

しかし、当然のことながら、夢は簡単には実現しない。現実は、まさに制約だらけだからだ。そして経営者や社員は、きれいごとではすまされない現実の前で、抜き差しならない決断を迫られる。

たとえば、社会への貢献と自社の利益のどちらに重きを置くか。今期の利益と将来の利益のどちらを優先するのか。限られた経営資源を、どこにどれだけ振り分けるか——いずれも、「正しい答え」のない問いである。

しかも、そこでの判断ミスは、致命的な結果をもたらしかねない。昨年(二〇二三年)も、企業の不祥事が続出した。いくらきれいごとのパーパスを掲げていても、いや、掲げれば掲げるほど、不祥事が発生すれば、企業ブランドは大きく棄損してしまう。

その中には、筆者自身が社外取締役やアドバイザーとして、深くかかわった企業も含まれる。もちろん、ガバナンス(統治)不全という叱責は免れない。しかし、外部からのガバナンスが、パーパスの確実な実践に、どこまで有効なのかは、大いに疑問の残るところだ。

パーパスを「きれいごと」に終わらせないためには、まず、一人一人の「自分ごと」に落とし込む必要がある。しかし、それだけでも足りない。パーパスを実践するためには、経営レベル、そして現場レベルで、現実の意思決定の判断軸にまで落とし込まなければならないのだ。

パーパスをプラクティス(実践)に結びつけるためには、この判断軸が不可欠となる。それを本書では、「プリンシプル(行動原理)」と呼ぶ。パーパス実践のカギを握るのが、このプリンシプルの実装なのである。

そのような状態になって初めて、ガバナンスが正しく機能するようになる。このガバナンスの本質を、本書では、統治ではなく自治、すなわち、セルフガバナンスと呼ぶ。

そしてそれは、リスクを防止するだけにとどまらない。プリンシプルが実装されていれば、より高いリターンに挑戦することができるようになる。ちょうど、ブレーキがよく利くクルマであれば、安心してアクセルを思い切り踏み込むことができるのと同じ原理である。

日本企業も、プリンシプルを実装することで、これまでのローリスク・ローリターン経営から、ハイリスク・ハイリターン経営にギアシフトすることができるようになる。そうすることで、縮み志向に逃避していた「失われた三〇年間」から、覚醒することができるはずだ。

では、プリンシプルはどのように紡ぎ出せばよいのか。言い換えれば、行動の善悪の判断を、何に求めればよいのか。

真善美の「真」は、理性が正しい答えに導いてくれる。「美」は感性の赴くままに堪能できる。しかし「善」の判断は、簡単ではない。世界観や価値観、立場や状況によって、何が「善」かの答えは異なるからだ。

簡単に哲学の歴史をひもといてみよう。一八世紀後半、近代哲学の祖といわれるイマヌエル・カントは、理性と感性を結び、善を判断する知性を「悟性」と名づけた。わかりやすくいえば、「倫理」である。なお本書では、倫理とエシックスを同義として論じる。

とはいえ、この「倫理（エシックス）」は、一筋縄ではいかない。そもそも「道徳（モラル）」とは似て非なるものである。道徳が「人として生きるための常識」であるのに対して、倫理は「社会にとって、より良い生き方は何か」を問う。道徳は家庭や小中学校での「しつけ」や「教え」によって実装されるのに対して、倫理は答えを求める過程で実装されていくものである。

しかし、その倫理にも共通解はない。古今東西で多様な「学派」があり、それぞれが微妙に違うことを唱えている。

現実の経営と同様、「倫理」の森も迷路の塊といってよいだろう。しかし、それでは、学問の世界ならまだしも、実際の経営判断の局面においてはお手上げとなってしまう。

では、経営の現場で、倫理を実装するには、どうすればよいか。それが本書の本質的な課題意識だ。ネタバレを承知で、答えの糸口をお示しすると、それは「学習と脱学習のあくなき反復(メビウス)運動」から生み出されているものである。

それをカントは「実践理性」と呼び、西田幾多郎は「絶対矛盾的自己同一」と呼び、野中郁次郎は「二項動態経営」と呼ぶ。といっても、何のことやら、はてなマークがいくつも浮かんでくるのではないだろうか。

本書では、倫理の迷路の森の入り口で、まず基本思想からひもといていく。そのうえで、経営への実装に至るまでの道程をつまびらかにしていきたい。

本書は、大きく四部構成となっている。

第Ⅰ部では、エシックス経営とは何か、それが、なぜ今問われているかを論じる。そして、その実践を通じて、次世代経営の地平が開けていくことを展望する。

第Ⅱ部では、エシックス経営を実践している企業群を紹介する。まず、アメリカ、次に日本の先進企業を例示する。そのうえで、アメリカ流と日本流の共通点と相違点を浮き彫りにする。

第Ⅲ部では、エシックス経営を実践するうえでの方法を論じる。キーワードは「セルフガバナンス（自治）」「シン三位一体」「多元的リーダーシップ」の三つ。いずれも筆者の造語だ。本書の肝の部分なので、ここはぜひじっくり味わっていただきたい。

最後の第Ⅳ部では、日本企業への提言を盛り込む。ここでのキーワードは、「共生」「共時性」「異結合」の三つだ。いずれも、日本発の知の創造プロセスである「編集工学」の教えを、空間、時間、そして価値という三つの次元に応用する試みでもある。そのような伝統の中からこそ、「シン日本流」という日本ならではの革新が生まれてくるものと確信している。

本書の厚さに、ちょっと気後れがしてしまうかもしれない。まずは、ご興味がわくところから読み始めていただきたい。そして、読み終わって本を閉じたとき、パーパスという「夢」につながる倫理の道が、きっと見えてくるはずだ。

二〇二四年七月　盛夏の京都・鷹峯にて

名和高司

目次

第3章 エシックス経営の時代 051

第6章 アメリカ流と日本流 185

第IV部 エシックス経営の最前線

参考文献

注

索引

第
I
部

エシックス経営とは何か

「経営倫理」は、経営の現場でも、最近よく耳にする。金儲けばかりに気を取られると、足をすくわれてしまう。企業として、社会的責任を十分果たしているかが、改めて問われている。ガバナンス（統治）の重要性が喧伝される中、多くの企業は、経営倫理の徹底に余念がないことだろう。

では、「倫理（＝エシックス）経営」という言葉はどうだろうか。これは「倫理を基軸とした経営」を指す。すると今度は、倫理だけに気を取られていては、思うように金儲けはできない、といった本音が聞こえてきそうだ。

これは「パーパス経営」ブームの前夜と、よく似た状況である。二〇二一年五月に筆者が『パーパス経営――三〇年先の視点から現在を捉える』を上梓した頃、多くの企業は「経営のパーパス（目的）」は語れたとしても、パーパス（志）を主軸とした経営を標榜する企業は、ほんの一握りにすぎなかった。

それが、この本も一つのきっかけとなって、あっという間に「パーパス（志本）経営」に火が付いた。二〇二一年が「パーパス経営元年」とまで呼ばれるようになるほどの盛況ぶり。これは仕掛け人の一人として、嬉しい驚きだった。

しかし、諸手を挙げて喜んでばかりはいられない。立派なパーパスを掲げる企業は増えたものの、その実践は、まだ緒に就いたばかりだからだ。

そのようなタイミングで、「エシックス経営」を提唱することには、当初躊躇があった。

「パーパスの次はエシックスだ」などという浮ついた風潮に加担したくないからだ。もっとも、「パーパス」と違って「エシックス」となると、ワクワクではなく「ビクビク」が先に立ち、そもそも火が付きにくいかもしれない。

それはそれで、とても残念な話である。なぜなら、「パーパス」というきれいごとを実践するには、「倫理」という覚悟が不可欠だからだ。つまり、「パーパス」と「エシックス」は、いわば一体(ワンセット)でなければならない。どちらを欠いても、現実の壁を越えることは困難だ。多くの企業でパーパスの実践が行き詰まっている今こそ、倫理を日々の行動原理にまで落とし込むことが求められているのである。

倫理に対する消極的な姿勢は、この言葉の本質を大きく誤解しているからではないだろうか。倫理は単なる法令遵守(コンプライアンス)のためにあるのではない。倫理こそ、社会価値を生み出し、それを経済価値に変換し、さらに社会価値の向上のために再投資するという良質な資本主義、ひいては持続可能な社会と経済の発展のための基軸とならなければならない。

倫理とは何か。そしてなぜ、今、倫理を基軸とした経営が求められているのか。ここをしっかり押さえておくことが、エシックス経営の出発点になるはずだ。

第1章

倫理が問われる理由

資本主義の父と称されるアダム・スミス(一七二三~一七九〇年)は、経済学の前に倫理学を教えていた。主著『国富論』(一七七六年)は、前作の『道徳感情論』(一七五九年)とセットで読まれることを意図したものであった。つまり、資本主義の父は、倫理を基軸とした富の創出を標榜したのである。

この大原則が大きく崩れようとしている。トマ・ピケティが『二一世紀の資本』(二〇一三年)で指摘したように、貧富の差は拡大する一方だ。従来、資本主義が「外部経済」と見なしていた環境資産や自然資産の破壊は、野放図な搾取の結果、修復不可能な限界値に近づいてきている。生成AIは人知による制御を超えて自己増殖を始め、世界は多発する紛争によって分断の一途をたどっている。資本主義は、いま一度、倫理に立ち返らなければならない。

企業経営も同様である。パーパス経営が標榜されるものの、多くの企業では掛け声倒れに終わっている。「額縁パーパス」のオンパレードである。

もちろん、パーパスの実践に真摯に取り組む企業も、一握り存在する。しかし、そのような先進企業ですら、経営の現場で、判断ミスを犯してしまうことが少なくない。どれだけ立派なパーパスを掲げても、日々の実践での行動原理にまで落とし込めていないからだ。

パーパスをきれいごとに終わらせないためにも、今こそ倫理を基軸とする経営の実践が求められている。本章では、そのあたりの現状認識から、ひもといてみたい。

花ざかりの森

世界中でパーパスが花ざかりだ。「Purpose before Profit（パーパスこそが企業の目的、プロフィットはその結果）」が、先進企業の合言葉となっている。

日本でも、パーパス経営の気運が盛り上がっている。財務省の報告によると、二〇二二年半ば時点で、上場企業の約五％にあたる二一五社が、明確に「パーパス」を掲げていると答えている。

この調査を行ったアイディール・リーダーズ社が、これら二一五社のパーパスをテキスト分析した結果を公表している。[1] 出現頻度の高かった言葉は、「社会」（九二回）、「貢献」（五一回）、

図1-1

パーパスのキーワード分析

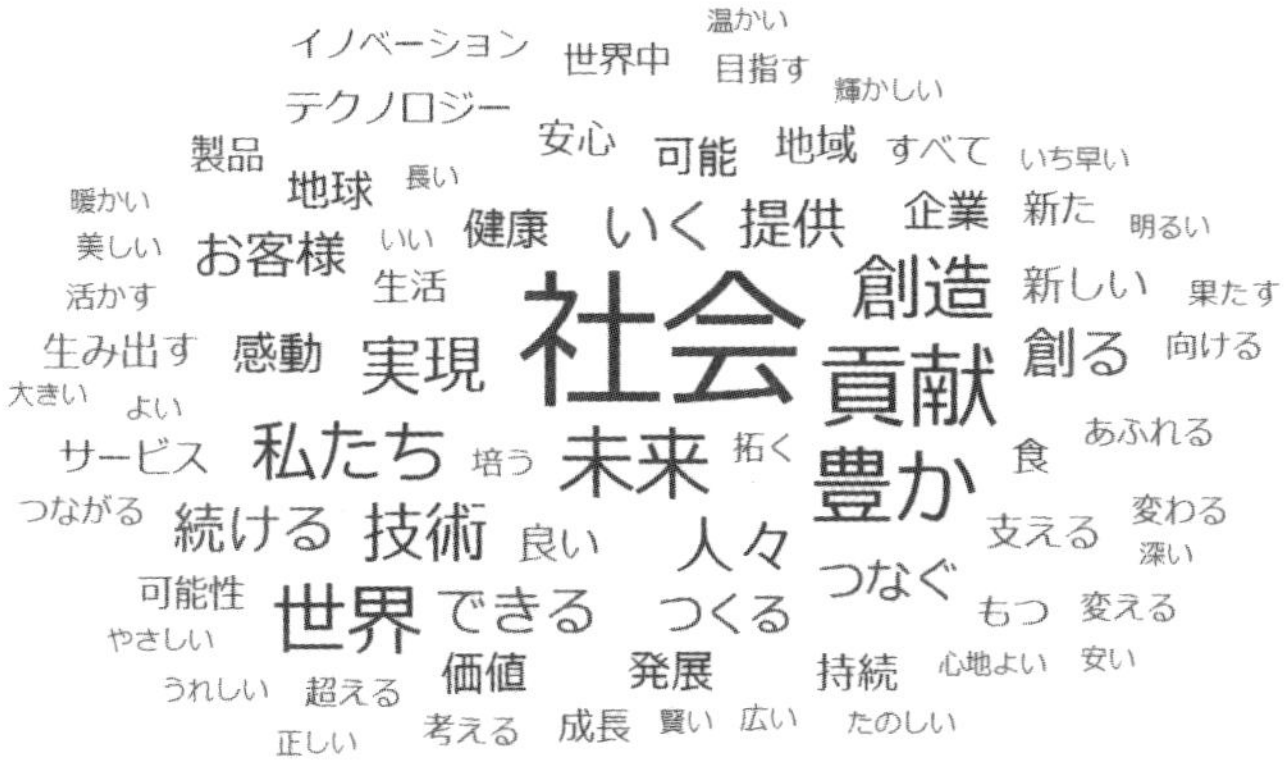

出所:アイディール・リーダーズ「上場企業3849社のパーパス策定状況の調査結果を公開」PR Times、2022年11月2日。

「豊か」(四七回)、「未来」(四二回)、「世界」(四二回)など(図1-1)。この分析が示すように、パーパスの文言には、社会価値を重視した表現が採用される傾向にある。

それはもちろん、大変結構なことだ。「競争に勝つ」や「儲ける」などという野心や私心に満ちた言葉は、志の表現にはそぐわない。レイモンド・チャンドラーの小説に登場する探偵フィリップ・マーロウの名セリフではないが、現代の企業も「強くなければ生きていけない。しかし、優しくなければ生きる資格がない」のである。

しかし一方で、そのような「きれいごと」だけでは、経営は成り立たない。パーパスを掲げて社会価値の向上をめざすと同時に、自社の経済価値を高めることが、経営戦略の主眼となる。ハーバード・ビジネススクールのマイケル・ポーター教授がCSV（Creating Shared Value：共通価値の創造）と呼ぶ経営モデルである。[2]

パーパスはCSVに落とし込むことによって初めて、企業戦略として機能するのである。この点は、後ほど詳述することとしたい。

いずれにせよ、企業はまず、生きる資格を獲得するために、パーパスを掲げる必要がある。この調査から二年近くが経過し、パーパス経営を標榜する企業の数は、うなぎのぼりに増える一方だ。筆者自身、パーパス策定を支援した企業は、軽く一〇〇社を超える。

まさに、パーパス百花繚乱の観を呈している。それは、鬼才・三島由紀夫が一六歳のときに書いたデビュー作『花ざかりの森』（一九四一年）を彷彿とさせる。この小説の巻頭には、一九世紀のフランスの詩人・シャルル・クロスの「小唄」から、次の一文が引用されている。[3]

かの女は森の花ざかりに死んで行った。
かの女は余所《よそ》にもっと青い森があると知っていた。

パーパスの花ざかりの森も、きれいごとに終われば、いつしか朽ちていってしまうのではないだろうか。パーパスの青い森は、どこにあるのだろうか。

シンSDGsの蹉跌

筆者は前著『パーパス経営』の中で、「シンSDGs」を提唱した。現行のSDGs（持続可能な開発目標）の二〇年先を展望したもので、SustainabilityとDigitalとGlobalsを掛け合わせた造語である。そしてその中軸を担うのがパーパスだ（図1-2）。この概念図は、過去三年間でだいぶ知られるようになってきた。

しかし、残念ながら、その間に事態は想定を超えて、危険水域に迫っている。

まずサステナビリティ。現行のSDGsの一七のゴールはいずれも、二〇三〇年までに達成されなければならないものである。しかし、折り返し地点を過ぎた今、多くの項目で早くも黄色信号が灯っている。

自社や自社の周りはまだしも、超上流や超下流まできちんと対応できている企業は、世界を見渡しても残念ながらまだ存在しない。特に日本企業は、人権や生物多様性などの分野で、大きく後れをとっている。

国連では、一〇〇周年を迎える二〇四五年に向けて、SDGsの先のグローバルアジェンダが議論されている。そのキーワードの一つが、ウェルビーイング（幸福な状態）だ。幸福は、平和や健康などとともに、人類の永遠の願いである。だとすれば、「ウェルビーイング」という

図1-2

シンSDGs――資本主義から志本主義へ

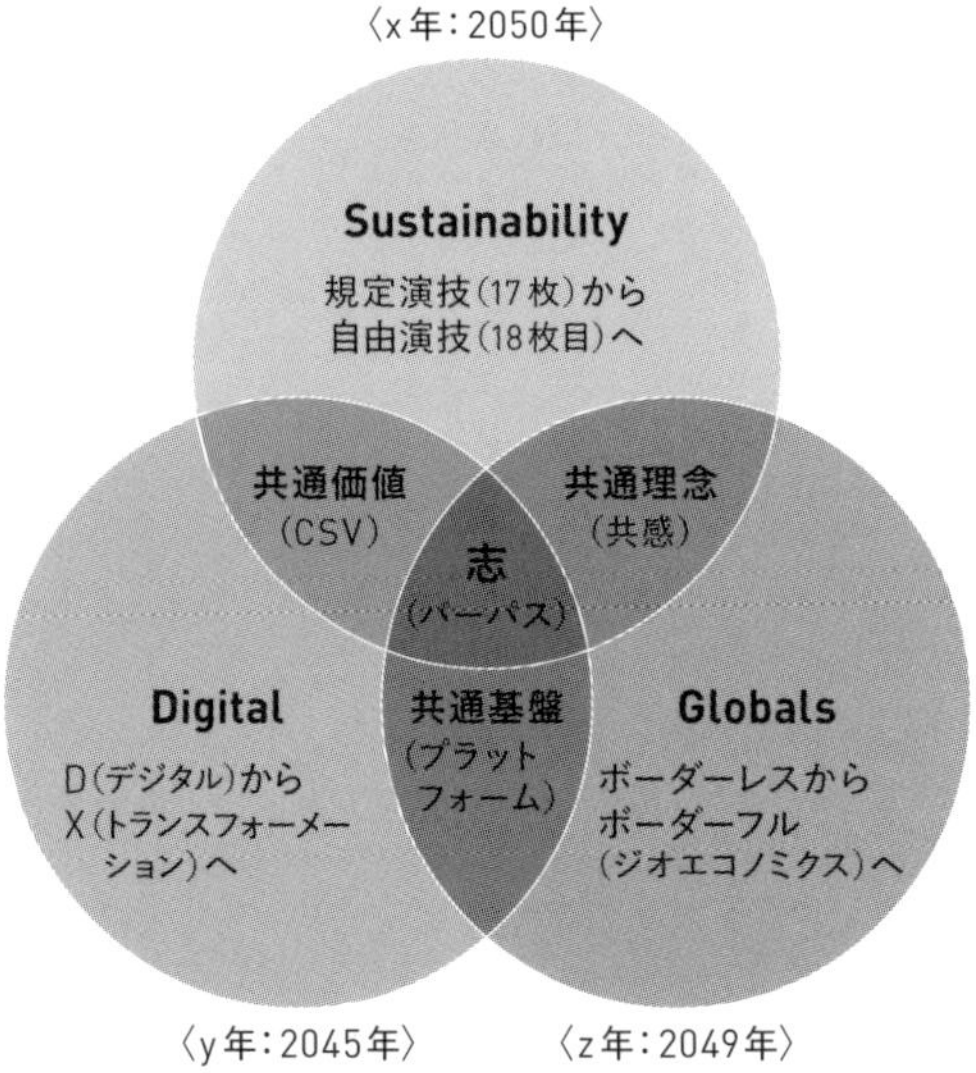

静態ではなく、「ベタービカミング（より幸せに）」という動態として捉えるべきではないだろうか。

ユートピア（理想郷）への希求は、ディストピア（暗黒社会）に向かっている現実からの逃避にもなりかねない。祈りに似たパーパスを掲げるだけでなく、その確実な実践が問われているはずだ。

次にデジタル。二〇二二年一一月のＣｈａｔＧＰＴの登場以来、生成ＡＩの長足の進化に社会も企業も振り回されている。

未来学者レイ・カーツワイルは、二〇〇五年にＡＩが人知を超える「シンギュラリティ（技術的特異点）」が二〇四五年にやってくると予言した。今や、それが一〇倍のスピードとスケールで実現されるかもしれない。

ソフトバンクの孫正義会長は、二〇二三年一〇月に開催された「Softbank World 2030」の壇上で、「全人類の叡智総和の一〇倍の知能を持つAGI（汎用人工知能）が、一〇年以内に実現する」と力説した。

そうなると、われわれのパーパスも一ケタ、バージョンアップしなければならない。同時に、「AI倫理（AI利用上の倫理）」ならぬ「AI時代の倫理」そのものを早急に整備する必要に迫られている。ユヴァル・ハラリが予言した「ホモ・デウス（神のヒト）」に支配される世界が、急速に現実味を増してきたからだ。

そしてグローバルズ。世界中で紛争が、とどまることを知らない。ウクライナに続いてガザでも悲惨な戦争が勃発、今後は台湾海峡の情勢からも目が離せない。

サプライチェーンは分断され、ブロック経済化が加速している。コロナ禍の混乱は修復しつつあるものの、ヒトやモノの流れは、真のボーダーレス化から大きく後退したままだ。

経済成長の重心は、北から南に大きくシフトしつつある。しかし、南半球を「グローバルサウス」と一くくりにしてしまうのは、乱暴すぎる。それぞれの国や地域によって、経済の発展段階や社会や文化は、北半球以上に大きく違っているからだ。

SDGsそれぞれの局面で、現実の課題は深刻さを増すばかり。パーパスをきれいごととして掲げるだけでは、「パーパスウォッシング（見掛け倒しのパーパス）」のそしりを免れない。パーパスの確実な実践に向けて、現実の壁を乗り越える知恵と覚悟が問われているのである。

後を絶たぬ不祥事

パーパス経営がブームとなる一方で、残念な不祥事が続出している。

二〇二三年を振り返ると、たとえばジャニーズ問題。これは一企業の話ではなく、日本社会全体の倫理観の歪みという構造的な問題として捉えなければならない。芸能界がいかに特殊な世界であろうと、少年の人権を踏みにじるような行為が、長らく社会問題として取り上げられてこなかったことの異常さに、われわれ自身がようやく気づかされた。

あるいはビッグモーター事件。こちらも同社の悪徳行為もさることながら、そのような企業と取引関係にある大手損害保険会社の経営判断が、社会的に糾弾された。

その矢面に立たされたのが、ビッグモーターとの取引が最も多い損保ジャパン。筆者は同社の親会社であるＳＯＭＰＯホールディングスの社外取締役を務めており、まさに足もとを揺さぶる大事件だった。

そもそもＳＯＭＰＯホールディングスは、パーパス経営の先進企業と目されていた。同社は、早くから、ＳＤＧｓにとらわれないサステナビリティの「自由演技」として、「安心・安全・

健康のテーマパーク構想」を高らかに掲げてきた。祖業の保険事業を超えて、介護やシニア事業での次世代成長をめざしてきたのである。

その際の有力な武器がデジタルだ。データ分析の先進企業であるアメリカのパランティアに出資、デジタル技術を駆使した産業イノベーションを仕掛けてきた。

一方、祖業の保険事業ではM&Aをテコにグローバル化を加速。今や海外事業が同社の保険事業の成長を支えている。まさにシンSDGsの三つのフロンティアに、大きく踏み込んでいったのである。一方で、その基盤となるパーパスは、社員一人一人が自分ごと化を図る「MYパーパス」活動を、精力的に展開していた。

その中で、今回の事件が勃発したのだ。いったいどうしてこのような結果を引き起こしてしまったのか。詳細は社外調査委員会の最終調査報告に譲るとして、筆者の個人的な見立てでは、以下の三つの複雑骨折によるものと考えられる。

第一に、経営判断において、当面の利益を優先したこと。

第二に、現場の正しい実態が、経営層に的確に共有されていなかった可能性。

第三に、代理店を顧客として捉え、顧客の顧客である最終顧客、さらには交通、保険などの社会インフラの利用者、ひいては社会そのものを、顧客として捉えきれていなかったこと。

一つ目が直接の引き金となったことは明らかだ。経営者は、そのような経営判断が、大きなレピュテーションリスクにつながることを、慎重に勘案すべきだったはずである。

二つ目の情報共有の問題は、一つ目の誤った経営判断を誘発した遠因となる可能性がある。ここで問われるのは、情報の透明性や心理的安全性を担保する企業風土と仕組みだ。

三つ目の問題は、視座・視野の狭さである。目の前の顧客の利害を優先し、真の顧客が誰かを見失ったことこそ、第一、第二の問題を生んだ真因なのではないだろうか。企業の社会的役割の本質を見据えた判断が、現場レベルでも、経営レベルでも徹底されていなければならなかったはずだ。

筆者は、この第三の問題点を、「経営倫理」の中心課題と捉えている。そしてそれは、これら不祥事を超えて、パーパスを正しく実践するうえで、最も本質的な課題である。

志と実践の結節点

経営倫理を持ち出すのは、あまりにも大げさに聞こえるだろうか。しかしこれは、パーパス実践のために、必ず押さえておかなければならないポイントである。

そもそもパーパスは、はるか遠くの理想である。すぐに手が届くようであれば、それはパーパスとは呼べない。とはいえ、遠ければ遠いほど、実現は簡単ではない。いきおい、良くて「額縁パーパス」、悪くすれば「パーパスウォッシング」になりがちだ。いずれにせよ「ミッシヨンインポッシブル」ならぬ「パーパスインポッシブル」に終わってしまう。

それでも、良質な企業は、果敢にパーパスの実践に取り組もうとする。SOMPOグループも、そのような企業だった。

しかし現実は、時間軸上（たとえば因果関係）も空間軸上（たとえば経営資源）も、制約だらけだ。いきおい、何を優先するかという価値判断を迫られる。

企業業績の改善や向上を目的とすれば、TOC（制約条件の理論）や重回帰分析を活用すれば、一定の前提の下での最適解は導き出せる。しかし、目的関数が一つではなく、それぞれが複雑に絡み合い、かつ、前提そのものが変化する現実の経営課題には、そもそも「正解」など存在しえない。

マサチューセッツ工科大学（MIT）のピーター・センゲらは、一九八〇年代に、システムダイナミクスと呼ばれるアルゴリズムを活用して、現実の課題を解くことを提言した。筆者もマッキンゼーの入社直後に、何回もトライしてみた。しかし結局は、使い物にならなかった。理由は簡単だ。アルゴリズムがイケていないのではなく、人間や社会の動機や行動は、そもそもアルゴリズム化できないからである。

二〇〇〇年代に入ると、行動経済学が注目されるようになった。人間の心理を加味したモデル構築がめざされたのである。従来の合理性一辺倒の経済学が前提としてきた利己性や時間整合性を揺さぶる試みとしては、一定の成果が見られた。しかしそれでも、「正解」にはほど遠い――というより、複雑系の現実には、正解など、そもそも存在しないのだ。

学問の世界では、そううそぶいていればいいかもしれないが、経営の現場は、そうはいかない。何らかの意思決定が迫られる。ベストの解がないとしても、ベターな解を求め続けなければならない。そう、先述したように、「ウェルビーイング」ではなく、「ベタービカミング」を実現する現実解が必要となる。

そのときに拠り所となるのが、「論理」ではなく「倫理」である。語源をひもとくと、どちらにも共通する旁《つくり》の「侖」は、筋道や道理を明らかにすることを指す。それでも偏《へん》が違うと、意味も大きく異なる。論理は「筋道を立てて語る」こと、「倫」は「筋の通った人間関係を持つ」ことを意味する。すなわち、論理は客観的な真実を一方的に語るものであるのに対して、倫理は人間同士の関係を良い形に構築することを指す。論理は真理を、倫理は正義を追求するものだと言い換えてもよいだろう。

企業そのものではなく、企業の主体となる人間をモデルとして、考えてみるとわかりやすい。便宜上、人間を心と体、頭の三つに分節してみよう。

まず心の中で、「ありたい想い」を描く。これが「パーパス」である。それを実践するためには、体を動かす必要がある。これが「プラクティス」である。しかし、体は現実の中で動かさなければならず、現実は制約だらけだ。そのままでは、「心＝パーパス」と「体＝プラクティス」を連結させることは容易ではない。

そこで、大きな役割を担うのが「頭」だ。ただし、論理だけでは、相手のある関係性は動かせない。とはいっても直観だけでも、相手には伝わらない。論理でも直観でもない判断軸が必要となる。それが「倫理」なのである。倫理とは、一言でいえば、「社会的な秩序を維持、発展させるための行動原理」を指す。

人間は社会的な動物として的確な意思決定をするうえで、倫理を駆動させている。心の想いを正しい体の動きに実装していくためには、人間としての判断軸を持った頭、すなわち倫理が不可欠である。心と体を頭でつなぐこと、言い換えると、パーパスとプラクティスを連結するプリンシプルこそが、実践のカギを握っているのだ。

少し先を急ぎすぎたようだ。人間として倫理が必要だということには、異論の余地はないだろう。しかし、そもそもなぜ企業にも、倫理が求められるのだろうか。

企業にとって倫理とは?

日本では、「企業は社会の公器」という言葉をよく耳にする。そもそも、松下幸之助翁が戦前から繰り返し唱え続けた企業経営の原理原則である。

それは、ピーター・ドラッカーの経営思想とも通底する。ドラッカーは名著『マネジメント

――課題、責任、実践』の中で、「企業経営の本質は社会に貢献することである」という趣旨を論じている。そして、その際には、次の三つの役割を担わなければならないと論じる。(4)

①自らの組織に特有の使命を果たす。
②仕事を通じて働く人たちを生かす。
③自らが社会に与える影響を処理するとともに、社会の問題について貢献する。

言い換えれば、①はパーパス、②は人財、そして、③は倫理の重要性について語っているのである。これがドラッカー流の三位一体経営だ。そして、それは、ドラッカー自身が指摘しているとおり、昭和時代までの良質な日本的経営の真髄でもあった。

ところが、一九八〇年代に入ると、英米では新自由主義という美名の下に、企業は自由競争の中で自利の最大化をめざすべきだという論理が、席巻し始めた。日本も高度成長時代の終焉とともに、伝統的な日本型経営を「昭和流」として切り捨て、英米流の競争戦略と自利至上主義に走り始める。これが、「平成の失われた三〇年」と軌を一にしていることは、偶然ではないだろう。

今や、英米においても、企業倫理の重要性が再認識されている。先述したように、シンSDGsのいずれの局面においても、大きな試練に直面する中で、企業本来の正しい経営のあり方

図1-3

エシックス経営のシン三位一体

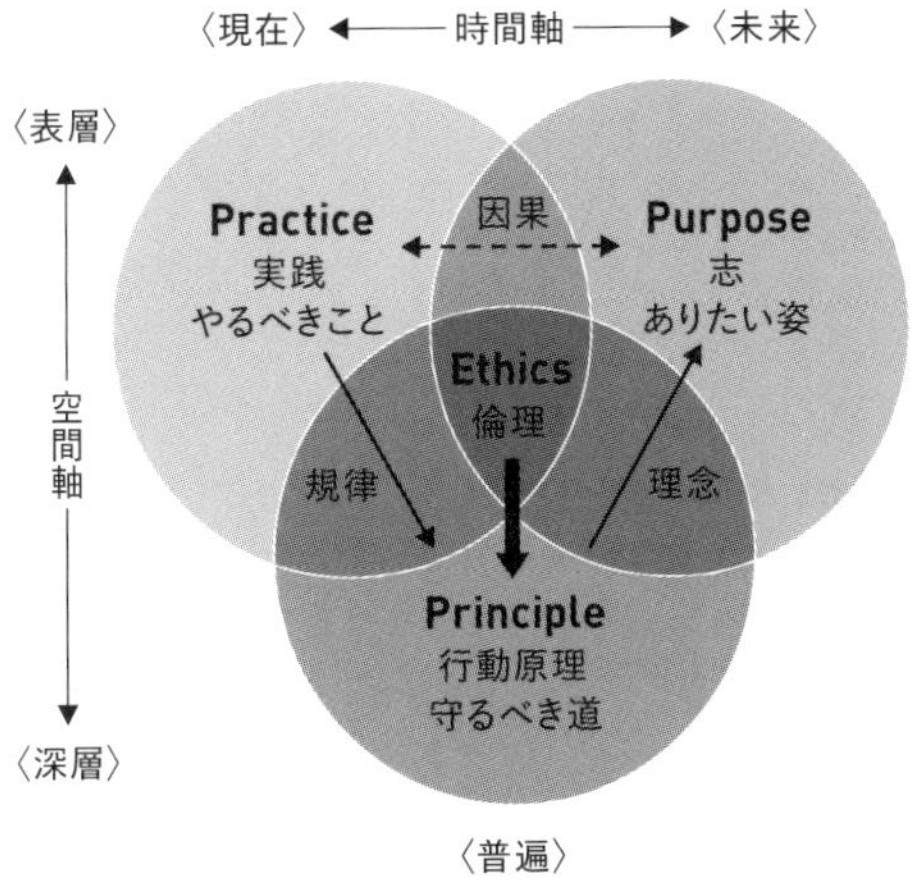

が問われているからだ。

その際に、シンSDGsの中軸になるものが、パーパスだけでは足りないことに気づかされる。そこで、図1-2の真ん中をダブルクリックすると、前述した人間と同様、三つのPが見えてくる（図1-3）。

まずは「パーパス」、そして、「プリンシプル」、すなわち、倫理を基軸とした行動原理、そして、「プラクティス」、すなわち、社員による実践の三つである。これら三つのPが揃って初めて、パーパス経営を実践に移すことができるのだ。

パーパスは、言ってみれば「きれいごと」にすぎない。それをプラクティスに落とそうとすると、とたんに現実の壁にぶつかってしまう。経済価値を軽視すると、企業そのものの持続可能性が揺らぐ。とはいえ、社会価値を軽視すると、企業としての存在意義が問われる。ドラッカーも、先述した書籍の中で、トレードオフになりがちな、この二つの価値に対して、どう向き合うかが、パーパス実践上の最大のチャレンジだと論じている。

言い換えれば、高いパーパスを実践（プラクティス）するうえで、判断軸となるプリンシプルをいかに組織に実装するかが、パーパス経営の一丁目一番地なのだ。

人間にとっての三つのPの必要性は、先述したとおりだ。繰り返すと、心がパーパスを、体がプラクティスを、そして、頭がプリンシプルを担う。このたとえは、そのまま企業にも当てはまる。ただし、経営と現場を切り離して、経営は心と頭、現場は体と割り切ることは、大きな誤りだ。

パーパスと同様にプリンシプルも、経営レベルから現場レベルに丹念に落とし込んでいく必要がある。そうすることで初めて、経営レベルでも現場レベルでも志を実践することができるのである。

SOMPOの事例を振り返れば、パーパスの自分ごと化は、丁寧に進めていた。「きれいごと」は、実はそれなりに浸透し始めていたのである。立派な「人材コアバリュー」も設定されていた。「ミッション・ドリブン」「プロフェッショナリズム」「ダイバーシティ&インクルージョン」の三つである。

しかし、残念ながら、これは「プリンシプル」、すなわち行動原理にまでは、十分に落とし込まれていなかったのではないだろうか。しかも、現場レベル以前に、経営レベルにおいても徹底できていなかったと言わざるをえない。もしミッション・ドリブンが行動原理としてきちんと実装されていたのであれば、今回のような致命的な判断ミスは犯さなかったはずだ。

パーパスだけでなく、むしろプリンシプルこそ、自分ごと化が必須なのである。しかも、パーパスのような「きれいごと」ではなく、現実問題を解くための判断軸となっていなければならない。そのためには、抽象的な美辞麗句でも、逆に細かい行動規範(Code of Conducts)でも役に立たない。倫理の本質にまで立ち返って、とるべき行動の原理原則を、しっかりと一人一人の胸に刻み込む必要がある。

企業にとって、倫理をプリンシプルとして組織に落とし込むことが、パーパスよりはるかに重要、かつ、難しい課題なのである。

では、そもそも「倫理」とは何か。これは哲学的にも実践的にも、きわめて奥が深く、しかも正解がないテーマだ。次章では、企業経営からいったん離れて、倫理そのものについて、古今東西の知恵を概観してみたい。

第2章 倫理の多義性

本章では、そもそも倫理とは何かについて考えてみたい。とはいえ、倫理学という学問体系は、論理学や美学などと並んで、哲学の根幹をなす領域である。それだけでも、本が何冊も書けてしまう。というより、筆者の力量を大きく超えてしまうというのが、本音のところだ。

そこで本書では、特に経営に意味合いのある領域に絞って、古今東西の主な倫理思想を概観することにしたい。そのうえで、未来の倫理のあり方、さらには倫理学と経済学の融合についても展望してみよう。

なお、思想の系譜や未来にご興味のない方は、本章を読み飛ばしていただいてもかまわない。一方、倫理という言葉やその用法をしっかり押さえておきたいという方は、ぜひじっくり目を通していただきたい。

本章ではまず、ヨーロッパの伝統的な考え方を概観する。それは、大きく「美徳論」「義務論」「動態論」に大別できる。わかりやすくいえば、「ありたい姿」「あるべき姿」「とらわれない姿」の違いといってもよいだろう。それぞれの代表的な論客は、アリストテレス、カント、スピノザだ。

次に、大西洋を渡って見てみよう。アメリカではこの半世紀の間、「正義論」が大いに盛り上がった。わかりやすくいえば、「善悪をいかに判断し、どう行動するか」を問うものである。ジョン・ロールズがまず火をつけ、マイケル・サンデルが今なお「白熱教室」で議論を深めている。

そのうえで、日本に目を転じてみたい。近代日本における倫理学の教祖といえば、和辻哲郎である。和辻は「人倫論」を展開した。わかりやすくいえば、「人間関係をいかに良いものにしていくか」という視点である。西欧思想を東洋思想に融合させた思想として、注目される。

和辻の関係性に着目した思想は、その後、ヨーロッパ、なかんずくフランスにおいて独自の展開を見せている。その代表例がポール・リクールの「良心論」である。リクールは、良心とは自分の中の他者の声だと論じる。

では、このような倫理学の伝統と革新を踏まえて、経済学はどのように変容を遂げ、これからも進化していくのか。倫理学と同様、経済学そのものも、本書の範疇と筆者の力量には到底収まりきれないが、以下の三つの思想は押さえておきたい。

まず、近代資本主義の父と呼ばれるアダム・スミスの「道徳感情論」。次に、新自由主義経済論に警鐘を鳴らし続けた宇沢弘文の「共通資本論」。そして、現代哲学界の旗手の一人であるマルクス・ガブリエルが唱える「倫理資本論」。三〇〇年近い時間の流れ、そして洋の東西を超えて、そこには同根の思想がリゾーム（地下茎）のようにつながり続けていることに、気づかされるはずだ。

倫理学はこれからどこに向かうのか。もちろん、誰にも予見できない。ここでは、空間と時間という二つの視点から、筆者なりの仮説を提示してみたい。

空間軸上では、人間や地球を超えて、自然や宇宙の広がりの中で、倫理を捉える視点が求められる。本書では「生態倫理」と呼ぼう。

時間軸上では、シンギュラリティ時代の倫理のあり方が問われる。前述したように、汎用人工知能（AGI）が登場し、人間がアバターによって分人（トランスパーソナル）化していく世界において、倫理も非連続な変貌を遂げなければならない。本書では「未来倫理」と呼ぼう。

耳慣れない人名や思想のオンパレードとなってしまい、少し戸惑われたかもしれない。早速これらの思想の波頭を、順番に追っていこう。

倫理学の三潮流

まず、ヨーロッパ大陸における倫理思想の流れを俯瞰してみたい。西洋哲学史の専門家からは、あまりにも乱暴だと叱責を受けそうだが、古代、中世、近代に大別することとしたい。そしてそれぞれを、ギリシア哲学、中世スコラ神学、近代哲学と総称することにしよう。中世はキリスト教の教義が主軸となるので、ここでは古代のギリシア哲学と近代以降の哲学の二つに注目したい。

倫理学は、英語では「Ethics（エシックス）」という。これはギリシア語の「ēthos（エートス）」（習慣、人格）が語源とされている。古代ギリシアでは、「人はいかに生きるべきか」が、倫理学の基本的な問いだった。

ギリシア哲学は、ソクラテス、プラトンを継承したアリストテレス（前三八四～前三二二年）によって大成された。アリストテレスが自らの倫理思想を最も端的に綴った書が、息子の名前を冠した『ニコマコス倫理学』だ。

この中で、アリストテレスは人生の究極の目的は「幸福」だと論じる。それは「善」を追求することによって実現され、そのためには、人としての「徳」を身につける必要があると説く。そして、その際にカギを握る判断軸が「中庸」だと唱える。それは極端に走らず、ど真ん中を見定める絶妙なバランス感覚を指す。そのためには、「友愛」、すなわち、人間同士の絆の中で、実践を通じて学ばなければならない、と語る。

全一〇巻（文庫本で上下二冊）の論点を、大雑把にまとめると、以上のとおりだ。倫理学の原典ともいえる名著なので、まだであれば、ぜひ一読を勧めたい。いずれにせよ、ここで押さえておきたいのは、アリストテレスの倫理学は、美徳論だという点である。

では、中世のキリスト教から解き放たれた近代において、倫理学はどのように論じられたのだろうか。

近代哲学の祖イマヌエル・カント（一七二四〜一八〇四年）は、『純粋理性批判』（一七八一年）の中で、人間は神や自然の法則にとらわれることなく、自由に行動することができると論じた。そして『実践理性批判』（一七八八年）の中で、そのためには「道徳的義務を自らに課す必要がある」と唱えている。そこでは「〇〇するな」「××せよ」という絶対命令（「定言命法」と呼ばれる）が自律的に想起されなければならないとされる。

どちらの書籍も大部かつ難解で、読み解くには骨が折れる。ここでは、カントの倫理学が義務論を説いている点を押さえておきたい。

もっとも、近代哲学がすべてカントのように、倫理を義務論として位置づけていたわけではない。たとえばバールーフ・デ・スピノザ（一六三二〜七七年）は、カントより一世紀前に、主著『エチカ』（一六七七年）の中で、「人が主体的に自由を獲得すること」こそが倫理学（ラテン語で「エチカ」）の本質だと唱えている。

さらにフリードリヒ・ニーチェ（一八四四〜一九〇〇年）は、カントから一世紀経った一九世紀末に、道徳は「意志の弱い人間の論理」にすぎないと一蹴する。そして、主著『ツァラトゥストラはこう語った』（一八八五年）などで、教条主義的な教えを無批判に受け入れるのではなく、自らの強い意志で未来を拓くことの大切さを説いた。

その思想は、二〇世紀に入って実存主義、さらにはポストモダンといった大きな思潮に受け継がれていった。たとえば、ポストモダンの旗手ジル・ドゥルーズ（一九二五〜九五年）は、『スピノザ――実践の哲学』（一九八一年）などで、スピノザとニーチェを「道徳というくびきから自由になり、新たな可能性に挑戦し続ける動的な倫理観」を論じた思想家として、高く評価している。

そのような倫理観を、ここでは「動態論」的倫理と名づけよう。

「美徳」としての倫理

ここまで、ヨーロッパ哲学史における代表的な倫理論を概観してきた。古代のアリストテレスの「美徳論」、近代のカントの「義務論」、そして、スピノザを基点に現代に受け継がれる

表2-1

西洋倫理学の比較

受動的(○○すべき) ←—— 中庸 ——→ 能動的(○○したい)

	②義務論	①美徳論	③動態論
開祖	カント	アリストテレス	スピノザ
時期	18世紀	前4世紀	17世紀
主著	『実践理性批判』	『ニコマコス倫理学』	『エチカ』
価値観	正義性	社会性	主体性
キーワード	先験的(アプリオリ)、義務	幸福、共通善、友愛	実存的自由、自然主義
知の特性	普遍知	実践知	実存知
手法	定言命令法	中庸	心身平行
批判	超越論的	理想論的	相対論的
継承者	マックス・ウェーバー ジョン・ロールズ	アダム・スミス アマルティア・セン	フリードリヒ・ニーチェ ジル・ドゥルーズ
日本の哲学者	坂部恵	和辻哲郎	國分功一郎

「動態論」の三つである。それらの特徴を比較したのが表2-1だ。

これら三つの「道徳の系譜」(ニーチェの同名の著作より)の中で、どれが今日の「倫理」という語感に近いと感じるだろうか。

おそらく、カントの流儀ではないだろうか。これは小中学生時代に「道徳」として教えられたものにも近いものだ。倫理と聞いて、義務感先行、もっといえば、お説教じみていて、辛気臭く感じてしまうのは、そのためかもしれない。

一方でアリストテレスが説いている美徳論は、もっと前向きな姿勢を求めていることに、改めて気づかされる。ただし、あくまで「中庸」の美徳を説いているところに、アリストテレスのバランスの取れた倫理観が見て取れる。

それに対して、スピノザ、ニーチェ、ドゥルーズの動態論は、過去ではなく未来に、そして秩序ではなく変化に重きを置く。アリストテレスに比べて、バランスを欠いた不安定さは拭えない。しかし、一方で、躍動感と高揚感にあふれていることも事実である。

それでは、パーパス経営の実践を後押しする倫理観は、どのモデルだろうか。

義務論は、今日注目されがちなガバナンスやコンプライアンスなどとは相性が良い。一方で、非連続な取組みに対してはブレーキになりがちだ。それでは、エシックス経営は成長エンジンにはなりえない。

では、動態論はどうだろうか。筆者がパーパスの三条件として掲げる「ワクワク、ならでは、できる!」にピッタリと寄り添う考え方であることには、異論はないところだろう。むしろ、あまりにも重なりすぎていることが、気になるところだ。それだと、志の赴くままに「いけいけドンドン」となってしまう。下手をすると、ブレーキの利かない暴走車になりかねない。

そこで、いま一度、原点でもあるアリストテレスの倫理学に立ち返ってみたい。誤解されやすいのは、アリストテレスが「幸福」を究極のパーパスだと論じている点である。ここでの「幸福」は、今、世の中で語られている「ウェルビーイング」や「ハピネス」より、はるかに奥深いものを指している。

たとえば、アリストテレスは『ニコマコス倫理学』の中で、幸福を三つの生活様式に分類している。(1)

一つ目は、享楽的生活。そこでは〈快楽＝幸福〉である。私たちの日常的な姿ともいえるだろう。幸福論がこのレベルにとどまっている限り、利己的になってしまう。

二つ目は、政治的生活。そこでは「社会の中での自己実現＝幸福」である。これは利己と利他のバランスが取れた一つ上の次元を指す。

三つ目は、観想的生活。そこでは「善の探究＝幸福」である。これは、本質的な善を求める姿勢、いわば「悟り」を開く境地といってもよいだろう。

アリストテレスは、さらに同書の後半で、四つ目の生活を提唱している。それは「実践的生活」である。善を悟るだけではなく、それを日々、全身全霊で実践することによって初めて、社会全体が善に向かっていく――これこそが、アリストテレスがめざす倫理の姿だ。そしてそれは、今、論じられている幸福主義や定常型社会、脱成長論のような「ゆるい」思想とは、対極といってもよいだろう。

アリストテレスは「美徳」を倫理の中心に位置づけた。そして、それこそ、エシックス経営がめざすべきバランスの取れた倫理のあり方ではないだろうか。この点については、次章で詳述することとしたい。

政治哲学の三潮流

大西洋を越えてイギリス、そしてアメリカに、目を移してみよう。ここでは、倫理学が政治学と結びついて、独自の進化を遂げていった。

政治哲学の世界では、一七世紀のイギリスで、リバタリアニズムが台頭していった。トマス・ホッブズやジョン・ロックが元祖だ。リバティ、すなわち「自由」を基本理念とする思想で、「自由主義」と訳される。アメリカの建国の思想も、このリバタリアニズム(自由主義)が支柱となっている。

一方で、自由至上主義は、競争論理、さらにいえば、強者の論理に傾斜する傾向がある。その結果、社会課題や社会的弱者が取り残されてしまう。そこで、公共性や福祉、より広くいえば「平等」も配慮すべき、という思想が生まれてきた。これが「リベラリズム」と呼ばれるものだ。「リベラル」も同じく「自由」を意味する言葉だが、アメリカでは「進歩的」という意味合いを帯びている。

このような流れを背景に、アメリカではリバタリアニズムに対して、リベラリズム(自由平等主義)が台頭していった。経済学としては、ジョン・メイナード・ケインズが唱え、ニューディール政策などを通じてアメリカで結実した修正資本主義がそれにあたる。

それに対して、リバタリアン勢は「ネオリベラリズム（新自由主義）」を掲げて、（平等ではなく）自由を最優先すべく、揺り戻しを仕掛ける。その旗手が経済学者のミルトン・フリードマンで、政策上は「小さな政府」を標榜したレーガノミクスを生み出した。その結果、アメリカ経済は自由競争の下でのあくなき利益追求の流れの中で、富の蓄積は進んだ。しかし一方で、その分配においては大きな不平等を生み出していったのである。

このネオリベラリズムが主流となる一九七〇年代に、平等を組み入れた真のリベラリズムをめざす思想が勃興する。その幕開けとなったのが、政治哲学者ジョン・ロールズ（一九二一～二〇〇二年）の『正義論』（一九七一年）だ。同書の中でロールズは、社会を「相互利益を求める共同の冒険的企て」と再定義している。そのうえで、社会を構成する人々の自由と平等を担保することを、「社会正義」と定義した。そして、そのような社会活動によって生じる利益の、最も妥当で適切な分配の仕方を導く社会的取り決めの必要性を説いたのである。

倫理思想としてはカントの義務論の流れを受け継ぎ、政治思想としてはリベラリズムの金字塔となった。今から五〇年以上前の著作で、紀伊國屋書店から出された日本語訳の改訂版は八〇〇ページにのぼる。一見取っつきにくい本だ。しかし、東京大学生協の本郷書籍部の調べによると、この改訂版が出版された二〇一〇年からの七年間で、最も売れた書籍ランキングのトップだったという。

もっとも、ロールズの正義論に対する批判者も少なくない。その一人が、ロールズの友人で同僚でもあったロバート・ノージック（一九三八〜二〇〇二年）。主著『アナーキー・国家・ユートピア』（一九七四年）の中で「最小国家論」を提唱、リバタリアニズムの代表的な政治学者として知られている。

もう一人の論客が、マイケル・サンデル。こちらはNHKテレビで放映された「ハーバード白熱教室」シリーズなどで、日本のお茶の間でも名が知られている。『これからの「正義」の話をしよう』（二〇〇九年）は世界的な大ベストセラーにもなった。

サンデルは「コミュニタリアニズム（共同体主義）」を唱えている。社会全体の公共善というものは抽象的な概念にすぎず、それぞれの個人が拠って立つ共同体における共通善こそが、正義だとする考え方だ。

サンデルの思想は、大西洋を渡って、ヨーロッパ大陸へと広がっていった。その火付け役となったのが、現代ドイツ哲学界を代表するユルゲン・ハーバマスだ。ロールズの正義論は他者から切り離された独善的な思考に陥ってしまうと、ハーバマスは批判する。そして主著『コミュニケーション的行為の理論』（一九八一年）などを通じて、共同体の中での討議を経て合意されたものにこそ正当性があると主張。コミュニタリアニズムの一角に位置づけられ、「討議倫理学」とも呼ばれている。

アメリカの倫理学を、先述した西欧倫理の系譜に投影すると、どう見えるだろうか。ロールズ的リベラリズムは義務論、ノージック的リバタリアニズムは動態論の流れを汲むものといえるかもしれない。それに対して、サンデルが第三の道としてめざすコミュニタリアニズムは、アリストテレス流の美徳論に通じるといってよいだろう。

このようにアメリカにおいても、ここ半世紀の間に、倫理学は政治学と融合しながら、ヨーロッパと同様に、大きく三つの思潮を生み出していったのである。

人間学としての倫理学

では、今度は太平洋を渡り、日本における倫理学についても、概観しておこう。

日本で近代倫理学を確立したのは、和辻哲郎(一八八九〜一九六〇年)である。西田幾多郎の招きに応えて京都大学で倫理学を教えたので、京都学派と位置づけられている。しかしその後は、長らく東京大学で、独自の倫理学を磨き上げていった。

和辻倫理学は大著『倫理学』(一九三七〜四九年)にまとめられたものの、今や絶版となっている。ただし、その中核となる思想は、その前に執筆された『人間の学としての倫理学』(一九三四年)に凝縮されており、原本に目を通すならば、こちらがお勧めだ。

ドイツに留学し、ヘーゲル、ニーチェ、マルティン・ハイデガーらを研究した和辻は、これらの近代西洋哲学を個人主義として批判している。そもそも倫理学は、「人倫」の「倫」、すなわち、人間の共同態を存在根底から眺めたものであると論じる。そして、「人間」とは、文字どおり「人の間」、すなわち、社会の中での存在であり、社会とは、人間の共同態としての「世間」にほかならないとも論じる。

このように和辻は、倫理学の本質を、人「間」、世「間」という「間柄」の関係性のあり方を考えることにあると捉える。これは、空「間」の「間」、時「間」の「間」を大切にする日本的な価値観に根差した倫理学だといえるだろう。

「日本人は『個』が確立していない」と長らく揶揄されてきた。しかし、人間は世間との関係性の中で生き、生かされているはずである。人と社会との相互作用が崩れ、「個」としての「人」に埋没すると、欧米流の個人主義に陥ってしまう。一方で、社会への同調圧力が優勢になると、全体主義に堕してしまう。人と人とのあるべき関係性、すなわち、人「間」学として捉え直そうとする視点こそが、和辻倫理学の出発点だ。

分析の方法論としては、「解釈学」を持ち込む。解釈学とは、簡単にいえば、人間の歴史や文化を深く読み解くことで、生きることの本質に迫るという手法である。二〇世紀初頭、ドイツの哲学者ヴィルヘルム・ディルタイが唱え、ハイデガーが現象学と融合させて大きな潮流に進化させていった。和辻はドイツで、ヨーロッパ的精神には違和感を持ちつつ、ヨーロッパ流の精神科学の手法を吸収して、それを日本的精神に融合させていったのである。

その集大成が、もう一つの主著『日本倫理思想史』(一九五二年)だ。こちらも残念ながら絶版になっているが、日本的思想を歴史的に解釈するうえで、記念碑的な労作である。

同書はまず、日本神話からひもといていく。そして、奈良・平安時代の律令倫理、鎌倉・室町時代の武家倫理、江戸時代の国学と町人哲学、江戸末期の勤皇論を経て、明治維新における西洋との出会いを論じる。最後に、明治末期以降の国民道徳論への急傾斜を憂慮して終わっている。同書では、聖徳太子、『源氏物語』、道元、世阿弥、『葉隠』、本居宣長、吉田松陰、福澤諭吉など、それぞれの時代のスーパースターや物語が数多く登場する。そして、その底流に流れる思想の本質を解釈論という手法で読み解いていく。

和辻は、日本倫理史を大きく六つの時代に構造化している。(2)

①清明心の道徳(神道の精神)
②人倫的国家の理想(大化の改新以降)
③献身の道徳(武家の台頭と荘園制)
④古代精神の復興(南北朝時代)
⑤高貴の道徳、もしくは君子道徳(戦国〜江戸時代)
⑥東洋道徳と西洋道徳との統一(明治維新以降)

同書では、それぞれの時代を特徴づける倫理感が、浮き彫りにされていく。一方で、時代を超えて、受け継がれている精神にも気づかされる。和辻はそれを、「その時代の創造的な面と伝統の流れの絡み合い」と表現している。時「間」軸における伝統と革新の動的な創発性こそが、和辻倫理学の真髄だといえるだろう。

時空を超える関係性の倫理学

和辻が説く関係性の倫理学は、日本を超えて現代思想の大きな潮流となっている。たとえばアメリカでは、マイケル・サンデルが「共同体倫理学」を展開していることは、前述したとおりだ。最近は、さらに関係性の外縁を広く視野に入れる「包摂性倫理学」が、台頭してきている。

その代表的な論者が、アリストテレス研究者のマーサ・ヌスバウムだ。主著『正義のフロンティア』(二〇〇六年)には、「障碍者・外国人・動物という境界を越えて」という副題がついている。まさに今日、経営の世界でも主流となっている「ダイバーシティ&インクルージョン」の源流となった思想の一つである。

一方でドイツでは、前述したとおり、共同体倫理学派のハーバマスが、「討議倫理」を唱えている。「個」ではなく、「共」の思想を深めるためには、対話こそがカギになると説く。

フランスでも、ロシア（現・リトアニア）出身のユダヤ系哲学者エマニュエル・レヴィナスが、主著『全体性と無限』（一九六一年）などを通じて、早くから「他者論」を提唱している。

私たちは異質な存在としての他者がいて初めて、自分を理解する。しかも、他者はそれぞれが永遠に異質なものであり続け、完全に同化し、全体化（＝普遍化）することはできない。だから、「語り合う」ことこそが正義への道だと説く。ハーバマスの討議倫理学の源流ともいうべき思想である。

現代フランスの倫理学者としては、もう一人、ポール・リクールを忘れてはならない。主著の『他者のような自己自身』（一九九〇年）では、サンデルやハーバマスにも言及しながら、他者に開かれた「自己」を認識することの必要性を説く。そして、「他者のために、他者とともに善く生きること」を目標とする関係性倫理学を提唱している。

その際の方法論として駆使したのが「解釈学」。そう、先述した和辻哲郎と同じ切り口だ。ここにも、時間と空間を超えて、東洋と西洋の思想が通底していることに気づかされる。

東西の通底といえば、もう一つ、面白い共通点がある。ここで取り上げた三人の現代倫理学者、すなわち、リクール、ハーバマス、ヌスバウムは、いずれも「思想・倫理分野」で「京都賞」を受賞している。それぞれ、二〇〇〇年、二〇〇四年、二〇一六年の受賞だ。

京都賞は、京セラの創業者である稲盛和夫翁が、私財二〇〇億円を投じて一九八四年に設立した国際的な賞である。ノーベル賞の「登竜門」としても知られ、これまでに八名が京都賞受賞の数年後に、ノーベル賞を受賞している。たとえば、山中伸弥氏は京都賞を二〇一〇年に、ノーベル生理学・医学賞を二〇一二年に受賞した。

一方で、この二つの賞には大きな違いがある。ノーベル賞にはなく、京都賞だけにあるのが、「思想・芸術部門」。対象は、音楽、美術、映画・演劇、思想・倫理の四分野だ。まさに、京都「ならでは」を感じさせる国際賞といえるのではないだろうか。

先の三者は「思想・倫理分野」の受賞者だ。実は、前述した『正義論』の著者ジョン・ロールズも同賞の内定をもらったものの、辞退している。のちに、授賞式後の天皇との会食には出席したくなかったと述懐しているが、太平洋戦争で日本軍との熾烈な戦いに従軍したときの記憶や、皇室のような身分の格差に対する反発など、さまざまな思いが去来したに違いない。

ロールズはまだしも、リクール、ハーバマス、ヌスバウムという名前は、日本人にはあまりなじみがないかもしれない。しかし、実は日本、なかでも京都には、浅からぬ縁があることに気づかされる。まさに「関係性の倫理学」の、時空を超えた関係性を感じさせるエピソードではないだろうか。

資本主義の原点

ここまで、主として哲学の地平から内外倫理学の系譜を概観してきた。本書は哲学書ではないので、このあたりにしておこう。ここからは切り口を変えて、経営学にとってより関係性の深い経済学の領域での倫理思想を概観してみたい。

経済学の父といえば、アダム・スミスだ。主著『国富論』(一七七六年)は、経済学者の間では、市場原理を中心にした資本主義の原典と目されてきた。筆者も大学の教養学部時代、この本とカール・マルクスの『資本論』(一八六七年)をかじりつくように読んだ記憶が、鮮明に残っている。

一方で、スミスには『道徳感情論』(一七五九年)というもう一つの著作があったことは、一般にはあまり知られていない。そこにはスミスの倫理学が、余すことなく語られている。同書では、次のような文章から始まる。

「人間というものをどれほど利己的とみなすとしても、なおその生まれ持った性質の中には他の人のことを心に懸けずにはいられない何らかの働きがあり、他人の幸福を目にする快さ以外に何も得るものがなくとも、その人たちの幸福を自分にとってなくてはならないと感じさせる(3)」

このような人間の基本的な感情を、スミスは「共感」と呼ぶ。そして、それをさらに「徳」

のレベルにまで高めることの必要性を説く。

「徳とは、比類なく偉大で美しく、世間一般の水準からかけ離れた卓越したものである。愛すべき徳は並外れた感受性に依っており、その鋭さと思いもよらない繊細さに私たちは驚かされる。畏敬すべき徳は並外れた自制心に依っており、人間本性の中でもとくに制御しがたい情念に対して発揮されるみごとな抑制に私たちは目を見張るのである(4)」

少し長々と引用したのは、スミスの思想が歪曲して理解されているからだ。スミスは経済、より厳密にいえば、「取引」の世界における市場原理を説いた。この経済理論そのものも、均衡(ゼロサムゲーム)の中におけるきわめて静的な視点に陥っている。そして、一五〇年後には、ヨーゼフ・シュンペーターがプラスサムをめざすイノベーション理論によって、創造的に破壊していった。

それよりも本書の文脈で重要な点は、スミスの思想は、あくまで「倫理」を基軸とした人間学が基盤にあったということである。人間同士の信頼と共感、さらには徳を磨くという人間的な営みこそが、取引の起点になる。言い換えれば、スミスにとっては、高いレベルでの倫理こそが、富の大前提なのである。

ミルトン・フリードマンに代表される二〇世紀後半の新自由主義者たちは、スミスを教祖として祭り上げつつ、スミスが最も重視していた人間性の原点を、都合よく無視した。その結果、私利追求型の資本主義を破綻にまで追い込んでしまったのである。

倫理資本主義の新地平

このような偏った資本主義の暴走に、警告を鳴らし続けた経済学者も少なくない。その代表的な論者の一人が、アマルティア・センである。センはインド出身、その後オックスフォード大学やハーバード大学で教鞭をとった経済学者だ。一九九八年に、アジア人として初めてノーベル経済学賞に輝いている。

センは主著の一つ『選択、福祉、計測』(一九八二年、邦題は『合理的な愚か者――経済学=倫理学的探究』)の中で、市場原理に基づいて一見合理的に判断してしまうことが、現実の複雑系の中で、長期的には愚かな選択につながると論じる。そして富の量ではなく、人間が持つ潜在的な能力を最大限に引き出すことが、健全な社会の発展につながると説く。「潜在能力(ケイパビリティ)理論」と呼ばれる考え方である。

センは、独自の思想の集大成ともいえる『正義のアイデア』(二〇〇九年)の中でも、正義とは人々がそれぞれのケイパビリティを伸ばすために、選択の自由を与えることだと論じる。それは奇しくも、筆者が二〇一〇年に刊行した『学習優位の経営』で主張している学習優位論とも通底している。

センの倫理経済学の原点は、アリストテレスの『ニコマコス倫理学』と、スミスの『道徳感情論』だ。たとえば、ペンギンクラシックス版の『道徳感情論』(二〇一〇年)に寄せた序文の中で、スミスが包括性、平等、そして、利益の相互依存性を重視していることを、肝に銘じるべきだと論じている。(5)

とりわけ、スミスが唱える「中立な観察者」の視点の重要性に着目している。センは明確に指摘していないが、これこそ、スミスが唱える「見えざる手」にほかならない。見えざる手の正体は、神でも市場原理でもなく、人間性の原理、さらには正義の原理なのではないだろうか。

センとほぼ同時代に、新自由主義にNoを突きつけた日本の経済学者がいる。宇沢弘文氏だ。宇沢氏はシカゴ大学で同僚だったミルトン・フリードマンに対して、効率重視の過度な市場競争は、格差を拡大させ、社会を不安定にすると徹底的に批判した。

そして主著『社会的共通資本』(二〇〇〇年)などを通じて、豊かな経済生活を営み、優れた文化を展開し、人間的に魅力ある社会を安定的に維持する仕組みの必要性を説いた。そして、農業、都市、医療、教育などの公共的分野における具体的な取組みを提案している。

ノーベル経済学賞に最も近い日本人と目されていたものの、残念ながら二〇一四年に他界した。しかし、シカゴ大学でゼミの教え子だったジョセフ・スティグリッツは、二〇〇一年に同賞を受賞。最近も、『プログレッシブ・キャピタリズム』(二〇一九年)などで公益資本主義を論じている。これは現在、世界の主流となりつつある「マルチステークホルダー資本主義」に通じるモデルでもある。

ヨーロッパでは、ドイツの新進気鋭の哲学者マルクス・ガブリエルの発言が注目されている。日本でも、NHKなどが「哲学界のロックスター」として紹介しているので、知名度が高い。同氏は、主著『なぜ世界は存在しないのか』(二〇一三年)などを通じて、関係性を基軸とする「新実存主義」を唱えている。

近年、ガブリエルは「倫理資本主義」を提唱している。簡単にいうと、倫理的な要素を遵守する企業だけが持続的に成長する、という思想だ。ただし、単に社会のルールや世の中のトレンドに沿うということではなく、各社それぞれの志や置かれた状況に応じて、透徹した倫理的な判断の下に次世代の事業を展開せよと論じる。そして具体的には、企業内に独立性の高い「倫理委員会」を設置することを推奨している。

さらに、最新著『倫理資本主義の時代』の中では、CPO(最高哲学責任者)を中心に、倫理と資本主義の再結合(リカップリング)をめざせと説いている。経営者は今後、哲学者の知見にも耳を傾けながら、エシックス経営をめざしていかなければならないことに気づかされる。

マルチバースの倫理学

ここまで、倫理思想の過去と現在を、足早に概観してきた。それでは、未来の倫理はどうあるべきだろうか。

哲学の世界では、「未来倫理学」という地平が広がっている。その「教祖」の一人が、ドイツの実存主義哲学者ハンス・ヨナスだ。主著『責任という原理』(一九七九年)は、「科学技術文明のための倫理学の試み」という副題がついている。科学が地球や生命の未来に大きなインパクトを及ぼすことを十分配慮して、現在世代は未来世代に責任のある行動をとらなければならない、と指摘する。そのためには、未来志向のプリンシプルの確立が必須だと説く。

しかし、未来の話である以上、確実なことはいえない。「想定外」のことが、当たり前のように起こるだろうことだけが、唯一、確実である。

だとすると、未来を妄想してみるほかない。その際に、ヒントになるのは、SF(サイエンスフィクション)だ。優れたSFの中には、未来における倫理のあり方を真摯に問いかけているものがある。

たとえば、科学者でもあるアイザック・アシモフのロボットシリーズ。近年、映画化されて話題となった『われはロボット』(一九五〇年)では、ロボットの倫理規則を提唱している。「ロボット工学三原則」と呼ばれるものだ[6]。

第一条：ロボットは人間に危害を加えてはならない。また、その危険を看過することによって、人間に危害を及ぼしてはならない。

第二条：ロボットは人間にあたえられた命令に服従しなければならない。ただし、あたえられた命令が、第一条に反する場合は、この限りではない。

第三条：ロボットは、前掲第一条および第二条に反するおそれのないかぎり、自己をまもらなければならない。

ここに来て、さらにより深刻なテーマとして論じられているのが、「AI倫理」である。生成AIが長足に進歩を遂げ、汎用AIによるシンギュラリティの到来が現実味を帯びてくる中で、AIによる情報操作や暴走などにいかに対応するかが、大きな課題となっている。

そのような「ディストピア(暗黒世界)」に対して、「ユートピア(理想郷)」としての未来を描くSFも少なくない。鉄腕アトムやドラえもんに代表される日本のアニメは、ユートピアとまでは呼べないまでも、人間とロボットやAIが共存する世界が生き生きと描かれている。

しかし、そのどちらにも与せず、未来の現実を直視しようとする純文学作家は、倫理とは何かを真剣に問いかけ続ける。たとえば、ノーベル賞作家のカズオ・イシグロの『わたしを離さないで』（二〇〇五年）は、臓器提供のためだけに生かされているクローン人間を描きながら、未来の倫理のありように迫る。また、近著『クララとお日さま』（二〇二一年）を読むと、人間とAF（Artificial Friend）との関係性や人間が引き起こす環境破壊について、改めて深く考えさせられる。

仮想空間では、すでにメタバースが広がっている。そこでは私たちのアバターが、デジタルツイン（仮想空間での自分）どころか、全くの別人格として行動することが可能だ。しかも仮想現実ごとに、複数の人格を持つこともできる。さらには、そのような仮想の別人格群が、クローンとして現実の世界に登場する日も遠くない。現実と多様な仮想が混在するマルチバース（多層空間）の世界である。

一九六〇年代から七〇年代にかけてアメリカを震源地として一世を風靡した「トランスパーソナル心理学」は、その源流の一つである。東洋思想も取り込み、個人的（パーソナル）なものを超える（トランス）世界のあり方をめざした運動である。

そもそも私たちは「個人」、すなわち、「in-dividual（分けられないもの）」としてではなく、「分人（dividuals）」として生きていくことになるはずだ。フランスのポストモダン哲学者のジル・ドゥルーズや、日本の芥川賞作家・平野啓一郎が「分人主義」と呼ぶ世界観である。

そのような新しい現実の下で、私たちは複数の自分として、どのように行動し、どのように責任を持てばよいのか。答えは簡単ではない。

そして、その疑問は企業についても同じだ。企業は、未来の世代、未来の社会、未来の地球に対して責任ある行動をとらなければならない。これはすでに「サステナビリティ」として、経営の中枢テーマの一つとなっている。

さらに、マルチバースの世界において、企業が複数の実体を持つようになった際に、それぞれのバース（小宇宙）において、倫理判断を行っていく必要がある。そのとき、「分社」ごとの倫理をいかに確立し、かつ束ねていけばよいのか。

実は、そのようなマルチバースの世界は、現実の世界の日常になっている。複数の地域（マルチリージョナル）や複数の国（マルチナショナル）で活動する企業は、そのような小宇宙の集合体にほかならないからだ。さらには、一つの組織ユニットの内外にも、多様な価値観が混在している。今日、「ダイバーシティ」として注目される大きな経営テーマだ。

そこで第3章では、経営における倫理の多義性について、考えてみたい。

第3章 エシックス経営の時代

第2章では倫理とは何かについて、思想史をひもときながら概観してきた。この章では、経営という次元に立って、改めて倫理を捉え直してみたい。

人間と同様、企業にとっても「倫理」が必要であることは、論をまたない。しかし、そもそも企業にとっての倫理とは何か。

第1章で、倫理とは「社会的な秩序を維持、発展させるための行動原理」だと定義した。これは人間だけでなく、企業にも当てはまる。いうまでもなく企業も社会的存在だからだ。

ただし、三つの点で誤解されやすいので、留意する必要がある。

第一に、まず「秩序」とは何か。法令違反をすれば、犯罪になる。しかし、法令を守れば、何をしてもよいわけではない。秩序には、法令化されていない道義的責任や社会的責任が広く含まれている。第2章の西洋倫理の類型でいえば、カント的な義務論である。

第二に、「守る」だけでは不十分だという点である。「維持」だけでなく「発展」させなければならない。そのためには旧来の秩序を壊し、新しい秩序を確立する覚悟が必要となる。前章の類型でいえば、スピノザ的な動態論である。

第三に、理念だけではなく、行動原理にまで落とし込む必要がある。判断するだけでなく、日々の行動に実装されなければ意味がない。前章の類型でいえば、アリストテレス的な美徳論であり、実践論である。

本章ではまず、このような企業倫理の構造をひもといてみたい。その際に見極めるべきポイントは、表層ではなく深層、そして守り(受動)ではなく攻め(能動)である。

また、世の中を席巻している「外来語」も、正しく理解しておかなければならない。特に、最近よく使われる「コンプライアンス」「インテグリティ」「ガバナンス」の三つを取り上げておきたい。横文字を使ってわかった気になる世の中の風潮は、大変危険だからだ。

その点でスピノザのアプローチは、きわめて厳格である。スピノザの主著の正式題名は、『幾何学的秩序で証明されたエチカ』だ。定義、公理を明示したうえで、倫理の諸相を「定理」として導いていく。ルネ・デカルトの『方法序説』(一六三七年)の影響を多分に受けた同書は、倫理という抽象的なテーマを、理路整然とひもといている。

しかし、それだけでは、本質的な論点が理屈の中に埋もれてしまいがちになる。そこでここでは、まず、アリストテレス流の実践を重視しつつ、必要に応じてスピノザ流に、定義にもこだわることにしたい。

それは、「バリューからビリーフへの転換」という論点にもつながる。この点は、前著『パーパス経営』でも論じたが、エシックス経営の本質でもあるので、再度強調しておきたい。

そして、倫理の実践を通じて、どのような経営をめざすのか、それがいかに企業価値に結びつくのかも考えてみたい。それは、第Ⅲ部「エシックス経営の実装」への助走路ともなるはずだ。

倫理の深層

最近、企業の「コンプライアンス」が厳しく問われている。企業が利益創出機関である以前に、社会的存在である以上、社会秩序の維持が企業存在の大前提であることは、論をまたない。コンプライアンスの原義は、「コンプライ」、すなわち「遵守」することである。ただし、その対象には法令だけでなく、広く道義的責任や社会的責任が含まれる。

そこで多くの企業は、独自の「ウェイ」や「バリュー」を伝承して、大切にしている。しかし、それもまた、奥深い「倫理」を自社流に形式知化したものにすぎない。

深奥にあるのが、「エシックス(倫理)」であり、それを原理原則として凝縮させた「プリン

図3-1

企業倫理の構造

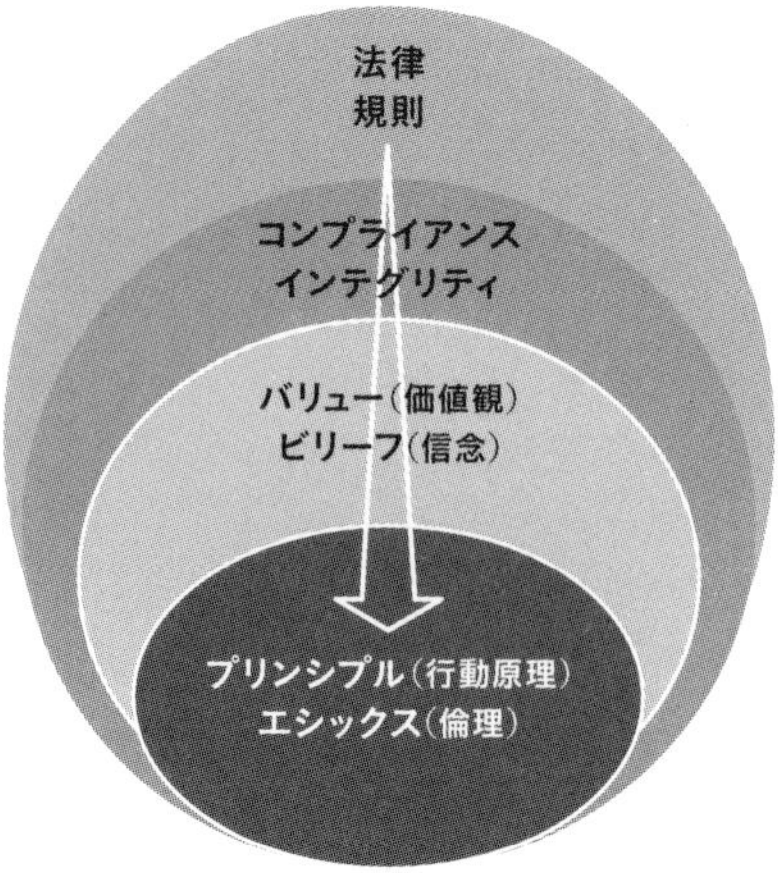

シプル」だ。そう、本書の主題である。その重層構造は、図3－1のように示すことができる。

　コンプライアンスも、本来であれば、奥深い倫理までを対象にしなければならない。今、頻繁に報告されている企業の不祥事は、コンプライアンス違反のごく表層にすぎない。しかも、単に「遵守」や「維持」だけでなく、新しい社会価値を生み出す能動的な行動が求められているのである。

　筆者の古巣、マッキンゼーを例にとろう。マッキンゼーでは長らく「顧客第一（Client Interest First）」と「異論を唱える義務（Obligation to Dissent）」を基本的な行動原理としてきた。

　一つ目は、顧客を相手にするプロフェッショナルファームであれば、当然である。一方、二つ目はマッキンゼーならではだ。しかも、反対することが権利ではなく、プロとしての「義務」であるという点に、いかにもマッキンゼーらしい覚悟と矜持が込められている。

社内の主張に違和感があれば、迷うことなく反論する。より難しいのは、クライアントへの反論だ。たとえば、クライアントが社会価値よりも自社にとっての価値を優先しようとした場合、違法でない限り、クライアントの主張は、一見納得感がある。ましてや、余剰利益を顧客や株主にではなく社会に還元するような行為は、顧客や株主からの批判や離反を招きかねない。そのようなとき、プロとしてどう振る舞うべきか。

一つ目のバリューに従えば、クライアントの利益を優先するのは、当然のように見えるかもしれない。しかしその結果、クライアントの顧客や社会から反感を買うと、長期的な利益を棄損してしまいかねない。そう判断すれば、二つ目のバリューに従って、短期の自己利益を優先しようとするクライアントに対して、堂々と反論しなければならないはずだ。

なんだか、前述したロボット工学三原則を彷彿とさせる光景ではないだろうか。そういえば確かにコンサルタントは、企業や社会にとって、ロボット、そして、最近のＡＩと、きわめて近しい存在なのかもしれない。

マッキンゼーでは、四半世紀前から年一回、全世界で「バリューズデイ」を丸一日かけて実施している。そしてそこでは、判断が難しい状況を想定し、バリューを基軸にどう行動するかを議論する。その際のコンプライアンスの対象は、法律ではなく、自社が大切にしている中核価値（バリューズ）そのものである。

バリューからビリーフへ

ただし今では、「バリュー（価値観）」そのものが二〇世紀型の名称になっている。企業としての価値観を打ち立てることは大切だ。しかし社員にとっては、それは企業という外部から「与えられたもの」、もっといえば「押しつけられたもの」にすぎない。

かつて日本の伝統的な会社は、企業理念を毎朝「唱和」していた。筆者は懐かしさを込めて「昭和（＝唱和）型」企業と呼んでいる。さすがに今では、絶滅危惧種となっているが。

それでも、企業理念や価値観を額に入れてオフィスの壁に掲げている企業や、社員手帳の中に書き込んで上着のポケットに大事にしまい込ませる企業は、今でも少なくない。価値観を社員にしっかりと刷り込みたいという経営側の意図は、痛いほどわかる。しかし、肝心の社員のほうはオフィスを出たり、上着を着替えてしまうと、そんな「外付け」の価値観は、すっかり忘れてしまいかねない。昭和世代と違って、今のM（ミレニアル）世代は「コスプレ」の名手なのだ。企業が唱える価値観など、着脱自在である。

倫理を本気で「自分ごと」化するためには、外付けではなく、胸の中に刻み込む必要がある。

外発から内発へ——その結果、倫理は「価値観」から「信念」へと変質するのである。

信念とは、読んで字のごとく「信じる思い」である。「信」という字は、人を表す「亻（ニンベン）」と、言葉を表す「言」が組み合わさったもの。そして、「言」の下部にある「口」は、神様へのお祈りに使う器の形をしている。すなわち、「言」は「神様に誓う言葉」を意味する。

したがって「信」は、「神様に誓いを立てたうえで、人と約束する」様子を表している。そこから、「まこと、誠実」などといった意味を持つようになった。まさに自分ごと化した倫理そのものである。儒教の中では、五つの徳（五常）、すなわち「仁・義・礼・智・信」の一つに数えられている。

そして「念」は、「今（＝いつも）」と「心」が組み合わさったものである。そこから「常に思い続ける」という意味となった。したがって、「信念」は「自らがまことに信じ続けること」を意味する。言い換えれば、まさに「倫理観」そのものなのである。

少しこだわって漢字の由来をひもといてみたが、英語でいえば、信念は「ビリーフ」。アメリカの先進的な企業は、「バリュー」から「ビリーフ」への転換が進み始めている。

たとえばGE（ゼネラル・エレクトリック）では、一〇年前（二〇一四年）に、「GEグロースバリュー」から「GEビリーフス」へのシフトを宣言した。当時のCEOジェフ・イメルトは、「バリューよりも、人々の内面に入り込んで、自分自身のものにできるパワフルな言葉だから選んだ」と、筆者に語っていた。

図3-2

バリューからビリーフへ

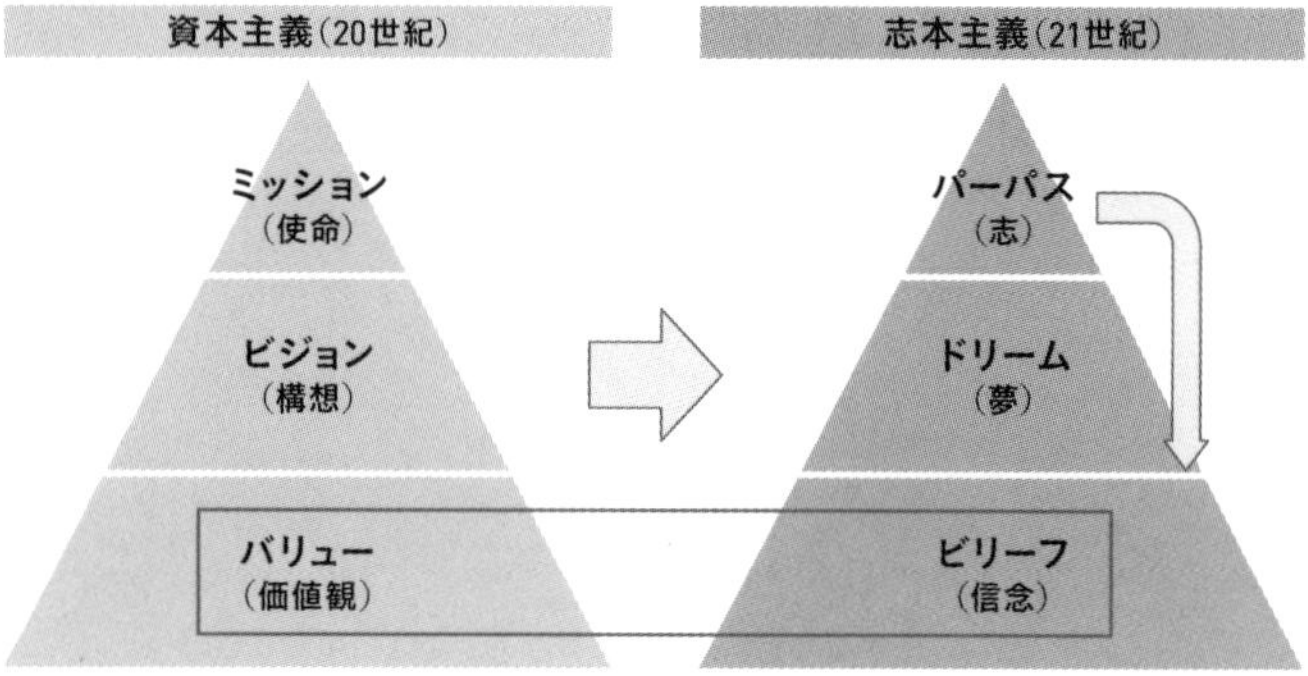

もっとも、二〇世紀のエクセレントカンパニーの名をほしいままにしたGEも、デジタル化を急ぎすぎて業績低迷に突入。イメルト自身もその三年後には、変革の道半ばで、アクティビストから退任を余儀なくされてしまった。そして二〇二四年には、三分割されてしまうことになった。バリューからビリーフへの転換が遅すぎたのかもしれない。

パーパス経営を実践するうえで、ビリーフはキーワードだ。筆者は『パーパス経営』の中で、ミッション（使命）からパーパス（志）へのシフトを提唱した。ミッションは、「××すべき」というカント的な義務感が先行してしまう。それに対してパーパスは、「〇〇したい」というアリストテレス的な高揚感が牽引するものだからだ。言い換えれば、ミッションは外発的、パーパスは内発的なのである。

同様に、バリュー（価値観）もビリーフ（信念）にシフトすべきだと説いた（図3-2）。外付けではなく、内側から突き上げてくる想いを大切にしたいからである。

最近、筆者はそれを「変身（擬態）」から「変態（メタモルフォーゼ）」へ、とも表現している。コスプレ的な変身ではなく、自分の中に織り込まれている想いを紡ぎ出すことで、中身そのものが変わらなければ意味がないからだ。そう、ちょうど幼虫がさなぎとなり、いつしか美しい蝶となって羽ばたいていくように。

倫理は、一人一人が自分ごと化しないと意味がない。そのためには、理念先行型の価値観ではなく、心に刻まれた「信念」でなければならないのである。

信念とは宗教の言葉でもある。「信じる者は救われる」という教えは、聖書（ローマ書など）に頻繁に出てくる言葉として知られている。

日本でも、仏教の世界で古くから語られてきた。たとえば、平安時代に即身成仏を唱えた日本の密教の祖・空海は、「信じて修行すれば誰でも必ず仏になることができる」と説く。そのためには、頭ではなく心、そして身体知（身体化した知恵）にまで落とし込む必要があると、空海は諭す。

同様に倫理は、社員一人一人が宗教レベルにまで深く信じる状態に落とし込まれて初めて、現場で実践されるようになるのである。

パーパスとしての倫理

では、いよいよ深奥に迫ろう。企業にとっての「倫理」とは何か。
第2章で紹介した哲学者に尋ねると、おそらく次のように答えるだろう。

カント「道義的責任や社会的責任を果たすこと」
アリストテレス「幸福な社会の実現に向けて貢献すること」
スピノザ「制約から解き放ち、活力のある社会を実現すること」
和辻哲郎「企業が多様な関係先に対して善い存在であろうとすること」

ダボス会議など、最近の資本主義陣営では、「マルチステークホルダー資本主義」が標榜されている。右の論者の中では、和辻流の解釈に近づいてきているようにも思われる。
もっとも、何が「善」かは、それぞれの価値観や立場、そして、置かれた状況や時間軸によって違ってくる。いわば、客観的な正しい答えがない世界である。だからこそ、その企業が何を大切にするかという主観的な思いが、最後の拠り所となるはずだ。誤解を恐れずにいえば、「客観善」などというものは思い過ごしでしかなく、「主観善」こそが現実なのである。

とはいえ、その企業の独りよがりな思いであっては、「倫」、すなわち関係性の中で「筋が通る」ことにならない。企業倫理は、内外に「共感」されて初めて価値を持つのである。

ただし、「客観善」がないのと同様、すべての人々に共感される企業倫理など存在しない。一見、当たり前として受け入れられると思われる信念ですら、受け止められ方は千差万別だ。たとえば、アリストテレスの言う「幸福」。今風にいえば、「ウェルビーイング」とでも言い換えられるだろう。しかし「幸福」や「ウェルビーイング」の定義は人間と同様、企業にとってもそれぞれで、同床異夢を免れない。安心・安全かもしれないし、日常生活の質の向上の場合もあるだろう。あるいは、非日常体験かもしれない。

強い共感を生み出すためには、このような聞き心地の良い(しかし、中身のない)抽象的な言葉ではなく、その企業が全身全霊をかけて実現したい未来の姿を示す必要がある。それを筆者は「パーパス」と呼んでいる。

カント流の道義的責任や社会的責任を果たすことは、いわば企業としての「規定演技」だ。それに反する企業は存在資格がない。しかし、「存在価値」を獲得するためには、スピノザ流の「自由演技」を高らかに掲げることが求められる。そのためには、企業のパーパスは、「ワクワク、ならでは、できる！」の三つの共感条件を満たす必要がある。これは、前著『パーパス経営』でも論じたとおりだ。

企業の義務を果たすことは、エシックス経営の基本だ。しかし、それだけでは足りない。その企業ならではのパーパスの実践こそが、企業にとっての倫理の本質なのである。

パーパスの実装

パーパスは掲げるだけでは、何の意味もない。それでは、「額縁パーパス」に終わってしまう。第1章でも揶揄したとおり、多くの企業が「パーパスウォッシング」（見掛け倒しのパーパス）に陥っている。パーパスは実践して初めて価値があるのだ。

そのためにはまず、経営者から現場の第一線まで、社員全員がパーパスを「自分ごと」化する必要がある。筆者が実際にパーパス経営を支援する際には、企業パーパスを策定したうえで、二段階のアプローチを推奨している。

まず、企業内の組織ごとに、「パーパスワークショップ」を実施。そこで、企業パーパスを組織パーパスに落とし込んでいく。

そのうえで、今度は社員（メンティー）とその上司（メンター）との間で、「パーパスOne-on-One」を実施する（図3-3）。組織のパーパスと自分のパーパスを、二つのベン図で描いてもらう。両者が重なるところ（ゾーンI）は、個人によって異なり、通常二〇～八〇％くらいの幅になる。このゾーンIを深めることはもちろん大切だが、むしろ重なっていないところに未来の

図3-3

自分のパーパスと組織のパーパスの創発関係

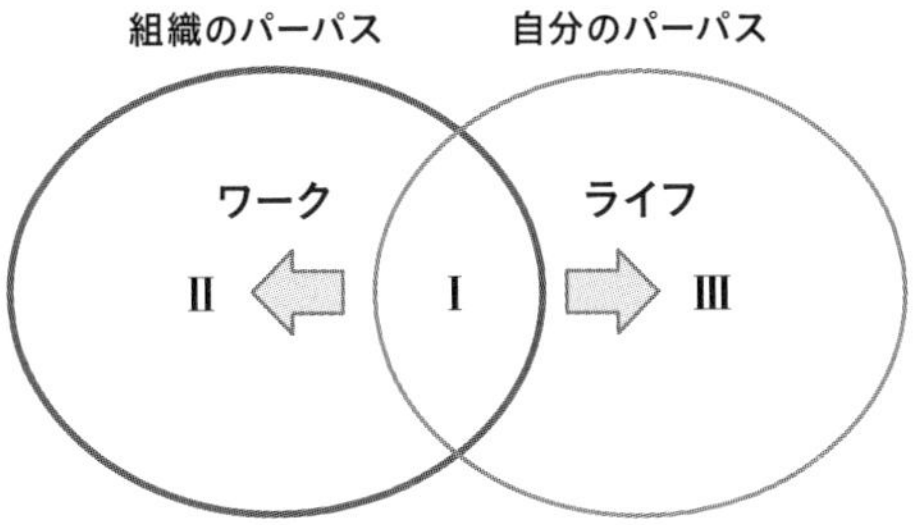

可能性が潜んでいることを見落としてはならない。

組織パーパスが自分ごと化しないところ（ゾーンII）では、「やらされ感」満載となる。しかし、組織のパーパスを深く理解し、その志に共感できれば、ゾーンIに取り込むことができるはずだ。

最も伸びしろが大きいのが、自分のパーパスが組織パーパスからずれているところ（ゾーンIII）だ。諦めるのではなく、組織を自分のやりたいことに引っ張っていく（誤解を恐れずにいえば、「組織を使い倒す」）ことができるのではないか、と考えてみる。もちろん、社会的責任にもとることは論外だが、社会をより良い方向に向かわせたいという個人の志は、組織がイノベーションを創発する原動力になるはずである。

この二段階のプロセスを通じて、企業のパーパスが組織のパーパスに、そして、各社員個人のパーパスに実装されていく。筆者の経験では、中小企業でも半年から一年、大企業では三年以上かかる。しかし、パーパスを自分ごと化するためには、避けて通れない重要なプロセスである。

パーパスからプリンシプルへ

こうしてパーパスが自分ごと化できたとしても、まだ日々の実践には結びつかない。なぜなら、パーパスはあくまで未来のありたい姿であり、現実とは大きく乖離しているからだ。

では、そのギャップを埋めるためには、どうすればよいか。そこでカギを握るのが行動するための判断基準だ。それを筆者は「行動原理（プリンシプル）」と呼ぶ。

日常の経営判断や、現場での実務判断は、常に現実の制約を考慮に入れて、行わなければならない。その際には、理想論やきれいごとではすまされず、取捨選択や優先順位づけが迫られる。

たとえば、日常においては、往々にして次のような判断の局面に立たされる。

- 当面の収益性と将来の収益性のどちらを優先するのか。
- どの顧客層にフォーカスし、どの顧客層を切り捨てるのか。
- 誰と敵対（競争）し、誰と手を組む（共創）のか。
- どの機能を内製し、どの機能を外注するのか。
- どの業務に注力し、どの業務は断捨離するのか。

経営も実務も、このような判断の連続だ。たとえば、「幸福な社会を実現したい」という崇高(?)なパーパスを掲げていても、現実の判断の基準にはならない。しかし、それではパーパスは、真剣勝負の経営や実務から切り離されてしまう。

パーパスを日々のプラクティスに結びつけるために必要となるのが、プリンシプルである。それは、次のような本質的な問いかけに対して、自問自答する際の判断基準となる。

- どのような価値を最優先するのか。
- 何については妥協を許さないのか。
- 決断する際に何に配慮すべきか。
- 誰に対して、どのような責任を担うべきか。
- どのようなリスクに賭けるのか。

多くの企業には、「行動規範(Code of Conduct)」が整備されている。しかし、しっかり読みこなしている経営者や社員は、皆無と言ってよいだろう。もっとも、たとえ読みこなしてみたところで、ここに挙げたような本質的な問いへの答えは出てこない。

そもそも「Code」は、ラテン語の「Codex(法典)」が語源だ。規則や規約をいくら遵守したところで、それに反する判断や行動は排除できても、より善い判断や行動を促す規範にはなりえない。

また、規則である以上、多くの項目が並んでいても、差し迫ったときにどう判断するかといったギリギリの問いへの答えは、そこからは導き出せない。

ＡＩが行動規範をマスターしたとしても、適切な意思決定ができるわけではないことは、容易に想像がつくだろう。むしろ、先のロボット工学三原則のほうが、よほど本質的で、かつ、実践的である。

そう、まさにルールやコードの羅列ではなく、この「原理原則」が大切なのである。英語でいえば「プリンシプル」。ラテン語の「princeps（第一の、主要な）」が語源だ。

ちなみに、一六八七年にアイザック・ニュートンが古典力学体系を打ち立てた大著は、『自然哲学の数学的諸原理』（*Philosophiæ Naturalis Principia Mathematica*）と題されている。日本語では『プリンキピア』、または『プリンシピア』と呼ばれる。ラテン語で「原理」という意味である。

ルールからプリンシプルへ

近年、金融分野では、「ルールベースからプリンシプルベースへ」が世界的な潮流となって

表3-1

ルールとプリンシプルの比較

評価軸	ルール	プリンシプル
確実性・予見可能性	○	
適用の容易さ	○	
解釈の共有	○	
包括性・一般性		○
柔軟性・自主性		○
目的の理解		○

出所：小立(2008)を一部修正。

いる。日本でも二〇〇八年には、金融庁が従来のルールベースに加えて、プリンシプルベースを組み合わせていく方針を発表。VUCA時代には、あらゆることを想定してルールを制定するより、各プレーヤーが原理原則に従って判断するほうが有効だと認めたのである。

ガバナンス（統治）の強化を進めてきた監督庁が、ここにきてルールからプリンシプルへと大きく舵を切り始めたことは、画期的なことである。それは、企業自身がエシックス経営へと大きく前進していくことへの期待の表れともいえるだろう。

ルールは外発的であるのに対して、プリンシプルは内発的だ。表3－1は、両者の違いを示している。前章で論じた倫理哲学の分類を当てはめると、ルールはカント的義務論に近く、プリンシプルはアリストテレス的美徳論、さらにはスピノザ的動態論に近いといえるだろう。

プリンシプルはコードやルールよりは、かつての「バリュー」、今日的には「ビリーフ」に近いものだ。ただし、

「ビリーフ」として内面化しているだけでは不十分。その信念を、現実の判断の原理原則とすることで、プリンシプルとして外部化できて初めて、「ビリーフ」のレベルから「プリンシプル」のレベルへと深化するのである。

パーパス経営を実践するには、社員一人一人が、パーパスだけでなく、プリンシプルを自分ごと化する必要がある。言い換えれば、エシックス経営のカギを握るのは、プリンシプルの自分ごと化なのだ。その先進事例は第Ⅱ部で、実践アプローチは第Ⅲ部で詳しく見ていきたい。

コンプライアンスからインテグリティへ

さて、「インテグリティ」という言葉を耳にしたことがあるだろうか。最近、経営用語として世界的に注目されている。ただし、なかなかしっくりくる日本語がない。

そもそもは、「誠実、真摯、高潔」などを意味する言葉だ。語源をひもとくと「in（反対）＋teg（触れる）」の合成語で、そこから「触れられないもの」、さらには「完全性（wholeness）」という意味になっていったようである。

経営の世界でインテグリティの大切さを力説したのは、ピーター・ドラッカーである。『現代の経営』（一九五四年）の中で、明日を拓くうえで、経営者のインテグリティ（真摯さ）がカギを握ると語っている。(1) エシックス経営を考えるうえで重要な指摘であり、少し長くなるが引用したい。

「知識や概念の教育だけでは、経営管理者は明日の課題を果たすことはできない。明日の経営管理者は、仕事ができればできるほど真摯さを求められる。新しい技術のもとでは、意思決定が事業に与える影響や、その対象とする時間的な広がり、そのもたらすリスクがあまりに大きくなるために、経営管理者たる者は、自らの利益よりも企業全体の利益を重視することが求められる。そして、その意思決定が国民経済に与える影響があまりに大きくなるため、社会そのものが経営管理者に対し、大きな責任を課すようになる。実に新しい課題は、明日の経営管理者に対し、哲学をもってあらゆる行動と意思決定を行い、知識、能力、スキルだけでなく、ビジョン、勇気、責任、真摯さをもって人を導くことを要求する。
つまるところ、いかなる一般教養を有し、マネジメントについていかなる専門教育を受けていようとも、経営管理者にとって決定的に重要なものは、教育やスキルではない、それは真摯さである」

一方で、インテグリティは定義が難しいとも認めている。それは全人格的なものであり、人間性そのものだとも語っている。本書の文脈でいえば、「倫理性」と言い換えてもよいだろう。

図3-4

コンプライアンスvs.インテグリティへ

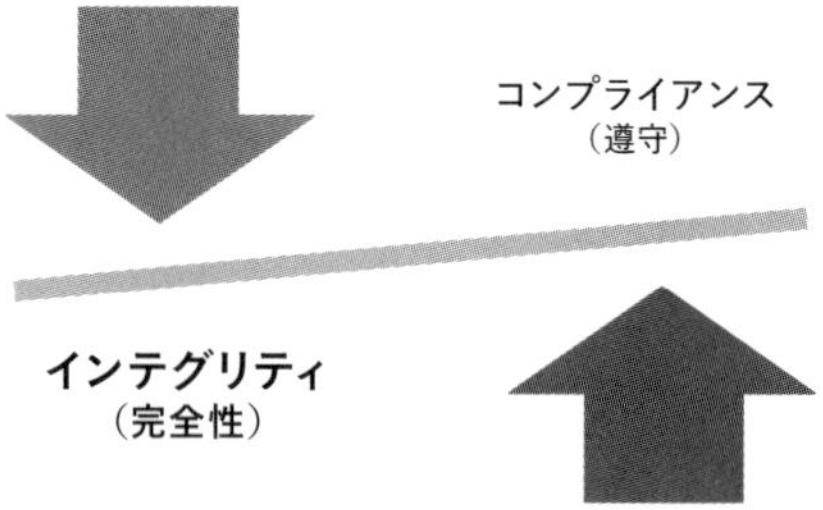

出所：中山達樹「コンプライアンスの代わりに『インテグリティ』を」論座アーカイブ、2019年6月14日（https://webronza.asahi.com/judiciary/articles/2719061200001.html）。

リーダーとしてのインテグリティに関しては、第9章で詳しく見ることにしたい。

ここでは、組織としてのインテグリティを考えてみよう。最近は、コンプライアンスを超えるキーワードとして位置づけられている。

たとえば、国際弁護士の中山達樹氏の『インテグリティ――コンプライアンスを超える組織論』が参考になる。中山氏は、インテグリティとコンプライアンスを図3－4のようにわかりやすく表現している。コンプライアンス（遵守）は、頭を押さえつけるように作用する。それに対して、インテグリティ（完全性）は、内部から発露して自らの潜在力をのびのびと発揮させるような作用があるというのだ。

中山氏はまた、両者の違いをより詳細に比較している（表3－2）。この二つの言葉が、ほぼ真逆であることがおわかりいただけるだろう。企業はコンプライアンスという規定演技ではなく、インテグリティという自由演技

表3-2

コンプライアンスとインテグリティの比較

	コンプライアンス	インテグリティ
目的	悪いことをしない	善いことをする
枠組み	制度(外発的)	態度(内発的)
適用	与えられるもの	自ら気づくもの
性質	ハード、堅い	ソフト、柔らかい
姿勢	受動的、消極的	主体的、積極的
主体	企業(専門組織)	各人(全社員)
目線	上から目線	当事者目線
態度	傍観者(イヤイヤ感)	一人称(ワクワク感)
パーパスとの距離	遠い	近い
企業文化との距離	後付け、押しつけ	企業文化そのもの

出所：中山(2021)p.51を加筆修正。

を、企業倫理の中核に据える必要があるのだ。

筆者が私淑する一橋大学名誉教授の野中郁次郎氏は、最近、日本の国際競争力低下の背景に三つの過剰がある、と指摘している。「オーバー・アナリシス(分析過剰)」「オーバー・プランニング(計画過剰)」「オーバー・コンプライアンス(法令遵守過剰)」の三つだ。

この中で、オーバー・コンプライアンスについては、ガバナンスの強化を声高に唱える政府や規制当局、御用学者などは反発を隠さない。残念な不祥事が多発する中で、ほら見たことか、と言わんばかりだ。

しかし、コンプライアンスという外圧で企業を萎縮させてしまっては、「失ったX年」から抜け出すことはできない。負(マイナス)の根絶をめざすコンプライアンスではなく、正(プラス)のエネルギーを正しく発揮させるインテグリティこそ、これからのエシックス経営の主軸となるはずだ。

徳への道

それにしても、なんと横文字が多いことか！　かく言う筆者も、外資系コンサルティング企業にいたときは、得意になって英語のバズワード（これも英語！）を、振りかざしていた。

ちなみに、Ｂｕｚｚという英語は、虫が羽をぶんぶん鳴らす音が語源である。転じて「定義や意味が曖昧でわかりにくく、もったいぶった専門用語」を指すようになった。その意味では、最近「パーパス」がバズっているのも、大変気になるところだ。そこで筆者はなるべく、「志」という大和言葉を使うようにしている。

では、「インテグリティ」をわかりやすい日本語にすると、何になるだろうか。筆者は「徳」という言葉が、最もしっくりくる気がする。徳は、「彳」と「直」と「心」を合わせたもので、「まっすぐな心で歩む」ことを指す。転じて「善や正義に従う品格」を意味するようになったという。そもそもは、儒教で大切にされた言葉だ。人間でいえば人徳、企業でいえば「社徳」がこれにあたる。

だとすると、エシックス経営は「美徳経営」と言い換えてもよいかもしれない。そういえば、先述した野中氏は『美徳の経営』という著書を出されている。ただし、それだと美化しすぎて、「負を正す」側が霞みがちになってしまうかもしれない。中立的な言葉としては「徳治経営」のほうが、適切なような気がする。

もう一つ、イケていない英語の典型が「ガバナンス」。これもコンプライアンス同様、外側から規制しようとする発想に立っている。日本語では「統治」と訳されるが、そもそも外から治めることが、企業のあるべき姿なのか。

企業は、思いを一つにする人々が集まって、社会に対して、「ならでは」の価値を提供する組織である。そのためには、内部の一人一人が倫理観、すなわち、「徳」をもって行動すべきはずだ。だとすると、「統治」ではなく「自治」こそが、あるべき姿ではないだろうか。この点は、第7章で改めてじっくり論じてみたい。

実は当初、本書のタイトルを、「美徳経営」や「徳治経営」にしようかとも考えた。しかし、それでは「エシックス」という言葉が持つ多義性が伝わりにくいとも考え直し、あえて「エシックス経営」という言葉と正面から向き合うことにした。

「徳」という言葉は、崇高ではあるものの近寄りがたい印象を醸し出す。そもそも「徳」のある人など、そうざらにいるものではない。しかし、筆者のような凡人にとって救いは、徳の域に到達することより、そこに少しでも近づこうとする姿勢が大切だという教えである。言い換えれば「道」だ。本書の文脈でいえば、さしずめ「倫理道」といったところだろう。

例によって、「道」という字の語源をひもといてみると、ぎょっとさせられる。「首」を持って行くという意味らしい。かつては新しい「道」を造るときに、敵の「首」を持って歩いたためだという。今ではさしずめ、自分の生首を担いで歩むことなのかもしれない。いずれにせよ、殺気立ったような覚悟を感じさせる言葉である。

中国には、古来「道《タオ》」の教えがあった。人や物が通るべきところという意味から転じて、宇宙万物の普遍的法則や道徳的な規範、美や真実の根元などを広く含む言葉だという。まさに哲学そのものと言ってもいい。

「道家」の教祖は、老荘のうちの老子(前五七一?〜前四七〇?年)だとされる。『老子道徳経』は上篇が「道」、下篇が「徳」となっており、徳への道が説かれている。しかし、筆者は個人的には、荘子(前三六九?〜前二八六?年)の思想のほうがしっくりくる。

荘子は「万物斉同」を唱える。ごく簡単に言うと、道はすべてのものを等しく育んでいるという思想だ。そして、「これこそが、至上の徳である」(人間世篇)と説く。今風にいえば、インクルージョン(包摂性)、すなわち「平等」を重んじる思想だといえるだろう。筆者のような凡人も、自分なりの道を歩むことで、徳に近づいていくと勇気づけてくれる。

日本人も古来、「道」を大切にしてきた。神道や武士道、柔道や剣道、華道や茶道など、枚挙に暇がない。なんといってもアウトローの世界にも「極道」があるくらいだ。もっとも極道は、本来、仏法を究めた高僧のことを指していたらしい。

横文字を使うのではなく、「徳」や「道」のように、私たちの血に流れている伝統を再発見したいものである。しかも、「道徳」といった義務感が先行する言葉より、「徳道」といった主体的な姿勢を大切にしたいものだ。そうすることで、企業人一人一人の胸に、企業倫理への道を前向きに歩みたいという思いが、自分ごととしてわき起こってくるのではないだろうか。

企業倫理という無形資産

企業経営にとって、最も大事な資産は何か。

ひと昔前は、ヒト、モノ、カネといわれていた。このうちモノ（物的資産）もカネ（金融資産）も、どんどんコモディティ化している。今はヒト、すなわち、人財資産が最重要視されている。いわゆる「人的資本」ブームだ。

日本企業は、伝統的にヒトを大切にしてきた。カネが大切だ、などと吹聴していたのは、ついつい最近までアングロサクソン型資本主義の片棒を担いできた役人や御用学者にすぎない。その張本人たちが、今では手のひらを返したように「人的資本」を大合唱するのだから、その無節操さにはあきれてしまう。

しかし、本人たちが自覚しているかどうかはともかく、旧来型の発想を引きずっていることがこの標語に見事に表れている。ヒトを資本、つまり、カネ儲けの元手として位置づけているからだ。まさに「衣の下の鎧」とはこのことである。

ヒトは価値創造の元手ではなく、担い手そのものだ。したがって、資源（リソース）ではなく「源（ソース）」であり、人材ではなく「人財」なのである。

かつて伊丹敬之氏（一橋大学名誉教授）が唱えた「人本主義」こそ、昭和時代の日本企業の強さの本質だったはずである。残念ながらバブル崩壊後、利益至上主義に走った多くの日本企業が、ヒトからカネへと宗旨替えしてしまった。これが「平成の失敗」に直結していたのである。

賞味期限が切れた資本主義の延命を図るのは、そろそろ終わりにしよう。そして、官製人的資本主義ではなく、ヒトを主軸とした日本企業本来の姿に、立ち戻ることにしよう。

企業の資産の捉え方そのものが、本質的な変容を迫られている。数年前、『会計の終焉』（*The End of Accounting*）という本が世界的に注目された。ちなみに、邦題が『会計の再生』という全く違うタイトルになってしまったのは、会計学者の見当外れな願いがこもっているからかもしれない。しかし、そこで主張されているのは、会計に表れない無形資産こそが、企業価値の源泉だという、会計学者にとってはきわめて不都合な真実である。

企業資産には、大きく有形資産と無形資産がある。このうち、財務諸表に載っているのは、モノ、すなわち物的資産と、カネ、すなわち金融資産の二つだけ。企業にとってより根源的な価値を生む資産は、財務諸表に表れない三つの資産である。

図3-5

5つの資産

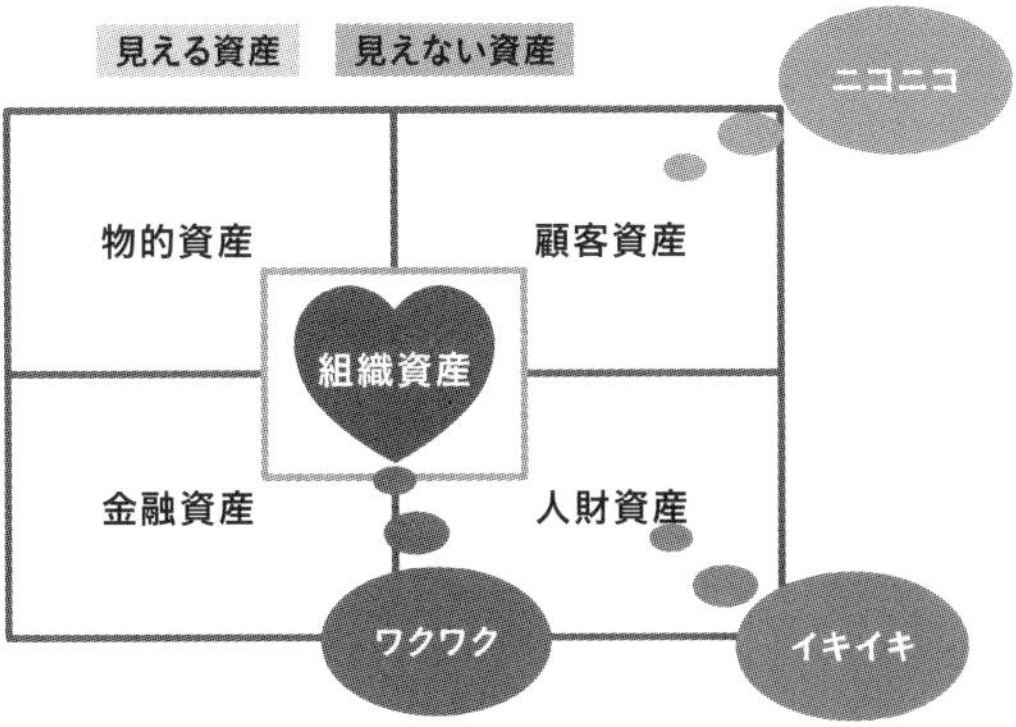

出所：佐藤明氏のプレゼン資料を一部修正。

一つは人財資産、つまり、ヒトだ。財務諸表上はコストとしてしか計上されないが、まさに価値創造の源泉だ。二つ目が顧客資産。顧客基盤や流通網などを含む。そして、三つ目が組織資産。ブランドや知財、仕組みやプロセス、組織文化やリーダーシップなどを含む。

これら三つが、企業の無形資産だ。会計や財務の専門家などからは「非財務資産」と呼ばれることもあるが、これも自分の専門以外を「非」と位置づけてしまう狭隘な発想を露呈してしまっている。これらの資産は、将来の企業価値を生む源泉であり、その意味では「未財務資産」と位置づけなければならない。過去の数字にとらわれ、未来を読むことができない会計や財務は、まさに「終焉」を迎えていると言わざるをえない。

企業価値創造を支援するバリュークリエイト

社の佐藤明氏は、これら三つの無形資産に愛称をつけている(図3-5)。人財資産が「イキイキ」、顧客資産が「ニコニコ」、そして組織資産が「ワクワク」だ。それぞれの資産価値をうまく表現しており、きわめて本質的、かつ未来志向だといえるだろう。

これらの中で、企業の基盤となる資産が「組織資産」だ。この資産の働きによって、人財や顧客の資産価値が何倍にもスケールするのである。そして、パーパスを実践するためのプリンシプルは、組織資産の中で最も大切なものである。

なぜなら、プリンシプルが基軸となって、その企業ならではの文化やリーダーシップのあり方が形成され、さまざまなプロセスや仕組みが整備され、ブランドや知財といった無形資産が蓄積され、パーパスが実践されていくからである。

企業にとっての将来価値は、無形資産から生み出される。そして、パーパスを駆動するためのプリンシプル、言い換えれば企業倫理こそ、企業の中核資産なのである。

第Ⅰ部の小括

第Ⅰ部では、古今東西の思想をひもときながら、「倫理」という言葉の多義性を概観してきた。倫理というと、義務的、制約的なニュアンスを連想しがちだが、より創造的、能動的な側面もあることに、改めて気づかされる。

本書では、倫理を「社会的な秩序を維持、発展させるための行動原理」と定義する。維持だけでなく「発展」を意味する言葉であることが、第一のキーポイントだ。

そしてエシックス経営とは、企業が掲げるパーパスを日々実践(プラクティス)することを意味する。そのためには、プリンシプルを、経営も現場も自分ごと化することが求められる。これが第二のキーポイントだ。

そのためには、コンプライアンスやガバナンスといった外からの規制は役に立たない。一人一人が行動原理を基軸に自ら判断し、実践していくことで初めて、組織の奥深くに倫理が実装されていくのである。

もっとも、エシックス経営を完璧にマスターしている企業など、存在しない。日々の実践を通じて倫理道を究めていくしかないのである。「学習」を通じて組織資産を高め続けること、これが第三のキーポイントである。

では、各企業は、実際にどのようにエシックス経営を実践しているのだろうか。第II部では海外、国内の先進事例を見ていくことにしよう。

第Ⅱ部 エシックス経営の実態

「世界で最も倫理的な企業」が毎年発表されていることを、ご存じだろうか。「エシスフィア・インスティテュート」によるもので、倫理プログラム、企業文化、社会・環境インパクトなどの項目で評価して選出している。二〇二三年には、一三五社が選ばれた。

同インスティテュートが創立された二〇〇七年以来、一七回目となる。その一七回すべてで選出されたのは、アフラックやペプシコなどの六社で、花王もそのうちの一社だ。

もっとも、応募した企業が対象なので、応募しなければそもそも選ばれない。したがって、このリストに入っていなくても、より倫理的な企業は、他にも多数あるはずだ。エシックス経営を実践している企業として、どういう名前が思い浮かぶだろうか。

アメリカでいえば、「我が信条」で有名なジョンソン・エンド・ジョンソンの名前が、真っ先に挙がってきそうだ。日本でいえば、「フィロソフィ経営」で定評のある京セラではないだろうか。

第Ⅱ部では、アメリカ企業を五社、そして日本企業を一〇社取り上げる。あえていろいろな業態から選んでみた。最大の選定理由は、筆者が比較的よく内情を知っていて、高く評価しているからだ。日本の事例がアメリカの倍であることも、同じ理由による。もっとも、全体を見渡しても、日本企業のほうが、エシックス経営を実践している割合は圧倒的に上回っているはずだ。

以下では、一社ずつを簡単に紹介したうえで、アメリカ流と日本流を比べてみよう。そ

世界で最も倫理的な企業リスト

- スリーエム(アメリカ、工業・製造)
- アクセンチュア(アイルランド、コンサルティング)
- アフラック(アメリカ、保険)
- アリアンツ(アメリカ、保険)
- アプティブ(アイルランド、自動車)
- アーム(イギリス、半導体)
- AT&T (アメリカ、通信)
- エイボン(イギリス、ヘルスケア・化粧品)
- ベストバイ(アメリカ、小売)
- キヤノン(アメリカ、画像技術)
- CBRE(アメリカ、不動産)
- デル・テクノロジーズ(アメリカ、情報・テクノロジー)
- EDP(ポルトガル、エネルギー・電力)
- イーライリリー(アメリカ、製薬)
- ゼネラルモーターズ(アメリカ、自動車)
- HPエンタープライズ(アメリカ、情報・テクノロジー)
- HP(アメリカ、情報・テクノロジー)
- ハネウェル(アメリカ、工業・製造)
- ヘインズブランズ(アメリカ、アパレル)
- イベルドローラ(スペイン、エネルギー・電力)
- インテル(アメリカ、半導体)
- IBM(アメリカ、情報・テクノロジー)
- JLL(アメリカ、不動産)
- 花王(日本、ヘルスケア・化粧品)
- ケロッグ(アメリカ、食品・飲料)
- ロレアル(フランス、ヘルスケア・化粧品)
- リンデ(イギリス、化学)
- リンクトイン(アメリカ、情報・テクノロジー)
- マンパワーグループ(アメリカ、人材派遣)
- マスターカード(アメリカ、決済サービス)
- マイクロソフト(アメリカ、情報・テクノロジー)

- ナチュラ（ブラジル、ヘルスケア・化粧品）
- ネクステラ・エナジー（アメリカ、エネルギー・電力）
- ノキア（フィンランド、通信）
- オン・セミコンダクター（アメリカ、半導体）
- ペプシコ（アメリカ、食品・飲料）
- プルデンシャル（アメリカ、金融・保険）
- セールスフォース（アメリカ、ソフトウェア）
- シュナイダーエレクトリック（フランス、電機）
- ソニー（日本、電機・情報・テクノロジー・通信）
- スターバックス（アメリカ、小売）
- タタ・スチール（インド、金属・鉱業）
- USバンコープ（アメリカ、金融）
- Visa（アメリカ、決済サービス）
- ウエスタンデジタル（アメリカ、情報・テクノロジー）
- ワークデイ（アメリカ、ソフトウェア）

出所：Ethisphere Institute 2023（全135社のうち主要46社）。

ここには、いくつかの共通点と相違点が浮き上がってくる。そしてそれは、第Ⅳ部で論じる日本企業への提言にも、つながっていくはずだ。

第4章

アメリカ企業の群像

アメリカからはジョンソン・エンド・ジョンソン（J&J）、ディズニー、ホールフーズ・マーケット、グーグル、パタゴニアの五社を取り上げる。製薬、娯楽、小売、情報、衣料と、業種もまちまちだ。

実は一つ、共通点がある。どこも「世界で最も倫理的な企業リスト」には入っていないのだ。いずれもエシックス経営では「横綱」級なので、あえて応募する必要性を感じないからかもしれない。

一方、『フォーチュン』誌の「最も尊敬される会社」リストには、パタゴニア以外の四社は毎年入っている。最新（二〇二三年）のランキングでは、ホールフーズの親会社アマゾンは二位。ディズニーは六位、グーグル（アルファベット）は九位、そしてJ&Jは二二位だ。(1)

もっとも、こちらのランキングは、企業の業績や影響力などを含めた総合的な観点で見たときの「人気投票」の結果であり、必ずしも倫理企業ランキングとはいえない。ちなみにトップ一〇社中、情報系が四社（アマゾン、グーグルに加えて、一位のアップルと三位のマイクロソフト）、金融系が三社（四位のバークシャー・ハサウェイ、五位のＪＰモルガン、一〇位のアメリカン・エキスプレス）入っている。いかにも、アメリカらしい光景である。

ジョンソン・エンド・ジョンソン「我が信条」

エシックス経営の代表事例といえば、なんといっても、ジョンソン・エンド・ジョンソン（Ｊ＆Ｊ）が筆頭に挙がるのではないか。同社の「我が信条（Our Credo）」は、あまりにも有名だ。

これは一九四三年に、同社の三代目社長ロバート・ウッド・ジョンソン・ジュニアによって起案されたものである。そこには、会社の果たすべき四つの社会的責任が示されている。

第一の責任は、患者、医師、看護師、そして母親、父親をはじめとするすべての顧客に対するもの。しかも顧客を超えて、「われわれのビジネスパートナーには、適正な利益をあげる機会を提供しなければならない」と唱えられている。

第二の責任は、世界中の全社員に対するもの。そこでは、多様性への配慮、平等、人財育成など、今日的な論点が中心に据えられている。さらにリーダーに対しては、次のような信条がうたわれている。

「我々は卓越した能力を持つリーダーを任命しなければならない。そして、その行動は公正、かつ道義にかなったものでなければならない」

第三の責任は、地域社会、さらには全世界の共同社会に対するもの。本業のヘルスケアで市民の健康に資することはもちろん、「良き市民として、有益な社会事業および福祉に貢献し、健康の増進、教育の改善に寄与し、適切な租税を負担しなければならない」と、より広汎な社会貢献を求めている。

第四の責任が、株主に対するもの。そのためには、イノベーションに果敢に投資し、新しい価値を生み続けなければならないと説いている。また、逆境のときに備えて、無形資本の蓄積が必須とも唱えている。そして、「これらすべての原則が実行されてはじめて、株主は正当な報酬を享受することができるものと確信する」と結んでいる。

ジョンソン・ジュニアは、取締役会で初めて「我が信条」を発表した際に、次のように断言したという。

「これに賛同できない人は、他社で働いてくれてかまわない」

こうして読み返すと、これらの信条は、まさに今日、「マルチステークホルダー資本主義」として唱えられている企業倫理と同じだということに、改めて気づかされる。

たとえば、二〇一九年にアメリカの経済団体ビジネスラウンドテーブルが掲げた「企業のパーパス（The Purpose of a Corporation）」は、まさにこのJ＆Jの「我が信条」そのものだ。利益至上主義、そして株主資本主義の道をひた走ってきたアメリカが、今ようやくJ＆J流のエシックス経営に舵を大きく切り直そうとしているのである。

J＆Jは、この八〇年間、利益優先の風潮とは一線を画し、経営者から現場の社員に至るまで、この信条をしっかりと受け継いできた。そしてそれを、厳しい現実に直面したときの判断の基軸として、大切にしてきたのである。

なかでも「タイレノール事件」は、世界中で語り草になっている。一九八二年、シカゴ近郊で、同社の主力商品の一つである解熱鎮痛剤タイレノールを服用した八人が死亡するという事件のことだ。

その報道を受けて、J＆Jは直ちに全国にこの事件を報道、製造・販売を即中止、全品回収を実施。そして第三者による徹底調査を行った結果、悪意ある犯人がタイレノールのカプセルに毒を混入させたことが原因だと判明。これら一連の活動後、タイレノールの製造・販売を再開し、事件発生後二カ月で、売上を八〇％回復させることができたと報道されている。

当時、筆者はアメリカに駐在する直前で、この事件の経緯は、今でも生々しく覚えている。しかも六年後の一九八八年、ハーバード・ビジネススクール（HBS）に入って最初に授業で取り上げられたのが、この事件のケースだった。「さあ、君がCEOだったら、どうする？」と、のちに企業倫理で有名になるジョセフ・バダラッコ教授が、私たち学生に迫る。

ひとしきり議論が白熱した後、クラスに配布された追加ケースには、当時CEOだったジェームズ・バークの行動が、克明に描かれている。バークCEOは、事件の三年前に経営幹部を招集し、部屋の壁の「我が信条」を指差して、次のように語る。

「この『我が信条』とともに生きることができなければ、これを壁から引きはがそう」

この信条に照らし合わせてみれば、正しい行動をとることに何の躊躇もなかったのである。最近、世の中を騒がせた「紅麹問題」における小林製薬の対応とは、雲泥の差である。

筆者は、HBS卒業後、マッキンゼーでJ&Jを支援する機会があった。グループ会社の一つで、血糖値測定器の世界トップ企業であるライフスキャン社の日本上陸戦略を、担当したのである。

血糖値測定器は、糖尿病患者には必須のアイテムだった。糖尿病が重くなると、インスリン注射が必要になるが、その世界リーダーはデンマークのノボ ノルディスク社。日本でも、ノボは医者や看護師、患者やその家族、さらには地域社会に至るまで、糖尿病コミュニティを丸ごと支援しており、絶大な存在だった。

筆者たちは、そのノボにライフスキャン社との提携をもちかけた。当時ノボは、どの測定機器メーカーにも中立な立ち位置を取ることを旨としていたが、J&Jのグループ会社であれば、喜んでパートナーになりたいと言ってくれた。「我が信条」に裏打ちされたJ&Jの企業ブランドに、強く共感を寄せてくれたからだ。

エシックス経営を貫くことで、危機から脱却するだけでなく、新しい成長の機会を呼び寄せることを実感した一幕だった。

ディズニー「五つの鍵」

もう一社、エシックス経営の先進企業として必ず名前が挙がるのがディズニーだ。なかでも、われわれにも身近なディズニーランドの「Keys（鍵）」が大変有名である。

同社では長らく、キャスト（アルバイトや社員）の行動原理として「The Four Keys──四つの鍵」を掲げてきた。中身は「SCSE」の四文字で表され、次のような内容になっている。

①Safety（安全）……安全な場所、安らぎを感じる空間を作り出すために、ゲストにとっても、キャストにとっても安全を最優先すること。

②Courtesy（礼儀正しさ）……「すべてのゲストがＶＩＰ」との理念に基づき、言葉づかいや対応が丁寧なことはもちろん、相手の立場にたった、親しみやすく、心を込めたおもてなしをすること。

③Show（ショー）……あらゆるものがテーマショーという観点から考えられ、施設の点検や清掃などを行うほか、キャストも「毎日が初演」の気持ちを忘れず、ショーを演じること。

④Efficiency（効率）……安全、礼儀正しさ、ショーを心がけ、さらにチームワークを発揮することで、効率を高めること。

いずれも当たり前のことではあるものの、それをキャストの一人一人が自分ごと化して、徹底して実践しているところに、同社ならではのすごみがある。東京ディズニーリゾートを訪れるたびに、「おもてなし」精神（②）や、清掃キャストのアドリブのショー（③）を体験すると、思わず笑みがこぼれる。

新しくキャストに選ばれると、この四つの行動原理をたった三日の研修で身につけ、表舞台にデビューする。細々とした行動規範集やマニュアルは一切なし。キャストの一人一人が、この四つの原理に立ち返って自分で判断し、行動することが期待されているからだ。

研修では、現場で遭遇しそうな場面を想定して、「あなたならどうする？」と問いかける。面白いエピソードがブログに挙がっていた。[2] 次のような設定だ。

「あなたがもし掃除担当キャストで、目の前で大量のポップコーンがこぼれ落ちるのを見つけるのと同時に、写真を撮ってもらいたいとお願いされたら、あなたならどうする？」

もちろん、唯一の正解はない。「こぼれたポップコーンでミッキーの絵を描き、それを背景に写真を撮る」というユニークな答えを思いついたら、それこそゲストは、満面に笑みを浮かべるに違いない。

「四つの鍵」で重要なことは、それらの順番である。ディズニーならではの礼儀正しさ②やショー③ではなく、ましてや効率④でもなく、安全①を最優先している。

その優先順位が素晴らしい行動につながったのが、二〇一一年の東日本大震災のときだ。キャストたちは、ゲストの安全を最優先し、空腹や寒さをしのぐために、売り物のお菓子や大きなダッフィーのぬいぐるみまで配っていた。もちろん、上司の許可など不要。そのようなキャストたちの機転で、約七万人が訪れていたという園内で、負傷者はゼロ。素晴らしい美談として、今なお語り継がれている。

本場アメリカでは、一九五五年の開園当初からキャストの行動原理が唱えられていた。ただその頃は、SCCC(安全、礼儀正しさ、清潔感、収容能力)だったらしい。その後、清潔感がショーに、収容能力が効率に変更され、一九六六年頃からSCSEになったといわれている。それから約六〇年にわたって、SCSEが行動原理として受け継がれてきた。

しかし二〇二一年に、新しい項目が一つ加わり、「The Five Keys――五つの鍵」とアップデートされた。加わったのは、「Inclusion(包摂性)」。真ん中に追加されて、「SCISE」と呼ばれることになった。ゲストにもキャストにも、多様な国籍や年齢の人たち、そして、身体障害者やLGBTQなどが数多くいる。その人たちへの配慮を加えたことは当然で、むしろ遅きに失するくらいかもしれない。

行動原理は、あれもこれも並べるのではなく、重要なものだけに限定することで、現場の自分ごと化と正しい判断を促すことができる。一方、価値観が変容する中で、古くなったものは捨て、時代の要請に合ったものは取り込むといった柔軟性も、求められる。ディズニーの事例は、エシックス経営の現場における実践の必要性と、正しい進化のあり方を教えてくれる。

ホールフーズ・マーケット「意識を高く」

三社目として、ホールフーズ・マーケットを取り上げたい。オーガニックフードやグルメフードなど、比較的高級志向の食料品小売チェーンだ。アメリカを中心に、カナダやイギリスを含めて、現在五〇〇店舗以上を展開している。

ホールフーズは、日本では「世界でいちばん大切にしたい会社」としても知られる。そのような題名で翻訳された世界的なベストセラー*Conscious Capitalism: Liberating the Heroic Spirit of Business*の中で、この思想を体現する企業の一つとして論じられているからだ。(3)

ちなみに、「世界でいちばん大切にしたい会社」という言葉は、原書にはどこにも書かれていない。しかし、同社の経営理念に共感する人たちの間では、「大切にしたい」という思いが共有されていたのは確かだ。日本の出版社の粋なセンスを感じさせる題名である。おかげで日本でもベストセラーになった。

そもそも、原題の「コンシャス・キャピタリズム」は、いかにも取っつきにくい言葉だ。直訳すると「意識の高い資本主義」ということになるが、それだけでは真意が通じない。とはいえ、創業者で共著者でもあるジョン・マッキー自身が生み出し、大切にしている理念なのである。

マッキーは大学をドロップアウトして、ヒッピー生活を送っていた後、一九七八年に二五歳でホールフーズの前身の自然食品マーケットを創業。その後、競合店などの買収をテコに、全米に展開して、自然食品スーパーとしては全米最大の規模にまでのぼり詰めた。

マッキーはその傍らで、利益至上主義の資本主義は、いずれ堕落すると警告を鳴らし続けた。

新自由主義の旗手と目されていたミルトン・フリードマンを公然と批判、次世代を拓く理念として「コンシャス・キャピタリズム」を唱えたのである。マッキーは、序文で次のように語っている。[4]

「フリードマンは顧客、従業員、企業の慈善活動に気を配ることを投資家の利益を増やすための手段だ、と考えている。私はまったく逆だ。高い利益を上げることは、ホールフーズの最も重要な使命を実現するための手段なのだ。私たちは、優良で栄養価の高い食品を通じて地球に住む人々の健康と福利を改善したい。そしてこの使命は高収益を上げ続けないと実現できないのだ。食べないと人は生きられない。ビジネスも同じだ。利益なしでは生きられない。しかし大半の人々は食べるために生きているわけではない。ビジネスも同じだ。利益を得るために生きているわけではないのである」

マッキーは、「すべてのステークホルダーに愛されながら富と幸福を作り出している企業」を、「コンシャスカンパニー（意識の高い企業）」と呼ぶ。その先進事例として、ホールフーズに加えて、本書でも紹介しているJ＆J、グーグル、パタゴニア、トヨタなどを挙げている。

実は、アマゾンもその中に含めていたが、これには後述するように意外な後日談がある。いずれにせよ、本書の文脈でいえば、まさに「エシックス経営」を実践している企業といっても

図4-1

コンシャス・キャピタリズムの4要素

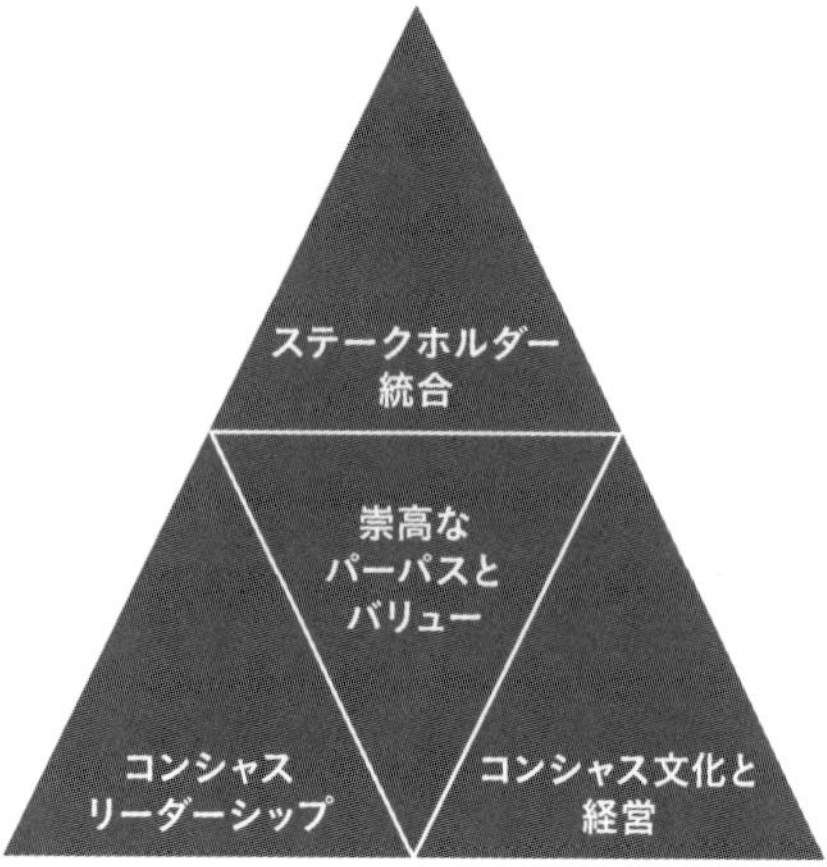

出所：マッキー／シソーディア（2014）p.43を一部修正。

よいだろう。

マッキーは、コンシャス・キャピタリズム経営を実践するためには、四つの要素が必要だと論じている(図4-1)。まず、崇高なパーパスとバリュー。次に、すべてのステークホルダーとのウィン・ウィン関係の構築。そして、コンシャスリーダーの存在と、コンシャス文化と経営の醸成。

パーパスを中心軸の一つに据えていることからも、筆者が「志本経営」と呼ぶ経営モデルとも重なっていることが見て取れる。そしてパーパスに加えてバリュー、すなわち判断や行動にあたってのプリンシプルを大切にしている点において、「エシックス経営」にも通底しているといえるだろう。

二〇一七年六月、ホールフーズがアマゾンに買収されるというニュースが、世の中を驚かせた。ホールフーズは当時、成長が鈍化し始めており、アクティビスト株主から批判を浴びていた。そこで巨大資本の傘下に入ることによって、株式市場の圧力を回避したかったということはわからないわけではない。

しかし、よりによって、なぜアマゾンでなければならなかったのかが、筆者を含め、多くのホールフーズファンにとっての謎だった。

アマゾンは、創業当時から「偏執狂的な顧客主義（カスタマーオブセッション）」を高らかに掲げていた。しかし、そのためなら社員とサプライヤーは泣かせてもよい、といった風潮が蔓延していたのも事実だ。これはマッキーが唱えていた「マルチステークホルダー統合」とは、明らかに路線が異なる。

しかし、一方のアマゾンも当時、マルチステークホルダー路線への転換を図っていた。そもそも、最重視していた顧客からも、社員やサプライヤーを酷使するようなアマゾンに対する批判の声が上がり始めていたからだ。

創業者のジェフ・ベゾス自身、「ワークライフハーモニー」を唱え始めた。「ワークライフバランス」のように、ワークとライフを切り離して捉えるのではなく、ワークとライフの好循環を志向しよう、というのである。さらに、サステナビリティ担当役員を外部から招聘し、社会や環境にも配慮する経営に大きく舵を切り始めていた。

アマゾンは、そのタイミングでホールフーズ買収に踏み切ったのである。そこには、リアル店舗網を掌握したかったという戦略的な意図だけではなく、ホールフーズ流のエシックス経営を学びたかったというねらいがあったのではないかと、筆者は推察している。

アマゾンの傘下となって以降も、マッキーは五年間、ホールフーズのCEOとして同社の次世代成長を牽引していった。そして、ベゾスがアマゾンのCEOを退いた翌年の二〇二二年九月に自身も退任。アクセンチュア出身で同社のCTO、そしてCOOを務めていたジェイソン・ブッケルが後を継ぐことになった。

アマゾンの下で、ホールフーズはデジタル化を加速している。プライム会員への二時間無料配達や、一時間無料ピックアップなどのサービスも急速に拡大。アマゾンが開発したキャッシャーレスショッピング体験ができる「ジャストウォークアウト」や、手のひら認証によるショッピング体験が可能なアマゾンワンなどを、店舗に導入し始めた。

顧客にとっての利便性は、格段に高まるだろう。さすが徹底した「顧客第一主義」である。しかし一方で、社員への配慮はおろそかになっていないだろうか。

「コンシャスカンパニー」の先進事例とされたスターバックスでは、ピックアップサービスを導入した結果、店舗スタッフの負担が大幅に増え、労組のストライキが勃発した。ホールフーズでも二〇一八年以降、店舗スタッフのストライキが頻繁に起こっている。コロナ禍も大きな要因の一つであることは事実であろう。しかし、デジタル化が社員の働きがいの向上につながるような打ち手が、これまで以上に求められているはずだ。

ホールフーズはかつて、『フォーチュン』誌の「働きがいのある企業ベスト一〇〇社」に二〇年連続でランクインしていた。しかし、アマゾンによる買収後は、同ランキングから姿を消している。

マッキー、そして、ベゾスという希代の創業者が去った今こそ、ホールフーズらしいエシックス経営の再構築が待たれるところである。

グーグル「邪悪になるな」

デジタル産業に目を転じてみよう。そこでは、グーグル、マイクロソフト、セールスフォース、アクセンチュアなど、エシックス経営の先進企業が目白押しだ。

顧客データを取り扱い、プラットフォーマーとして国家をしのぐ影響力を持ちつつある彼らは、一歩間違えると、デジタルディストピア（悪夢）の主犯になりかねない。また「War for Talent（人財獲得競争）」が激化する中で、MZ世代にとって働きがいのある職場であり続けなければならない。今やエシックス経営は、この業界で生き残るうえで、「Nice to Have（任意条件）」ではなく、「Must Have（必須条件）」なのである。

ここでは、その中でも筋金入りのグーグルを取り上げよう。グーグルは創業以来、「Don't

Be Evil（邪悪になるな）」を行動原理の一つに掲げてきた。筆者が二〇一四年に、マウンテンビューの本社を訪問したときも、デスクの前にこのスローガンを貼っている社員が多かったことが印象的だった。

しかも、それが後で、忘れられない体験につながった。この訪問時に、ちょうどアメリカで初代グーグルグラスがテスト販売されており、筆者も絶好の訪問記念とばかりに三〇〇〇ドルで入手した。財布には優しくなかったものの、いずれ日本にも上陸することを見越して、得意な気分になっていた。

ところが、それから数カ月後、グーグルは突然、販売とサービスの停止を宣言。理由は、「盗撮」問題だ。グーグルグラスはカメラが内蔵されており、ウィンクや音声だけで、写真や動画を撮影することができてしまう。そのため、周りからは撮影していることがわからず、プライバシー侵害につながるという懸念が沸き起こったのである。

それにしてもグーグルグラスは、同社の創業者の一人、セルゲイ・ブリンが旗振り役となって立ち上げた次世代技術開発組織「グーグルX」の第一号として、鳴り物入りで登場した商品だった。それを販売停止に踏み切ったところに、「Don't Be Evil」精神のパワーをまざまざと実感させられた。三〇〇〇ドルの価値がある（？）個人的な深い（痛い？）体験である。

翌二〇一五年、グーグルは新しい親会社アルファベットの下に再編成された。そして「Do the right thing（正しいことをしよう）」というモットーを、新たに掲げた。こちらのほうが、前向きな響きがあるからだろう。

しかし、「Don't Be Evil」というフレーズは、その後も社内では使われていたようだ。その後、さらに「You can make money without doing evil（邪悪にならなくても、儲けられる）」というフレーズに進化していった。

二〇一八年には、この行動原理が威力を発揮した象徴的な事件が勃発する。コード名「プロジェクト・メイヴン」と呼ばれる政府との大規模契約をめぐる事件だ。

グーグルはアメリカ国防総省と契約を結び、人工知能（AI）の技術を提供していた。そして、二〇一八年三月にそれが米軍の無人飛行機（ドローン）の映像解析・識別ソフトの開発に使われ、車両や人物などを判別・追跡するためのものであることが明らかとなったのである。

その翌月、全体の三％にあたる三〇〇〇人以上の社員が「戦争ビジネスに参加すべきではない」という抗議文書に署名、一二人のエンジニアが辞職するという騒ぎに発展した。この事態を受けて、グーグルは国防総省との契約更新をしないことを発表したのである。

翌二〇一九年七月には、社員が中国向けの検閲機能付き検索エンジンの開発に反対、白紙還元された。世論ではなく、社内からの「Don't Be Evil」という声が、経営の意思決定につながったのだ。

いずれも本来は、経営トップ自身が、正しい判断をすべきだったはずである。しかし、大きなビジネス機会を前にすると、ついつい利益を優先してしまいがちだ。そのときに、社員が立ち上がって、「Not OK!（善くない）」とＮｏを突きつける――まさに、グーグルのエシックス経営の健全さを示す象徴的なケースといえるだろう。

二〇二二年一一月、オープンＡＩ社のＣｈａｔＧＰＴが登場して以来、ＡＩが人間の知能を超えるシンギュラリティ（技術的特異点）の到来が、にわかに現実味を増してきた。マイクロソフトは、オープンＡＩ社に投資して、生成ＡＩの開発競争の最前線に立とうとしている。

二〇一五年、イギリスのディープマインド社が開発したAlphaGoが、囲碁の王者を破ったことが、今回のＡＩブームの発端となった。グーグルは同年に同社を買収。二〇二三年一二月には、生成ＡＩ「Gemini」を発表し、オープンＡＩの対抗馬として注目されている。

生成ＡＩの性能は、これからも飛躍的に高まり続けるはずだ。そして、医療や環境、安全や防災など、さまざまな社会課題の解決に向けて、素晴らしいパワーを発揮してくれることが期待される。その一方で、生成ＡＩがもたらしうる社会リスクにも、配慮しなければならない。

グーグルは「ＡＩプリンシプル」を掲げている。その骨子は次の七項目である。

①社会的に有益であること
②アンフェアなバイアスを生成、強化しないこと
③安全性を検証すること
④人々への説明責任を持つこと

⑤プライバシー原則に準拠すること
⑥高い水準での科学的エクセレンスを堅持すること
⑦これらの原則に合致する用途にのみ使用されること

同時に、禁止原則を四つ明確に示している。たとえば、その一つ目では、「リスクが懸念される場合には、もたらされる便益が想定されるリスクを大幅に超える場合のみ、安全性上の制約を付けたうえで実施する」とうたっている。

世の中では、ＡＩがもたらす未来について、ユートピア論とディストピア論が錯綜している。しかしここでも、どちらにも安易に加担しないアリストテレス的な中庸なスタンスと、絶妙なバランス感覚に基づく判断が求められる。

まさに、より高次元の「エシックス経営」の実践が必須となるのである。「Don't Be Evil」というＤＮＡを持つグーグルは、次世代のエシックス経営のあり方を模索し続けていくはずである。

パタゴニア「地球を救う」

アメリカの先進企業例の最後に、パタゴニアを取り上げよう。言わずと知れたアウトドアウェアの大手だ。

自ら登山家でもある創業者のイヴォン・シュイナードは、ロッククライマーとして名を馳せていた。しかし、クライミング人気が高まる中で、岩が無惨な姿になっていくことに心を痛め、一九七二年に岩を傷つけないクリーンクライミングを提唱。そして翌年、パタゴニアを創業した。その後、実は本人が最も好きだというサーフィンなどのウォータースポーツも、手掛けるようになった。

サーフィンといえば、シュイナードの自著『社員をサーフィンに行かせよう――パタゴニア創業者の経営論』は型破りな経営書だ。社員が「仕事を楽しむ」ことを経営の原点に置くシュイナードの流儀が、生き生きと描かれている。

事実、パタゴニアでは、いい波が来れば、社員はいつでも仕事を片づけてサーフィンに興じることができる。自主的に店に残る社員も、「楽しんでおいで(Have Fun)!」と声を掛ける。なぜそれで、店の経営が成り立つのだろうか。

シュイナードは同書の日本語版の序文で、五つの理由を挙げている。(5) ①責任感、②効率性、

③融通性、④協調性、⑤真剣なアスリートの採用、の五つだ。特に①は、「仕事をほったらかすのは無責任では？」と反論したくなるが、シュイナードは次のように説明している。

「社員一人一人が責任を持って仕事をしてほしいと思っている。いまからサーフィンに行ってもいいか、いつまでに仕事を終えなければならないかなどと、いちいち上司にお伺いを立てるようではいけない。もしサーフィンに行くことで仕事が遅れたら、夜や週末に仕事をして、遅れを取り戻せばいい。そんな判断を社員一人一人が自分でできるような組織を望んでいる」

これは、ネットフリックスの「No Rules（ルールなし）」経営とも通底する。同社の創業者リード・ヘイスティングスは、『NO RULES――世界一「自由」な会社、NETFLIX』の中で、「自由と責任」の大切さを説く[6]。社員一人一人が自律と規律を両立させることこそ、エシックス経営の究極の姿なのである。この点は、後でじっくり論じることとしよう。

もっとも、経営は好きなことだけをやっていれば成功するわけではない。急成長を遂げたパタゴニアも、一九九〇年代の景気後退の波をかぶり、経営危機に直面した。それまで大切にしてきた仲間である社員を二〇％リストラするという決断も迫られた。

そのような逆風の中で、シュイナードは成長の限界を実感する。そもそも人間の果てしない成長意欲が、社会、そして、地球の破壊を招いてしまっているのではないか。自分たちが本当に大切にすべきものは何なのか。

シュイナードは、そのような問いを胸に、一二名のマネジャーを引き連れてアルゼンチンのパタゴニア山脈に籠り、深く語り合ったという。そしてアメリカに戻って作り上げたのが、一九九一年版のパーパス(同社では「ミッション」と呼ぶ)だ。[7]

「最高の商品を作り、環境に与える不必要な悪影響を最小限に抑える。そして、ビジネスを手段として環境危機に警鐘を鳴らし、解決に向けて実行する」

それ以降、パタゴニアは「環境経営」を徹底的に実践し始める。一九九四年からは「環境レポート」の発行開始。バリューチェーンを総点検し、改善できることを発掘しては仕組みに落としていった。たとえば一九九六年には、綿で作られたスポーツウェアを、すべてオーガニックコットンに切り替えている。

パタゴニアは「5R」を徹底していることでも定評がある。「Reduce」「Repair」「Reuse」「Recycle」の四つは今日、ようやく新しい風潮として定着し始めている。パタゴニアは一〇年前から、「Worn Wear」というリペアプログラムや、古い衣類をリサイクルする活動を展開し始めていた。

ユニークなのは、五番目の「Reimagine（想像し直そう）」だ。「自然が再生することができる分だけを利用する世界を一緒に想像してみましょう」と呼びかけた。そこにパタゴニアの想いが凝縮されている。

なかでも世の中をアッと驚かせたのが、二〇一一年、リーマンショックの余波が冷めやらぬ頃のことだ。一一月二五日、ブラックフライデー（全米最大の特売日）の当日に、『ニューヨーク・タイムズ』紙の一面広告で、パタゴニアを代表するフリースジャケットの大きな写真とともに、「DON'T BUY THIS JACKET（このジャケットを買わないで）」というメッセージを載せたのだ。そして、「もし壊れたら、修繕しましょう」と訴えた。

当時、ファーストリテイリングの社外取締役として同社の経営を支援し始めていた筆者は、まさに椅子から転げ落ちるくらいの衝撃を受けた。

翌二〇一二年に、シュイナードは『レスポンシブル・カンパニー』を上梓。その中で、地球環境を守るという社会的責任とビジネスをいかに両立させるかを説いている。ちなみに、シュイナードは「サステナブル」という言葉を嫌い、英『ガーディアン』紙のインタビューで次のように語っている。(8)

「『サステナビリティ』なんてものは存在しない。私たちにできる一番のことは、与える害を最小限にすることだ」

そして、「サステナブル」の代わりに、彼は「レスポンシブル（責任）」という言葉を使う。「責任を持つ」あり方は、会社が自然を「搾取すべき資源」としてではなく、「唯一無二の命を与える存在」として扱うことから始まると唱えている。

二〇一二年は、パタゴニアにとって別の意味でも画期的な年となった。カリフォルニア州で初めてBコーポレーション（Bコープ）認証を取得したのだ。この認証は、社会や環境に配慮しながら、利益と公益を両立できる優れた会社に与えられるものである。

パタゴニアの進化は止まらない。二〇一八年、同社はこれまでのパーパスを見直し、次の一言にアップデートした。

「私たちは、故郷である地球を救うためにビジネスを営む」

さらに二〇二二年九月、世の中をまたアッと驚かせる報道が飛び込んできた。八三歳を迎えるシュイナードが、自らが保有する同社の所有権を非営利団体らに譲渡し、パタゴニアの将来の利益を気候変動対策に充てると宣言したのである。『ニューヨーク・タイムズ』紙によると、三〇億ドル（約四三〇〇億円）に相当するという。(9) これにより、事業への再投資に回さない資金は、毎年、配当金として二組織に分配されることになる。

シュイナードは同紙に、「この取組みは、うまくいけば、少数の富裕層と大勢の貧しい人々という構図に帰結しない、新たな形の資本主義の形成につながる」と語ったと報じられている。まさに「Reimagining Capitalism（資本主義の再構築）」とも呼ぶべき試みである。これで「地球が私たちの唯一の株主」になったというコメントには、シュイナードの祈りとも安堵ともとれる思いが感じられる。

この思いは、最新書『レスポンシブル・カンパニーの未来――パタゴニアが五〇年かけて学んだこと』の中でも、遺言のように綴られている。[10]

シュイナードは、地球を救うために、パタゴニアは一〇〇年先にも存在し続けなければならないと語る。ナイキやノース・フェイス、ZARAやファーストリテイリングなど、世界に冠たるブランドの中で、一〇〇年先にどこが残り続けているだろうか。そのためには、シュイナードが唱える「レスポンシブル・カンパニー」を志向し、そして、本書が唱える「エシックス経営」を実践し続けなければならないはずだ。

第5章

日本企業の群像

日本からは、京セラ、トヨタ自動車、武田薬品工業、花王、ユニ・チャーム、三井住友トラストグループ、日立製作所、リクルート、クラダシ、谷口工務店の一〇社を取り上げる。電子部品、自動車、医薬、生活用品、金融、情報、食品、建設といった多様な業態が並んでいる。

先述したとおり、花王は「最も倫理的な企業」リストの常連である。またトヨタは、『フォーチュン』誌の「最も尊敬される企業二〇二三」ランキングに、日本企業として唯一名前を連ねている（三六位）。

日本企業の中には、もちろん、他にも取り上げたい倫理企業は、何社もある。たとえば、先述した「倫理的な企業」リストに五回選ばれているソニー。徹底的に「原理原則」にこだわり抜くファーストリテイリング。「善の循環」を基軸に、世界中で利他的経営を展開するYKK。「おもしろおかしく」を社是として、社員一丸となって「ほんまもん」の価値創造に余念がない堀場製作所。若い社員の「やる気」スイッチに火をつけて、業態を大きく進化させている丸井、などなど。

これらの企業のエシックス経営についても、ぜひ別の機会に紹介させていただきたい。

京セラ「フィロソフィ」

日本を代表するエシックス経営の旗手といえば、どの企業、あるいはどの経営者を思い浮かべるだろうか。日本の中では自薦他薦、さまざまな企業名が挙げられるだろう。

海外の経営者や識者に問えば、ほぼ同じ答えが返ってくる。京セラであり、その創業者である稲盛和夫氏だ。今の日本人は、「昭和」の話ではないかと、肩をすくめるかもしれない。

しかし京セラは、平成三〇年の間に世界企業へと躍り出た。稲盛氏が創業したKDDIは平成一二(二〇〇〇)年生まれ、稲盛氏がJALを再建したのは二〇一〇年以降だ。日本人が「失われた三〇年」と自虐的に呼ぶ時代に、最も非連続な進化を遂げた企業であり、経営者である。

コロナ禍が一段落した二〇二三年から、中国のCEOが次々に大挙して日本の企業視察に訪れる。東京では一橋大学、京都では京都先端科学大学で教鞭をとっている筆者は、このCEO訪日ミッションのお世話をさせていただくことが多い。アメリカ流の利益至上主義経営が破綻しつつあり、米中関係が混迷を極める中で、中国の次世代経営者の眼は、再度、日本に注がれている。

訪問希望先として真っ先に名前が挙がるのが、やはり京セラだ。京セラの本社ビルに隣接する稲盛ライブラリーは、中国からの訪問客の対応に嬉しい悲鳴をあげている。

もちろん、日本の心ある経営者の間でも、稲盛流経営への関心はいまだに高い。逝去された二〇二二年には、数々の追悼特集が組まれた。翌年に発売された『経営――稲盛和夫、原点を語る』は、いまだにベストセラーとなっている。

日本のエシックス経営の実態をひもとくには、なんといってもここから始めなければならないだろう。

京セラ経営は二つの柱で有名だ。「アメーバ経営」と「フィロソフィ」である。

アメーバ経営は、一〇人くらいの小集団が、自律的に経営を実践する組織モデルである。Web3時代の組織モデルであるDAO（自律分散型組織）の先進事例として、最近、改めて注目されている。この点は、エシックス経営の組織論として、後で詳細に論じることとしよう。

もう一つの柱であるフィロソフィは、まさに京セラのバックボーンである。フィロソフィ、すなわち哲学は「人間は何のために生きるのか」を問い、「人間として正しいかどうか」を判断するための拠り所だと稲盛氏は説く。だとすると、それはまさにエシックス経営の根幹でもある。

稲盛氏は『生き方』の中で、次のように語っている。[1]

「人間として間違っていないか、根本の倫理や道徳に反していないか――私はこのことを生きるうえでもっとも大切なことだと肝に銘じ、人生を通じて必死に守ろうと努めてきた」

そのような思いの結晶が、「京セラフィロソフィ」である。同名の著書によると、フィロソフィは大きく四部構成となっている。[2]

①すばらしい人生をおくるために（六項目）
②経営のこころ（一二項目）
③京セラでは一人一人が経営者（六項目）
④日々の仕事を進めるにあたって（一〇項目）

全部で三四項目ある。欧米の先進事例に比べるとかなり多い。しかし、読めば読むほど、一つ一つの教えは深い。まさに「哲学」である。

ちなみに、仏教では、「三三」という数字には意味がある。観音様が人々の救済のため「三三の姿に変化する」と信じられているからだ。得度された稲盛氏にとっては、その三三を一つ超える数字に、それなりの想いが込められていたのかもしれない。

とはいえ、最後の三四項目には「ものごとをシンプルにとらえる」とある。うがちすぎると、草葉の陰から「喝！」という声が聞こえてきそうだ。

他の項目も、稲盛氏らしい想いが込められている。たとえば、冒頭の項目は「『宇宙の意志』と調和する心」だ。これは深淵な教えである。「潜在意識にまで透徹する強い持続した願望をもつ」は、イノベーションという内発的な創造活動の原点だ。「一日一日をど真剣に生きる」や「もうダメだというときが仕事のはじまり」などは、今風の「働き方」などというゆるい掛け声から、「働きがい」への意識の大転換を迫るものである。

京セラではこれらの各項目を、アメーバ（各組織）の中で担当を決めて、毎週輪読するという。全項目をカバーするには八カ月はかかる計算だ。一巡すると、また初めから読み直す。そのたびに、新しい気づきや学びがあるという。

稲盛氏が深くかかわったＫＤＤＩやＪＡＬも、独自のフィロソフィを言語化し、全社員に共有している。元祖「京セラフィロソフィ」を含め、これら三つのフィロソフィには、それぞれの企業特有の想いが込められている。

京セラでは「手の切れるような製品をつくる」、ＫＤＤＩでは「つなぐのは思い、つなぐのは笑顔」、ＪＡＬでは「最高のバトンタッチ」。いずれも各社「ならでは」の「こだわり」に貫かれている。「挑戦」「顧客志向」「チームワーク」などという、よく聞くきれいごとを並べているフツーの企業とは、大きな違いである。

一方、この三社のフィロソフィには、多くの共通点もある。

たとえば、いずれも「心」を起点としている。「素直な心」「きれいな心」「感謝の気持ち」など。「利他の心」も三社の共通軸となっている。いずれも、稲盛流エシックス経営の原点である。

経営の原則論では、「公明正大に利益を追求する」「お客様第一主義を貫く」「高い目標をもつ」などが共通にうたわれている。仕事についても、「原理原則にしたがう」「地味な努力を積み重ねる」「自ら燃える」「能力は必ず進歩する」「小善は大悪に似たり、大善は非情に似たり」などが、いずれのフィロソフィにも盛り込まれている。しかも、それが社員一人一人の胸にしっかりと刻まれているところが、フツーの企業との違いだ。

たとえばJAL再生劇では、「渦の中心になれ」という京セラと共通のフィロソフィが、同社の上意下達体質を大きく変えた。「ウズチュー」という通称で親しまれ、新しいプリンシプルとして現場に埋め込まれていったからだ。

KDDIでは、NTTから転身して二代目社長となった小野寺正氏（元・相談役）が、「私の履歴書」の中で、次のように述懐している。[3]

「稲盛さんの口癖は『フィロソフィの必要性を一番理解できないのが君らのようなインテ

リだ。中身は常識的なことを言っており、表面だけ読むと「そんなのは当たり前だ」となるが、実践できている人はほとんどいない』。これは本当にそのとおりで、私自身もそうだった。その真価がおぼろげながら見えてきたのは、ＫＤＤＩの社長になった頃だろうか」

この言葉に、エシックス経営の本質が凝縮されている。「当たり前のことを、いかに実直に実践するか」こそが、問われているのである。小野寺氏は、続けて次のように語る。

「字面でわかったつもりになるのではなく、フィロソフィの中身を自分の血肉とすることで、迷ったときや先行きが混沌としたときに、何をすべきか、経営や人生の針路が見えてくることがある」

稲盛氏は、有名な成功方程式を残している。それは、三つの項目の関数として表現される。

人生・仕事の結果＝考え方×熱意×（未来進行形の）能力

このうち、「熱意」と「能力」は〇から一〇〇までであり、「考え方」はマイナス一〇〇からプラス一〇〇まであるという。しかも、それらの積によって、結果が出てくる。

能力が高いに越したことはないが、それだけでは役に立たない。普通の能力しかなくとも、誰よりも熱意を持って努力すれば、はるかに素晴らしい成果を生み出せる。しかも、能力を「未来進行形」で捉えることが重要だと説く(4)。

「『何としても夢を実現させよう』と強く思い、真摯な努力を続けるならば、能力は必ず向上し、道はひらける」

「考え方」が正しく、「熱意」が備われば、「能力」を高め続けることができる。言い換えれば、能力は考え方と熱意の従属関数なのである。

「熱意」について、稲盛氏は人を三つのタイプに分ける。火を近づけると燃え上がる可燃性、火を近づけても燃えない不燃性、自分で勝手に燃え上がる自燃性の三つだ。

「不燃性の人間は、会社にいてもらわなくて結構だ」と、よく部下に語りかけたという(5)。

「キミたちは、自ら燃える自燃性の人間であってほしい。少なくとも、燃えている人間が近づけば、いっしょに燃え上がってくれる可燃性の人間であってもらいたい」

では、どうすれば「自燃性」の人間になれるか。その最大にして最良の方法は、「仕事を好きになる」ことだと説く。[6]

「どんな仕事であっても、それに全力で打ち込んでやり遂げれば、大きな達成感と自信が生まれ、また次の目標へ挑戦する意欲が生まれてきます。そのくり返しの中で、さらに仕事が好きになります。そうなれば、どんな努力も苦にならなくなり、すばらしい成果を上げることができるのです」

結果を最も大きく左右するのが「考え方」である。いくら能力と熱意が高くとも、考え方を誤ると、大きくマイナスの結果を生んでしまうことになる。

稲盛氏は「能力」を「才能」と置き換えてもよいという。そして「才子、才に倒れる」ことを戒める。そうなると経営は、倫理上の負の方向に走り出してしまう。才能を生かせるかどうかは、「考え方」次第だという。

「考え方」は「心」とも読み替えられる。「良い心」か「悪い心」かで、一八〇度異なる結果を生んでしまう。では、「良い心」とは何か。稲盛氏は『京セラフィロソフィ』の中で、一〇の特性を挙げている。[7]

● 常に前向きで、建設的であること

●みんなと一緒に仕事をしようと考える協調性を持っていること
●明るいこと
●肯定的であること
●善意に満ちていること
●思いやりがあって、優しいこと
●真面目で、正直で、謙虚で、努力家であること
●利己的でなく、強欲ではないこと
●「足る」を知っていること
●感謝の心を持っていること

この「良い心」こそ、エシックス経営の真髄である。

京セラに話を戻そう。二〇二四年四月に、京セラを再訪する機会があった。先述した中国CEO訪日ミッションの一環である。その際に、一人の中国人CEOが、「京セラフィロソフィは、アップデートされるのか?」と質問。それに対して、一〇代目にあたる谷本秀夫社長からは次のような答えが返ってきた。

「『心』の部分、つまり哲学そのものは不変です。洋の東西も問いません。ここは人間性の

本質だからです。一方、行動指針は、時代に応じて変えるべきところも出てくるでしょう。たとえば、『誰にも負けない努力をする』。これは精神論としてはよいのですが、そのために長時間労働に走るのは時代錯誤です。これからは、集中力をいかに高めるかが問われるはずです」

フィロソフィは、企業の原点として大切にしなければならない。そして、その良き伝統を受け継ぎながら、時代を先取りすることによって革新を生み出していく。それがエシックス経営の進化の要諦である。

トヨタ自動車「トヨタウェイ」

次に、今や名実ともに日本を代表する企業となったトヨタ自動車を取り上げよう。

二〇二一年一一月六日、決算発表の席上で、豊田章男社長（現・会長）は「トヨタフィロソフィー」を公表した。それは「フィロソフィーコーン」という円錐形で構造化されている（図5－1）。

頂点に置かれているのが「豊田綱領」。これは創業者・豊田佐吉翁の考え方を成文化して、

図5-1

トヨタ自動車のフィロソフィーコーン

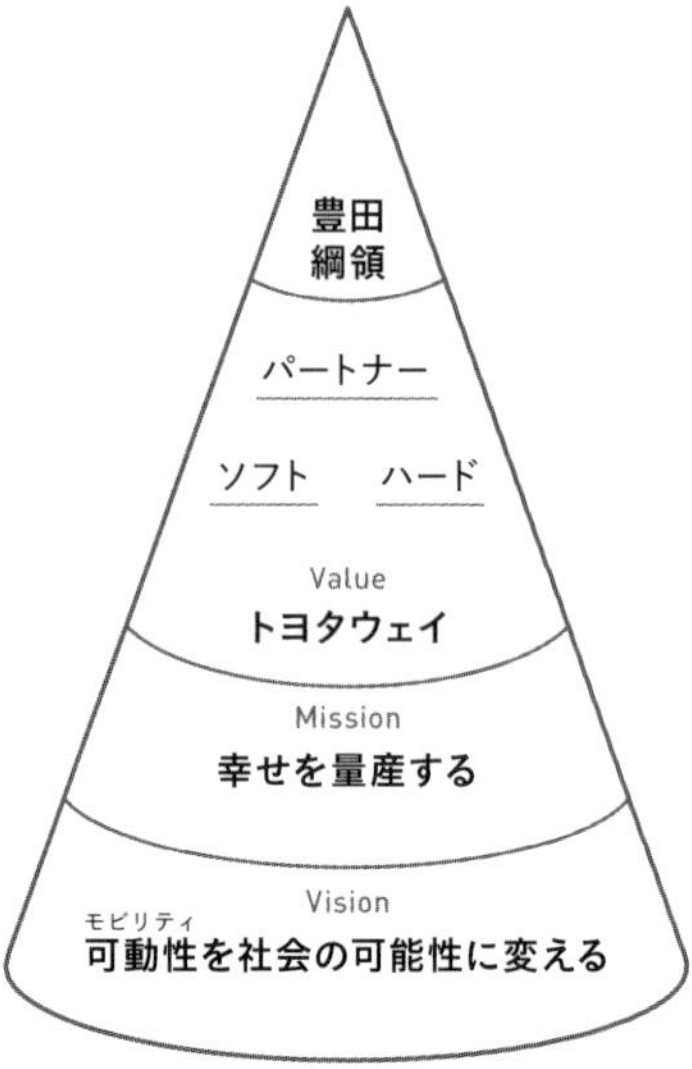

出所：トヨタ自動車。

一九三五年に同氏の六回忌に発表したものである。自動車産業の確立を通して社会経済の発展に寄与する「産業報国」の精神を掲げ、同社の創業の精神そのものだ。

その下に、今回新しく制定されたバリュー、ミッション、ビジョンが並んでいる。従来、ミッション、ビジョン、バリューの順番で語る企業が多かったが、バリューをまずしっかり踏まえたうえで、ミッション、さらにその先にビジョンを描こうとするのは、いかにもトヨタらしい帰納法的な発想の表れだといえるだろう。

まず新しいミッションを見てみよう。これは筆者が唱えるパーパス（志）と言い換えることができるだろう。

「幸せを量産する」という言葉には、トヨタの未来に向けた真摯な思いが込められている。クルマの量産ではなく、その先にある「幸せ」の量産をめざす――いかにもトヨタらしい表現だ。筆者がパーパス（志）の三条件と呼んでいる「ワクワク、ならでは、できる！」が揃っている。

この「量産」という言葉には、機械文明的な響きを感じるかもしれない。しかし、同社のチーフ・サステナビリティ・オフィサー（現・シニアフェロー）で、フィロソフィープロジェクトの中心メンバーの一人でもあった大塚友美氏は、次のように語っている(8)。

「そうですね。幸せがガチャンガチャンと量産されていくようなイメージを持たれてしまうかもしれませんが、実はこの量産というところが肝です。実験室レベルで素晴らしいものを一つ、二つつくったとしても世の中全体の幸せにはつながらないんじゃないか、環境性能に優れた車にしても普及してこそ意味があると考えています。ハイブリッド車をはじめとする電動車についても、みなさまに使っていただけるものを早く導入することが大事だということで進めており、そういう意味で、量産ということにすごくこだわりがあります。

その一方で、これからの量産というのは画一的なものをお届けすればいいというものではなく、やはり人を中心に考えることがすごく重要です。いろいろなステークホルダーの方を想像し、イマジネーションの力を持って量産に挑んでいくという、ものすごく難しいことではありますが、それが私たちのやらねばならないことだと考えています」

スケールさせて初めて、社会に大きな価値を創造できることを、トヨタは熟知している。幸福主義やウェルビーイングというゆるい言葉が軽々しく飛び交う風潮に、トヨタは軽々には乗らない。「それぞれの幸せ」と「量産」という二律背反を二項動態に変換させることこそが、トヨタ流のイノベーションの真髄なのである。

二〇二一年九月、筆者が主催するCSVフォーラムに登壇していただいた際にも、大塚氏は「幸せの量産」の真意を熱心に語っていた。筆者はふと、トルストイの名作『アンナ・カレーニナ』の冒頭の一節を、思い浮かべた。(9)

「幸福な家庭はどれも似たものだが、不幸な家庭はいずれもそれぞれに不幸なものである」

それぞれの不幸に向き合うのではなく、すべてのステークホルダーに幸せを届けることこそ、トヨタらしい大志なのである。

ではなぜ、トヨタならできるのか。ビジョンがそれを物語っている。「可動性」、すなわち、動けること(モビリティ)は、単なる手段でしかない。しかし、ヒトやモノが動けることによって、多様な「可能性」が生まれてくる。トヨタはモビリティを通じて、そのような可能性を生み出し、その先に多様な幸せに満ちあふれた社会づくりをめざしている。

最後に、バリューに目を転じてみよう。ここでうたわれているのが「トヨタウェイ」である。本書でいうところのトヨタ流プリンシプルだ。

トヨタが最初に「ウェイ」を制定したのは二〇〇一年。そこでは、「知恵と改善」と「人間性尊重」が二大支柱として位置づけられた。「知恵と改善」は、常に現状に満足することなく、より高い付加価値を求めて知恵を絞り続けること。そして「人間性尊重」は、あらゆるステークホルダーを尊重し、従業員の成長を会社の成果に結びつけることを意味している。

その翌年一月には、トヨタウェイを共有するために、社内人財養成組織であるトヨタインスティテュートを設立。マッキンゼーでトヨタを担当していた筆者も、その設立にかかわった。二〇〇三年以降は、北米に加え、欧州、アジア、アフリカ、オセアニアの地域統括事業体にも展開していった。

そして二〇二〇年、新たに「トヨタウェイ二〇二〇」を策定。冒頭には、次のような強い信念が掲げられている。[10]

「一〇〇年に一度と言われる変革期。自らを変えながらこの変革期をリードし、次の一〇〇年も変わらず幸せを量産するために、トヨタ社員は、動きます」

そして、具体的に何をするかが示されている。①「だれか」のために、②誠実に行動する、③好奇心で動く、④ものをよく観る、⑤技能を磨く、⑥改善を続ける、⑦余力を創り出す、⑧競争を楽しむ、⑨仲間を信じる、⑩「ありがとう」を声に出す。この一〇項目こそ、いずれもトヨタならではの行動原理である。

さらに二〇二一年、フィロソフィーを策定する中で、行動の場を大きく三つにくくっている。すなわち、ソフト、ハード、パートナーの三つの場だ。ソフトとハードをモビリティの両輪とし、パートナー（顧客、社会、コミュニティ、社員、ステークホルダー）と力を結集して幸せを量産することをめざす、とうたっている。

筆者は、四半世紀以上にわたり、つかず離れず、トヨタを見守ってきた。その間トヨタは、本書の主題である「倫理」を経営の主軸において、着実に進化し続けてきた。トヨタの現場カイゼンは有名だが、実は、経営カイゼンの見事な実践者でもあるのだ。

一九九〇年代後半のある光景が印象に残っている。ハーバード・ビジネススクールの会計学の権威であるロバート・キャプラン教授とともに、トヨタの張富士夫氏（当時は副社長、のちに社長）を訪問したときのことだ。テーマは、教授が開発したBSC（バランススコアカード）という業績評価の仕組みだった。

キャプラン教授がBSCの対象項目を長々と説明するのを静かに聞いていた張氏が、「一つ質問していいですか？」と切り出した。

「ところで、『徳』という項目はどこにありますか？」

キャプラン教授は、一瞬、鳩が豆鉄砲を食ったような顔をした。筆者が「徳（virtue）」の意味を簡単に説明すると、次のように切り返してきた。

「そういう曖昧なものは指標にはならない。そんなことを言っているから、日本企業は世界競争から脱落しているのだ」

まさにご自身が人徳者である張氏は、反論することなく黙って聞いていた。しかし、「企業にとって最も重要なものが除外されるようでは、役に立たないな」と思ったに違いない。事実、トヨタではBSCが採用されることはなかった。

もっとも、そのトヨタでも、急成長の時期や兵站が伸びきったときには、倫理軸に綻びが出ることもある。痛恨の出来事は、二〇〇九～一〇年にアメリカで起こった大リコール問題。当時社長だった豊田章男氏（現・会長）は、「トヨタ側に問題はないはず」とした初期対応の不適切さを大いに反省していた。

最近では、トヨタグループ企業三社の認証手続き上の不正が、次々に発覚。ダイハツはトヨタの完全子会社、日野自動車はトヨタが過半数の株主、豊田自動織機は二五％の株主である。本書執筆中の二〇二四年六月には、ついにトヨタ本体でも同様の不正が明るみに出た。トヨタ、そしてトヨタを頂点としたケイレツ関係に組み込まれた企業群の間で、トヨタウェイが形骸化していたことは、きわめて残念だ。

豊田章男会長は、報告書に合わせた記者会見で「主権を現場に戻したい」と語っていた。失敗から学び、より高みをめざし続ける――それこそ「カイゼン」を旨とするトヨタのDNAである。このような出来事をきっかけに、トヨタのエシックス経営がさらに進化し続けることを見守り続けていきたい。

武田薬品工業「タケダイズム」

では、ヘルスケア業界を見てみよう。

医療の世界では、紀元前四世紀、「医学の父」ヒポクラテスの時代から「医療倫理」が論じられてきた。古来伝承されている「ヒポクラテスの誓い」には、生命・健康保護の思想や、専門家としての尊厳の保持などがうたわれている。近年では、自己決定権（インフォームドコンセント）や安楽死、ゲノム編集などに関して、高度な倫理判断が求められる。医療にとって、技術（医術）以前に、倫理は中核テーマなのである。

ここでは、先進事例として、日本最大の医薬企業、武田薬品工業（以下、タケダ）を取り上げたい。

初代の近江屋長兵衛が、大阪・道修町で和漢薬の商売を始めたのが一七八一年。創業当時から聖徳太子の十七条憲法の基調をなす「和を以て貴《とうと》し為す」の教えを踏まえ、「事業は人なり、しかも人の和なり」を商売の基本に掲げていた。一九四〇年には、五代目の武田長兵衛社長が、この考えを「規《のり》」として明文化、それが社是となった。

創業時からの「和」を貴ぶ伝統を大切にしつつ、研究開発やビジネスの革新を加速しようと考えたのが、一九九三年に社長になった武田國男氏である。社長就任以来、矢継ぎ早にタケダの大変革に取り組んでいった。

一方で、「エシックス経営」の確立も、世界企業をめざす武田氏の最大のアジェンダだった。二〇〇二年には、行動原則として以下の五項目を掲げた。

- 生命の尊厳に対する畏敬の念と高い倫理観
- 事業の本質、自らの存在価値のたゆまぬ追求
- 自己責任の完遂に立脚した強固な連携

図5-2

タケダイズム

Mission ミッション
優れた医薬品の創出を通じて人々の健康と医療の未来に貢献する

Values バリュー
タケダイズム（誠実：公正・正直・不屈）をすべての行動の指針とし、ビジョンを実現します

誠実	公正	正直	不屈
INTEGRITY	Fairness	Honesty	Perseverance

私たちは、4つの重要事項について、その優先順位に従って考え、行動や判断の基準とします

1 **Patient** 常に患者さんを中心に考えます

2 **Trust** 社会との信頼関係を築きます

3 **Reputation** レピュテーションを向上させます

4 **Business** 事業を発展させます

出所：武田薬品工業。

- フェアで誠実に接する心と相互の信頼
- 絶えざる自己革新と、スピード・効率の追求

二〇〇四年、武田氏は「優れた医薬品の創出を通じて人々の健康と医療の未来に貢献する」というミッションを提唱。同時に、行動原理を「タケダイズム」として、四つのキーワードに凝縮した。「誠実：公正・正直・不屈」の四つである（図5－2）。

いずれも大変崇高な思いであることは、異論の余地がない。しかし、「いい会社」はどこも必ず大切にしていることだ。では、どこがタケダらしいのか。大きく三点ありそうだ。

一つ目は、二〇〇年以上も愚直に実践しつつ、進化させ続けていること。タケダは、今回取り上げたどの企業よりも長い伝統を誇っている。ちなみに、ジョンソン・エンド・ジョンソンより、約一〇〇年古い。

もっとも、日本の医薬会社は歴史が長いところが多く、日本最古(世界では一六六八年創業のメルクに継ぐ二番目)の田辺製薬は一六七八年創業で、タケダの一〇〇年前だ。他方、伝統から革新を生み続け、次世代の伝統としている点が、タケダが他の多くの老舗企業との異なるところだ。

二つ目は、これらが並列ではなく、「誠実」が基軸となっていること。英語でいえば、先述した「インテグリティ」であり、本書の文脈では「倫理」そのものといってもよいだろう。後の三つは、この「誠実」という中核を支える具体的な行動原理である。

三つ目は、「不屈」という精神。崇高なパーパス達成のために、どんな困難や苦悩にも挫けず、行動し続ける強い想いを指す。武士道などに通じる精神で、日本人が古くから大切にしている倫理観だ。

ところが、これを海外に伝えるのが、簡単ではない。一応は「Perseverance(忍耐力)」と訳しているものの、どうも語感が違うようだ。

そこで、企業ブランドの世界展開を支援していたインターブランド社が、あるコンテストを企画。世界中のタケダグループの社員に「不屈」の意味合いを説明し、不屈を端的に表現しているシーンを写した写真を募集する、というアイディアだ。いわば社内インスタである。

その結果、オーストラリアの社員の写真が、ベスト賞に選ばれた。コンクリートの地面から、スクーッと伸び出している一本の草の写真である。そこに「不屈」の精神が込められていることを、世界中の社員は共感できた。言語化だけでなく、映像化がいかに雄弁かに気づかされる一コマである。

しかし、それ以上に効果的だったのは、このコンテスト応募期間中、世界中のタケダ社員が、「不屈」のシーンを探し続けたプロセスそのものだった。不屈とは何かを、具体的な事象として追い求める中で、不屈の精神を自分ごと化することができたのである。単に頭で理解するだけでなく、一人一人の疑似体験、そして持続的な行動を通じて、崇高な精神を身体化できたことが、最大の収穫となった。

武田氏の後継の社長には、社内で「宇宙人」と呼ばれていた長谷川閑史氏が就任した。在任一二年間に二兆円規模の海外企業を買収、タケダを大きくグローバル企業に変態させた。

そして二〇一四年には、フランス国籍のクリストフ・ウェバー氏にバトンタッチ。同氏は、五年後の二〇一九年にアイルランドの製薬大手シャイアーを買収。六・八兆円という買収金額は、日本企業の海外M&A案件としては最大だ。その結果、タケダは悲願のグローバルトップ一〇入りを達成した。

今や、世界五万人の社員の九割が非日本人。タケダ・エグゼクティブチーム（TET）と呼ばれる経営陣一七名中、日本人は五人（女性は過半数の九名）。名実ともにグローバルカンパニーである。

ウェバー社長は、シャイアーを買収した二〇一九年、従来の「タケダイズム」に、新たなプリンシプルを制定した。「ＰＴＲＢ」という四つの頭文字から構成される。Patient（患者）、Trust（信頼）、Reputation（評判）、Business（事業）の四つだ。

「タケダが創業から引き継いできた『誠実：公正・正直・不屈』の精神をベースにしたもの」だと、ウェバー社長は語る。[11]

「歴史に裏打ちされたこの価値観が、倫理的・道徳的に正しいことをするよう従業員を導いていています。正しい行動はビジネスに必ず良い影響をもたらします。ヘルスケアの分野は特にデリケートで、評判の悪い会社、信頼のない会社は消え去ります。モラルと収益性は両立するのです。全従業員の九〇％が働く海外でも、この価値観を定着させることが重要だと考えています」

ＰＴＲＢは、エシックス経営のプリンシプルとして秀逸である。タケダイズムは、倫理哲学としては素晴らしいが、それだけでは、収益との関係性が希薄だ。それに対して、患者への想いをスタートに、それが信頼、さらにはブランドという無形資産として蓄積されることによって、事業、すなわち財務価値に転換されていく。無形資産は非財務ではなく、未来の財務価値（未財務）を生む資産であることを、行動原理のレベルで、きわめてシンプルに示しているのである。

日本では、政府や御用学者が、ブランドや人財などの無形資産を「非」財務と呼んでいる。これは自分たちの視野の狭さを、露呈しているにすぎない。

タケダのように、世界規模でエシックス経営の最前線に立つ企業にとって、無形資産は将来価値の源泉となる「未」財務資産なのである。この本質的な視座に立たない限り、エシックス経営も、またもや一過性のブームに終わってしまうことだろう。

二〇二一年にタケダのコーポレートストラテジーオフィサー（当時）の佐藤弘毅氏と、対談する機会があった。その中で、「パーパス浸透にどう取り組んでいるか」という筆者の質問に、佐藤氏は、次のように答えている。[12]

「『タケダイズム』と『ＰＴＲＢ』の行動指針を必ず議論に持ち込むようにしています。例えば、新規事業に関して議論をする際にも、この新しい事業を行うことが、患者さんに寄り添い（Patient）、人々と信頼関係を築き（Trust）、社会的評価を向上させ（Reputation）、結果として事業を発展させる（Business）ことにつながるのかについて、皆で議論します。先ほど名和先生から〝らしさ〟が重要だとお話がありましたが、この『ＰＴＲＢ』を判断基準として意思決定を行うことがまさにタケダらしさであると感じています。

実際に、私は昨年までロシアやインドなど主に新興国市場において勤務し、その現地においても買収や統合を経験するなど、様々な事業環境で多様なバックグラウンドを持つ方々と仕事をする機会がありました。日本発の『タケダイズム』という価値観をどのように組織に浸透させるかが極めて重要でしたが、この『ＰＴＲＢ』に基づく意思決定を日々実践することで、ともに働くメンバー同士の理解が進み始めたと肌で感じました」

まさに、「パーパス→プリンシプル→プラクティス」が三位一体となって、有機的につながっている姿である。

タケダの進化は止まらない。二〇二〇年には、パーパスを「世界中の人々の健康と、輝かしい未来に貢献すること」と再定義した。さらに「私たちの約束」として、ＰＡＴＩＥＮＴ（すべての患者さんのために）、ＰＥＯＰＬＥ（ともに働く仲間のために）、ＰＬＡＮＥＴ（いのちを育む地球のために）という三つの責任をうたっている。

同時に、「データとデジタルでイノベーションを起こす」と、ＤＸの先進企業を標榜している。筆者も二〇二四年三月、同社のＤＸラボで、「次世代イノベーション――10Ｘ経営」を講演し、三〇～四〇代の社員の皆さんと熱い議論を交わした。

ブランドという無形資産の向上にも余念がない。創立二四〇周年を迎えた二〇二一年からは、

「世界に尽くせ、タケダ。革新的に。誠実に。」というブランディングキャンペーンを展開。インターブランド社の「Best Japan Brands 2024」に初めてランクインした（一〇〇位）。ここでも、「革新」と「誠実」を二律背反ではなく、二項動態として掲げているところに、タケダならではの経営倫理が光っている。

タケダは、二百四十余年にわたって、エシックス経営をたゆみなく進化し続けてきた。健康は、人類、そして自然、地球そのものの永遠のテーマだ。グローバル企業・タケダのさらなる進化を大いに期待したい。

花王「正道を歩む」

次に、日用品業界に目を転じてみよう。ここでは比較の意味も込めて、二社取り上げたい。

一社目が花王。同社はタケダほどではないが、一八八七年の創業の老舗企業だ。そして、前述したとおり、「最も倫理的な企業」リストに初回から一七年連続して名を連ねる、エシックス経営の超優良企業でもある。

二〇一九年四月、澤田道隆社長（現・特別顧問）は、新たなパーパスとして「Kirei Lifestyle Plan」を発表。Kirei に込められた思いを、ウェブサイトでは次のように語っている。(13)

「日本語の『きれい』という言葉は、清潔、秩序、美、といったすべての状態を意味しています。『きれい』とは、外見だけではありません。自分のため、他の人々のため、私たちをとりまく自然界のため、美しさを創造しようとする生き方をも表します」

そして、この日本語をそのまま「Kirei」と表現し、海外にも展開している。「Kaizen」や「Kawaii」のように、いつか日本発の世界共通語になることをめざしているのだ。このパーパス策定と浸透の過程では、「Kireiワークショップ」を多方面で実践、筆者も支援させていただいた。

「Kirei Lifestyle Plan」の中では、パーパスとともに、「正道を歩む」というプリンシプルがうたわれている。創業者・長瀬富郎の遺言にも記されていたというこの言葉は、花王の中で脈々と受け継がれてきた。常に倫理的であることが、花王のＤＮＡとして埋め込まれているのである。まさに「ジ・エシックス企業」ともいうべき精神だ。

その後、会長になられた澤田氏と対談をする機会が数回あった。その際に社員の行動に変化が見られるようになったという話をうかがった。

これまでは「正道を歩む」ことを旨としていたので、何事にも慎重で、保守的ですらあったことは否めない。しかし、「Kirei Lifestyle」という高い志を実現するためには、「正しく、果

図5-3

花王ウェイ

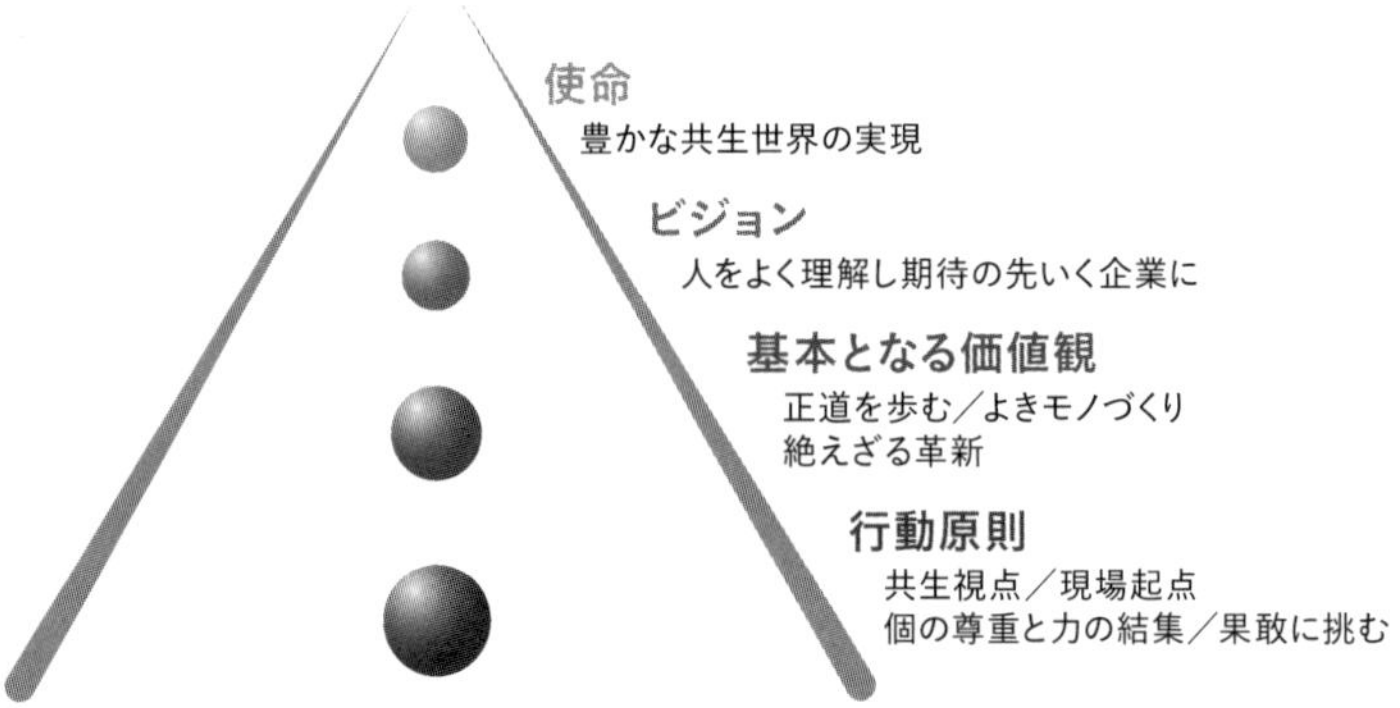

出所：花王。

敢に取り組む」という姿勢に変わり始めたという。

パーパスは、自分たちがめざす未来の姿。しかし、そのままでは絵空事に終わってしまう。そこに到達するためには、日々のプリンシプルも大きく変わらなければならない。パーパスが浸透することで、行動原理そのものもアップデートされていく必要がある。

花王においても、パーパスの自分ごと化を通じて、一〇〇年以上大切にされてきた「正道を歩む」というプリンシプルが大きく進化し始めていったのだ。

二〇二一年一月に社長に就任した長谷部佳宏氏は、新たな「花王ウェイ」を掲げた。使命、ビジョン、基本となる価値観、行動原則の四つで構成されている（図5－3）。

従来の「花王ウェイ」は二〇〇四年に策定されたもの。改訂版は「ウェイ（道）」らしく見えるようにデザインを変えたことに加えて、中身も二カ所、書き加えられている。

一つ目は、ビジョンの中に「期待の先いく」という言葉を加えたこと。二つ目は、行動原則に「果敢に挑む」を新たな項目として追加したことだ。いずれも、積極的に前に出るという思いが込められたものである。倫理企業であるためには、既存の価値やルールを守るだけでなく、新しい価値創造に邁進しなければならないという覚悟が、ひしひしと伝わってくる。

そして、その実践に向けて、重要経営課題の一つに掲げたのが「社員活力の最大化」だ。長谷部社長は、「ワクワクした社員がいればこそ会社もどんどん成長する」と語っている。[14]

そのための方策として、OKR（Objectives and Key Results：目標と主要な結果）が導入された。Objectは、自分ごと化したパーパス（志）である。各人が事業への貢献の他に、ESG（環境・社会・ガバナンス）や部門間連携、人材・組織の活性化などに関する目標を設定し、達成をめざす。

一方でKey Results、すなわち、主要な結果目標は、八割程度の達成が望ましいとされる。もちろん、手を抜いていいということではない。逆に、達成が無理なくらい高い目標を立てなければならないことを意味している。

OKRはシリコンバレーを発信源として、今、世界中で注目されている目標設定の仕組みである。ただし、日本企業でうまく導入できたという話は、今のところ耳にしない。なぜだろうか。

初めからできもしないとわかっていることを大言壮語することは、真面目で正直な日本人的美徳にそぐわないのだ。精一杯やれることしか目標に掲げないため、大きくストレッチすることをせず、結果として、成長のスピードやスケールが海外企業に比べて劣後していく。皮肉なことに、日本人が尊ぶ控えめな倫理観が、日本企業の伸び悩みの大きな原因の一つとなってしまっていたのである。

花王では、OKRを目標設定のプロセスでは導入しているものの、業績評価にどう反映するかは検討中だという。長谷部社長は、「貢献に応じたフェアな報酬につなげる」つもりだと語っている。

この花王のケースでも、「倫理」とは何かが、改めて問われていることがおわかりいただけるだろう。

身の丈に合わせること、できもしないようなことを語らないこと、正しい道を確実に歩み続けること。これらは、成熟した社会で、誰にも迷惑をかけず、つつましく存在し続けるためには、立派な美徳である。今でも、定常社会、脱成長主義、幸福主義(ウェルビーイング)などの思想には、そのような現状維持型の倫理観が流れている。

しかし、そこには、ありたい姿をめざして、努力を重ね、能力を高め、その結果、夢の実現に一歩ずつ近づいていくという進化志向の倫理観は根づかない。それでは、日本は成熟という名の衰退から脱することはできない。

花王に限らず、多くの日本企業では、倫理はいわば「守り」の論理に陥りやすかったのではなかったか。次世代のエシックス経営は、いかに健全な「攻め」に転じられるかが問われているのである。

新たな「花王ウェイ」を基軸に、花王の中では、大きく二つの成長がめざされている。一つ目が「Another Kao」。これは骨太の新規事業を生み出そうとする試みだ。もう一つが「Reborn Kao」。こちらは既存事業をさらに大きく進化させていくことをめざすものである。いずれにも通底するのが、最先端のデジタル技術やバイオ技術を駆使して、現状の秩序や壁を乗り越えていこうとする覚悟と挑戦だ。

新たな行動原理を基軸とした花王のエシックス経営の進化が、これからますます楽しみである。

ユニ・チャーム「BOP-Ship」

次に同じ生活用品業界の中で、ユニ・チャームを取り上げてみたい。

一九六一年創業のユニ・チャームは、花王に比べると比較的若い。それでも、この六十余年の間に、同社の企業理念は進化し続けている。現在の姿は、図5-4に示すとおり、四層構造となっている。

図5-4

ユニ・チャームウェイ

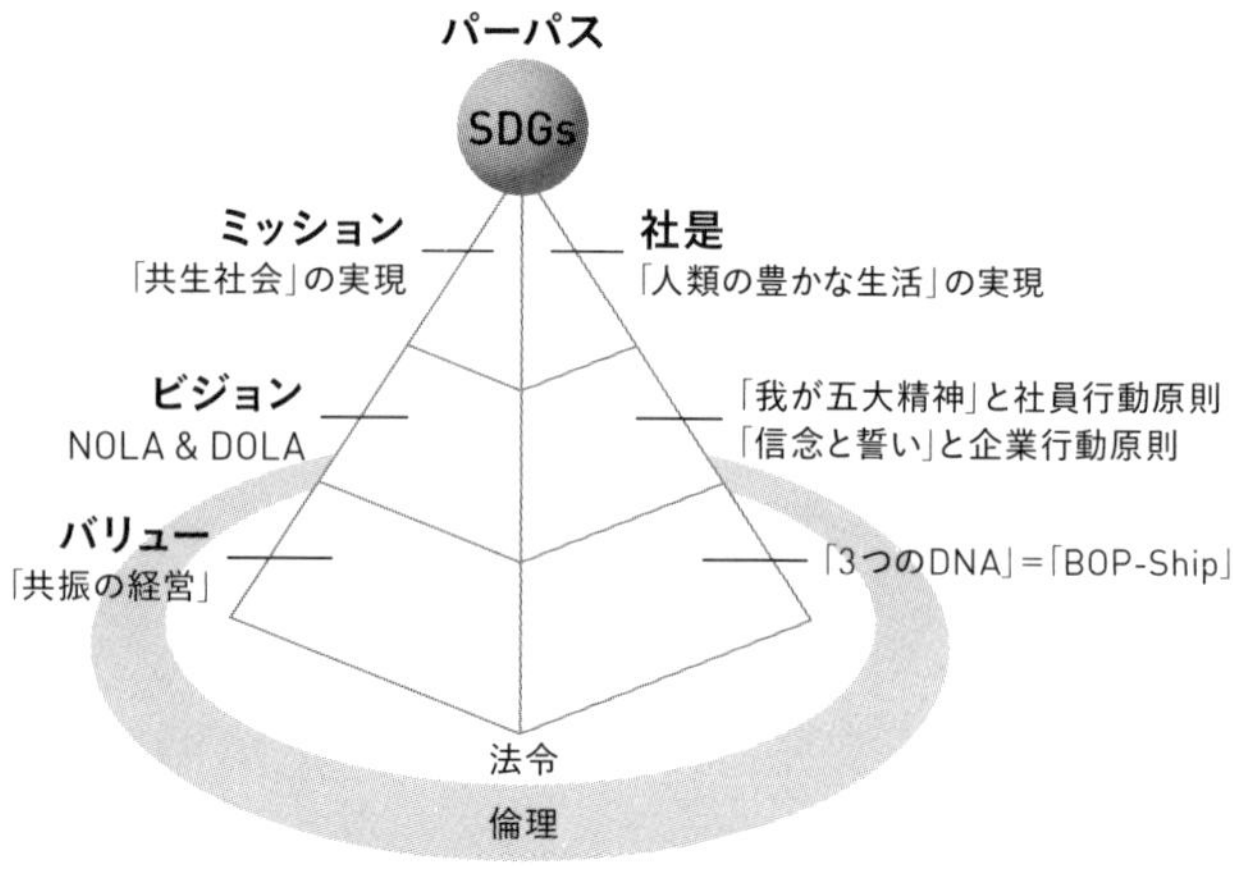

共生社会 = Social Inclusion

「世界中の人々が平等で不自由なく、その人らしさを尊重し、
やさしさで包み支え合う、心つながる豊かな社会」

出所：ユニ・チャーム。

まずSDGsをパーパスに据えている。SDGsは、いわば「規定演技」であり、これ自体には独自性はない。

注目すべきは、次のミッション。ここでは「共生社会(Social Inclusion)」を掲げている。これは二〇二〇年一〇月、六〇周年の節目で公表した「Kyo-sei Life Vision 2030」の中でうたわれたものだ。実は花王も、長らく「豊かな共生社会の実現」を使命に掲げてきた。ただユニ・チャームらしいところは、パートナー企業や企業アニマル(ペット)など、人間以外との共生も強く意識しているところだ。

よりユニ・チャームらしさが表れているのが、ビジョンとバリューである。

ビジョンの「NOLA & DOLA（ノーラ&ドーラ）」は、ユニ・チャームの造語。NOLAは、「Necessity of Life with Activities」の略で、「不快」なことをなくす（マイナスをゼロ）にすることを指す。一方のDOLAは、「Dreams of Life with Activities」の略で、「心地よい」（ゼロからプラスアルファー）にすることを指す。おむつや生理用品などの主力製品の提供を通じて、「不快」「不便」「不衛生」といった「不の解消」を進める一方、夢や理想の提案にまで踏み込もうという思いが込められている。

バリューにうたわれているのが、「共振の経営」だ。これは二〇〇一年に創業者・高原慶一朗氏の後任として二代目社長となった高原豪久氏が、二〇〇三年に打ち出したもの。現場の社員と経営者が情報を共有して、ともに目標に向かって進んでいくことをめざす。創業者がカリスマ経営で引っ張ってきたのに対して、豪久氏は社員全員の知恵と力を最大限に引き出すことへと大きく舵を切ったのである。

意思決定のプロセスにおいても、当初は、創業者が独自開発したSAPS（Schedule, Action, Performance, Schedule）というPDCA型の仕組みを一週間単位で回していた。しかし二〇一九年からは現場基点で、よりスピードを重視したOODA（Observe-Orient-Decide-Act）ループへとシフトしている。

本書のテーマであるエシックス経営の根幹は、バリューの中に埋め込まれた「BOP」とい

図5-5

ユニ・チャームのDNAの進化

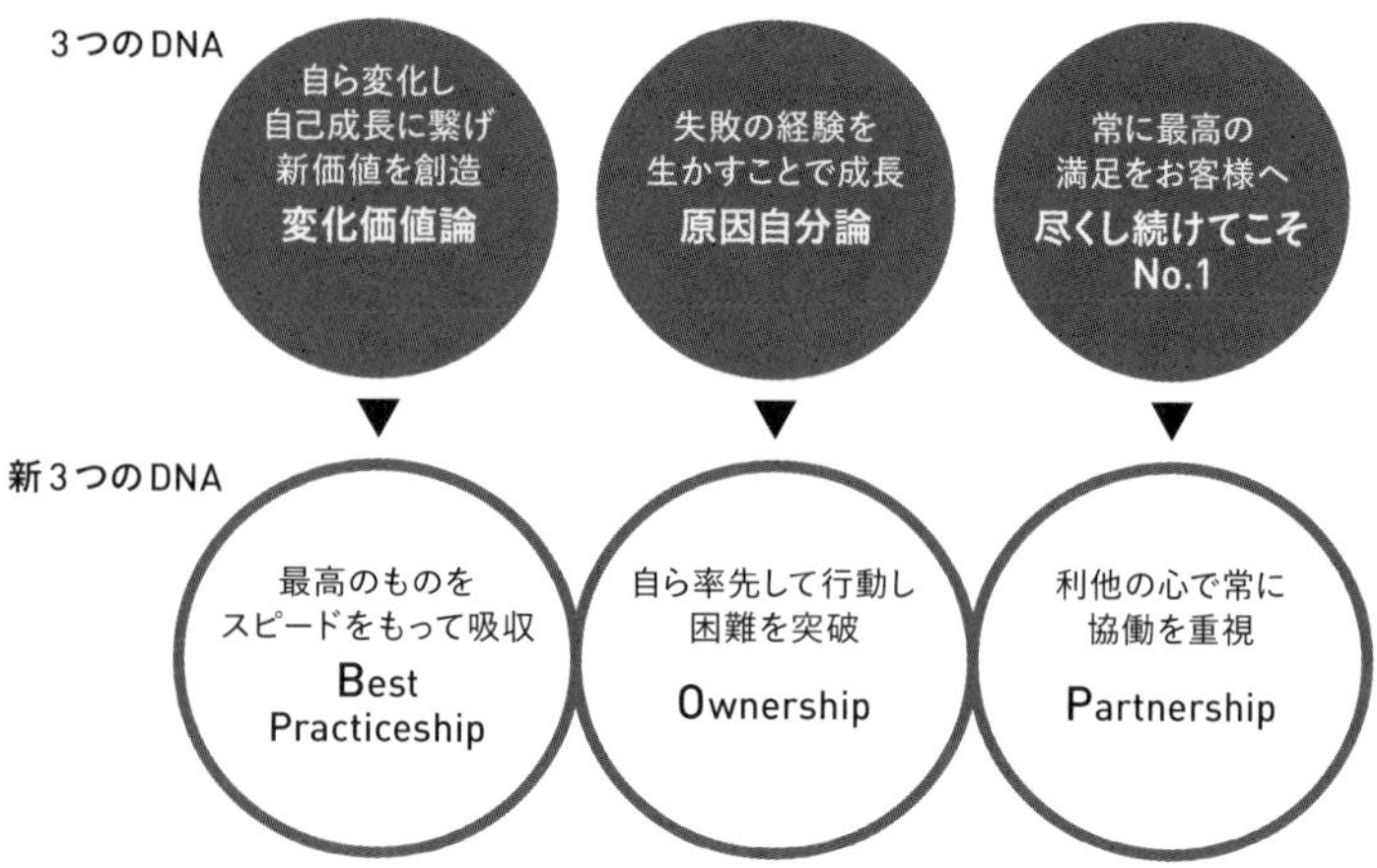

出所：ユニ・チャーム。

う三文字に体現されている。これらも創業の精神を大切にしつつ、大きく進化している（図5－5）。

まずBは「Best Practiceship」の略。ユニ・チャームの中では「変化価値論」が大切にされている。「自ら変化し、自己成長に繋げ、新価値を創造」というDNAは、ユニ・チャームより一年早く創業されたリクルートのDNAと、期せずして見事に「共振」している。

Oは「Ownership」の略。ユニ・チャームの中では「原因自分論」とも呼ばれている。失敗を他責とせず、そこから学ぶことでさらに成長をめざす、という精神である。

Pは「Partnership」の略。ユニ・チャームの中では、「尽くし続けてこそナンバーワン」と唱えられている。利他の心と協調の精神の大切さをうたったものだ。

同社では、これらの三つのDNAを「BOP-Ship」と名づけている。同社の売上高における日本市場比率は、三分の一程度。東南アジアや中国の売上は全体の半分近くにのぼり、さらには中東・欧米など世界へ広がり、外国籍の社員が増えているため、外国籍の社員でも理解しやすいようにという配慮に基づくものである。

海外事業の中でも、同社が力を入れているBOP(Base of the Pyramid)との語呂合わせも、意識している。一九九〇年代にはマレーシアやインドネシア、二〇〇〇年代初めにはフィリピンやベトナムなど、東南アジアには、いち早く進出していった。さらにエジプト、最近ではガーナと、アフリカへ着実に乗り出している。

筆者は現在、三つの賞の審査員をしているが、同社のエシックス経営の素晴らしさに、感銘を受けた。

一つ目は、二〇二一年に受賞したCSA(Career Select Ability)賞。この賞は、「20代人財の成長」「主観正義性(パーパスの独自性)」「収益性」の三要件で優れた企業に授けられる。特に、共振の経営を通じて社員一人一人が常に最適解を自ら創り出す共振人財を生み出していること、なかでも次世代を担う若手人財がデジタル技術を駆使して、環境問題や社会課題の解決に貢献していることが高く評価された。

二つ目は、消費者志向経営優良事例表彰。同社は二〇二三年、「内閣府特命担当大臣表彰」

を受賞した。「顔がみえマスク」や「使用済み紙おむつの水平リサイクル」の取組みなどが高く評価されたからだ。

続く二〇二四年にも、消費者庁長官賞を受賞。「妊活タイミングをチェックできるおりものシート」や、サウジアラビアの女性へのインタビュー結果をもとに「肌を保湿するオリーブオイル配合ナプキン」を開発するなど、ライフステージや地域・文化の理解を含めてさまざまな消費者の声に耳を傾けたことが高く評価された。さらに、男性も参加する企業向け研修プログラムで生理についての相互理解を促すなど、女性の社会進出やジェンダー平等にも貢献していることも得点につながった。

三つ目が、二〇二三年末のポーター賞受賞。これらすべての成果が、同社独自の経営戦略に基づくものであることが、高く評価されたのだ。

この授賞式の後、ポーター賞クラブが開催された。これは二〇〇一年度の第一回から同賞を受賞した企業だけが参加できるクラブだ。その中で、参加者向けに高原豪久社長と筆者が対談する機会があった。そこで私が最後にBOP-Shipとは、ある意味で、宗教のようなものではないかと尋ねたところ、次のようなコメントが返ってきた。

「そう言ってもよいかもしれませんね。世界中の社員がBOP、BOPと念仏のように唱えていると、いつしかそれが自分ごと化し、組織全体のカルチャーとなって根づきます。これこそが、私たちがめざす豊かな共生社会の実現に向けて、最も大切なことなのです」

図5-4を、いま一度見てほしい。基盤にあるのが、法令と倫理。法令はもちろん、遵守しなければならない。これはコンプライアンスの領域である。

しかし、それより大きな基盤が倫理だ。それは、多様な社会に共有される価値観であり、それをユニ・チャーム独自のプリンシプルに読み替えたのが、BOP-Shipなのである。

パーパスのSDGsは世界共通のゴールだ。そしてこのBOP-Shipこそ、ユニ・チャームならではのエシックス経営の本質といえるだろう。ユニ・チャームのように日本的な信念を世界に通じる行動原理として布教することができれば、日本発グローバルなエシックス経営モデルが広がっていくはずだ。

三井住友トラストグループ「信託の力」

ここで、金融業界に目を転じてみよう。日本の金融の雄といえば、メガバンクやメガ証券会社が思い浮かぶ。一方で、同じ金融サービスを展開している以上、甲乙つけがたい（というより、似たり寄ったり）ようにも見える。

その中で、あえて異彩を放っている企業を取り上げてみよう。ノンバンクのオリックスや、新興金融コングロマリットとして業界再編を進めるSBIグループも、エシックス経営の視点からぜひ論じてみたい気がする。しかし、本書ではあえて、創業一〇〇周年を迎える老舗企業に焦点を当ててみたい。三井住友トラストグループである。

同グループは、日本最大規模の専業信託グループだ。そもそも「信託」とは何か。読んで字のごとく、「信じて」「託す」ことである。英語でいえば、「トラスト」だ。

信託の歴史は、中世イギリスにさかのぼる。自分の死後に信頼できる人へ土地を託し、その土地で得たお金を教会へ寄付してもらっていた。また十字軍遠征の頃には、戦地へと向かう兵士は残される家族への想いを込めて、信頼できる人に領地の管理を託した。自分や誰か（受益者）のために、信頼できる人（受託者）へその財産を託す（委託）仕組みが、信託の起源なのである。

そのような役割を提供する事業者を、今日では「トラストバンク（信託銀行）」と呼ぶ。時価総額で見ると、世界のトップスリーはいずれもアメリカ企業で、三井住友トラストグループは、その次の四位だ（いずれも二〇二三年）。同社は世界をリードする「ザ・トラストバンク」集団を標榜しているのだ。

受託者である信託銀行は、委託者および受益者の利益を第一に考える責任を負う。これを「受託者責任（フィデューシャリーデューティー）」と呼ぶ。そのような責任を負う信託銀行は、まさにエシックス経営の体現者でなければならない。

三井住友トラストグループは、三井信託銀行、住友信託銀行、中央信託銀行が二〇一一年に大同団結してスタートした日本唯一の専業信託銀行だ。二〇二〇年、新会社設立一〇周年を前にして、「信託の力で、新たな価値を創造し、お客さまや社会の豊かな未来を花開かせる」というパーパスを掲げた。

「信託の力」とは何か、と高倉透グループ社長に直球で問うと、「一言でいえば、FD（フィデューシャリーデューティー）のことです」と直球が返ってくる。「単に言われたとおりに請け負うだけでなく、顧客や社会の未来に向けて新たな価値を創造する力のことです」とも付け加える。

グループの中核を担う三井住友信託銀行の大山一也社長は、「時間転換機能」こそが信託の力の本質だと語る[15]。

「信託には多彩な機能がありますが、私は、その中でも『時間転換機能』に着目しています。それは、自分がいなくなった後にも想いや志を、お客さまの代わりに実現する力です。遺言信託や年金信託がその機能を活用したものです。

信託には未来を開く機能があります。裏返して言うと、そうした機能を有しているが故に、常に将来世代のことを考え、将来世代のために行動する『未来への責任』を背負っているとも言えます」

二〇二一年四月一日、社長に就任した大山氏の初仕事は、入社式でのスピーチだった。そこで、新入社員に次のように語りかけたという。(16)

「先送りしてきた課題に、われわれの世代で決着をつける。君たちは経営がそれにしっかり取り組んでいるか、見届けてほしい」

エシックス経営の実践に向けたトップの覚悟を、数百人の新入社員一人一人がずっしりと受け止めたに違いない。大山新社長は、同じタイミングでグループ全体の社長となった高倉透氏とタッグを組んで、その覚悟を行動で示す。

大山氏自身は、全社員一万四〇〇〇人向けに、パーパスに込めた想いを社長が自ら伝える機会として、二六回に及ぶ「社長キャラバン」をオンラインライブで実施。さらに、課長層(九〇〇人)や店部長・次長(一〇〇〇名)には、トップの期待を伝え、現場の悩みを聞く双方向コミュニケーションを図った。コロナ禍をものともしない大変なバイタリティである。

社長就任翌月の五月には、「政策保有株ゼロ宣言」を発表。これには、日本中が度肝を抜かれた。実施されれば、一・四兆円の投資余力が生まれてくることになる。

さらに、それを財源として、二〇三〇年までに五〇〇〇億円のエクイティ投資を行うことも意思表明。グリーントランスフォーメーション（GX）など、環境や社会課題の解決をめざすインパクト投資が主な対象となる。
それは、日本が得意とする先端技術への投資だけではない。たとえば、森林ファンドの可能性について、高倉氏はウェブサイトで、次のように述懐している。(17)

「地方には豊かな自然も残っています。林業経営や山林の維持管理における担い手不足や相続問題など、地域固有の社会課題も多くありますが、各地域における生産から販売までのサプライチェーンの構築や、森林資源を活用した熱供給や小水力発電といった再生可能エネルギーの導入など、解決策はあると考えています。森林が適切に管理・利用されることは、土砂崩れなどの災害防止や、二酸化炭素吸収量の増加という森林本来の大事な役目が果たされるだけでなく、地域資源や地域経済の循環につながります」

日本ではまだ模索中だが、一足先にグローバルな活動に参加し始めている。二〇二四年四月、アメリカを含めたグローバルな地域を投資対象とする森林ファンドのMFCF（Manulife Forest Climate Fund）への出資を発表。この投資を通じて森林管理の高度化と、カーボンクレジットに関する知見を獲得することで、顧客企業のネットゼロに向けた課題に対してソリューションを提供し、良質なカーボンクレジットを安定的かつ継続的に供給する仕組みを構築すると意気込む。

大山氏は、「資金・資産・資本の好循環」を作り上げることに意欲を燃やす。日本には、約三〇〇〇兆円の個人資産があり、そのうちの二〇〇〇兆円が金融資産、一〇〇〇兆円が不動産だ。そして金融資産のうち、一〇〇〇兆円は現預金。この現預金を、企業への資金や資本に回し、企業の価値を上げることによって、その果実を投資家としての個人に還元するというインベストメントサイクルを回すことで、経済全体の好循環が実現できるようになる。

政府が「資産所得倍増プラン」を掲げるなど、貯蓄から資産形成への流れは、ようやく機運が高まっている。銀行・不動産・機関投資家という複数の顔を持つ信託銀行こそが、その役割を担わなければならないと、大山氏は自負する。

特に「人生一〇〇年時代」を迎え、将来の認知症や健康の不安などから、投資には消極的になりがち。そこで、「人生一〇〇年応援信託（一〇〇年パスポート）」などの安心・安全を担保する信託商品を提供することで、「貯蓄から投資へ」という流れを生み、成長マネーを循環させ、資産形成層の投資を後押しする。同社ではこのような金融面での安心・安全を「Financial Well-being」と呼ぶ。

このような壮大な構想を実現するためには、社員が一丸となって、非連続な価値創造に取り組まなければならない。そのためには、同社では四つのプリンシプルを大切にしている（図5-6）。

図5-6

三井住友トラストの「未来の開花」

信託の力で、新たな価値を創造し、お客さまや社会の豊かな未来を花開かせる

信義誠実	奉仕開拓
住友信託の設立趣意書	三井信託の創業精神

信頼創造	自助自律
中央信託のコーポレートスローガン	当グループの「自主独立経営」を支える根本理念

出所：三井住友トラスト・ホールディングス。

最初の三つである「信義誠実」「奉仕開拓」「信頼創造」は、合併前の三行の行動原理が掲げられている。四つ目の「自助自律」は合併にあたって新たに加えられた。どの金融グループにも属さず、自主独立をめざすという精神だ。同時に、社員一人一人が、自律的にキャリアをシェープしていくことへの期待が込められている。

同グループではそれを、「キャリア自律型人財」と呼ぶ。世の中ではジョブ型という和製英語が疫病のように蔓延しているが、ジョブに人をはめ込むというような会社都合の仕組みからは、自主的に成長する人財は生まれない。

同グループでは、社員が自らキャリアを設計できる「キャリア・オーナーシッ

プ」に向けた施策を、次々に打ち出している。社内副業や若手・中堅社員の早期抜擢などは、その一例だ。

同社で社員のウェルビーイングを担当する執行役員の矢島美代氏は、健康経営やD&I（ダイバーシティ&インクルージョン）の推進などにも力を入れている。その思いを、「令和の人事」セミナーの席上で、次のように語っている。[18]

「パーパスの実現には、社員の内発的な動機づけが重要になります。これを体現するうえで鍵を握るのが『Well-being』です。当グループでは、Well-beingの実現によって、目指したい世界観を、『社員と、お客さまや社会の幸せを創造する好循環』と定義しています」

社員自身のFinancial Well-beingの充実にも余念がない。たとえば、投資教育ノウハウの伝授や、社員のライフプランの作成支援など。さらに全社員対象の株式報酬制度もスタートさせている。

実は、同社の行動原理は六つある。前述した四つに、「法令等の厳格な遵守」と「反社会的勢力への毅然とした対応」の二つを加えたものである。この二つはコンプライアンスの対象であり、違反した場合には即刻アウトだ。

しかし、これらを遵守しただけでは、「善良な市民」という存在資格は維持できても、「未来創造企業」という「存在価値」は生み出せない。同社はこの違いを明確に認識している。そしてこの未来志向型の発想こそ、良質なエシックス経営の本質なのである。

同社は二〇二四年四月に一〇〇周年を迎えた。一九二二年に信託法と信託業法が制定され、一九二四年には三井信託銀行と住友信託銀行が日本初の信託銀行として発足したことが、同グループの源流だからである。高倉氏は、一〇〇周年にあたって、次のようなメッセージを発信している。[19]

「信託の受託者精神に立脚し、『信託の力』で各時代におけるお客さまのニーズや社会の要請に応じて、新たな価値創出に果敢に『挑戦』し、我が国の発展に貢献する『開拓』の姿勢は、創業以来、いつの時代も変わりません」

同社はこれからも「信託の力」を基軸に、エシックス経営を進化させ続けることだろう。次の一〇〇年が楽しみである。

日立製作所「パワリング・グッド」

さて、今度は情報産業に目を転じてみよう。ここは、アメリカや中国の後塵を拝してしまっている。マッキンゼー時代に、デジタル分野の日本支社リーダーを務めていた筆者としては、大変残念な光景である。

しかし、デジタル素材、デジタル部品、デジタル製造機器などは、多くの分野で、日本企業が世界をリードしている。デジタルが一〇倍速で進化し、かつ、リアルの世界と融合するCPS（サイバーフィジカルシステム）化が進むと、デジタル産業を支える日本企業は、さらに非連続な成長を遂げていくはずだ。

このCPSの世界に向けて、大きく舵を切っているのが日立製作所だ。二〇〇八年には、八〇〇〇億円近い赤字に落ち込みながら、一五年経った現在、不死鳥のように蘇っている。

リーマンショックが、自分たちの原点を見直す絶好の機会になったと、日立の経営幹部は異口同音に語る。日立の原点は、一九一〇年の初代社長が数人のエンジニアと立ち上げたベンチャー時代である。そのときに掲げた企業理念が、「優れた自主技術・製品の開発を通じて社会に貢献する」だ。社会価値創造こそが、一〇〇年以上にわたって受け継がれてきた同社のパーパスだったはずだ。

二〇〇九年、グループ会社のトップになっていた川村隆（当時は社長、その後会長、名誉会長）、中西宏明の両氏（川村氏の後任の社長・会長、その後、経団連会長任期中の二〇二一年に逝去）が日立本体に戻り、抜本的な再生プランを練り上げる。

そして、日立の得意技であるOT（オペレーショナルテクノロジー）、IT、プロダクトの三つの領域を融合させることで、社会課題を解決することを、企業理念として宣言。そこから「社会イノベーション」というビジョンが生まれていった。

中西元社長、そして二〇一四年に後任となった東原敏昭前社長（現・会長）は、そのビジョンを中核に、大胆な事業ポートフォリオ改革を急ピッチで進めていった。二〇二三年までに売却したグループ企業は、日立御三家に入る日立化成と日立金属をはじめ、日立工機、日立国際電気、日立キャピタル、日立建機、日立物流など。譲渡資産の売上合計は五兆円（獲得金額は二兆円）にのぼる。

返す刀で、買収を次々に実施。なかでも、二〇二〇年に行ったスイスＡＢＢの送配電事業部門の買収（約八〇〇〇億円）、二〇二一年のアメリカのＩＴ企業グローバルロジックの買収（約一兆円）はいずれも、日本企業としては先述したタケダのシャイアー買収に次ぐ大型案件。獲得資産の売上合計は三・一兆円（買収金額は三・五兆円）にのぼる。

こうして、日立グループのポートフォリオは「ＯＴ×ＩＴ×プロダクト」という大きく三つのドメインに集約された。そして、これらに横串を刺すのが「ルマーダ」と名づけられたミドルウェアだ。二〇二一年には、ルマーダの生みの親である小島啓二氏が、東原氏の後任のCEOに就き、ルマーダを基軸とした次世代成長を牽引している。

このようなポートフォリオ変革の結果、日立グループの売上高、人員構成はともに海外が六〇%近くに達している。名実ともにグローバル企業となるべく、経営モデルの変革を強力に進めている。本書の主題であるエシックス経営の観点に立つと、カギを握るのが、パーパスとプリンシプルのグローバル浸透である。

日立グループのアイデンティティは、図5-7のピラミッドで表現されている。ミッションは、先述した創業時の企業理念である。バリューズも、創業の精神がそのまま踏襲されている。和・誠・開拓者精神の三つだ。英語では、ハーモニー、シンシアリティ、パイオニアリング・スピリットと表現される。そして将来ビジョンは、「社会が直面する課題にイノベーションで応える」とうたわれている。

二〇二二年、東原会長にロングインタビューする機会があった。その際に、これらのアイデンティティに対する海外社員の反応を尋ねたところ、次のような答えが返ってきた[20]。

「実のところ、日本以上に、海外とりわけシリコンバレーでの関心が高いです。報酬も含めて破格の待遇を保証するグローバル企業が多い中、『社会価値や環境に貢献したいから』『社会イノベーション事業に携わることができるから』という理由で、日立に応募してくる

図5-7

日立グループ・アイデンティティ

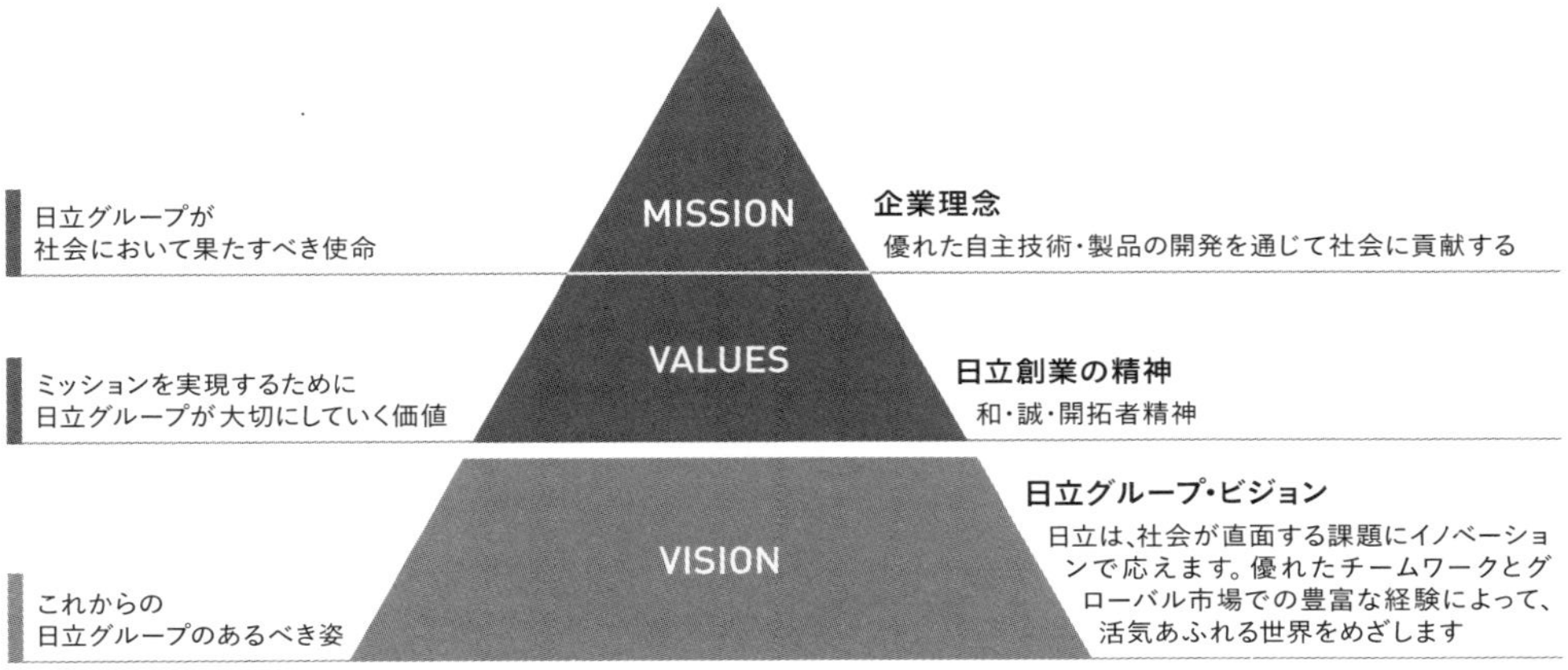

日立グループが
社会において果たすべき使命
MISSION
企業理念
優れた自主技術・製品の開発を通じて社会に貢献する
ミッションを実現するために
日立グループが大切にしていく価値
VALUES
日立創業の精神
和・誠・開拓者精神
これからの
日立グループのあるべき姿
VISION
日立グループ・ビジョン
日立は、社会が直面する課題にイノベーションで応えます。優れたチームワークとグローバル市場での豊富な経験によって、活気あふれる世界をめざします

出所：日立製作所。

人がかなりいます」

筆者は「今のZ世代を中心に、日立のような日本的な価値観が、世界的に共感されやすいということか」と、畳みかけてうかがってみた。

「すべての若者がそうだとは限りませんが、少なくとも日立に応募してくる人には、そうしたマインドセットの持ち主が多いのは確かです。こうした人たちの意欲や考え方に触れるのは、創業者たちが残してくれた精神を誇らしく感じる瞬間でもあります。

ただし、これは日立に限った話ではなく、他の企業にも通底する部分があるはずです。日本企業は自分たちの会社の原点に立ち返り、そのベンチャースピリットを再認識し、現在に活かすことで、未来を創造できるのではないでしょうか」

日立は最近、「Powering Good」をグローバルな合言葉にし始めている。「Social Good」はよく使われるが、「Powering」という言葉は、電力事業にも携わっている日立ならではだ。このことについて尋ねると、東原氏は「待ってました！」とばかり、身を乗り出して語り始めた。

「『Let's POWER GOOD together』と言うこともあります。『自分にも、社会にも良いことをしようよ。一緒に世界を輝かせよう』というメッセージです。日立には、IT、エネルギー、インダストリー、モビリティ、ライフ、オートモティブシステムという六つの事業ドメインがありますが、どこに属していようと、『社会にとって良いことは何か。世界が輝くとはどういうことなのか。そのために自分は何ができるのか』を絶えず自問自答してほしいのです」

東原会長は、日本の「自利利他」の精神が、今や世界の潮流となっていることに注目する。そしてその自利利他の精神こそが、グローバル規模で「社会イノベーション」の好循環を生み出すという。

「われわれの力の源泉は、やはり社会への貢献であり、お客様に『日立製品を使って良かった』『日立と一緒にプロジェクトに取り組んで良かった』と褒めていただくことです。社員一人一人が、社会と自分という関係において好循環を形成できるか。その実現こそ、日立という会社を元気にしていく。

このように、社会イノベーション事業を起点とする好循環を日本だけではなくグローバルに回し続けることで、世界中のお客様や地域社会から認められる会社になる。それが、日立のさらなる発展に向けた無限のエネルギーになると確信しています」

日立のパーパスが、日立ならではのプリンシプルを基軸に、グローバルにプラクティス（実践）されていく。まさに「三位一体」のエシックス経営の姿である。

二〇二三年には、日立のデジタル事業全般を担当している德永俊昭副社長と対談する機会があった。德永氏は、グローバルロジック社を一兆円で買収した際の中心人物である。同社が、引く手あまたの中から、なぜ日立を選んだかについて、耳寄りの話をうかがった。[21]

「グローバルロジック社は、三万人弱の従業員の平均年齢が二八歳というまさにZ世代が中心の企業です。彼らがなぜ最終的に日立の仲間になってくれたのか尋ねてみたところ、『日立となら ミーニングフル（意味のある）な仕事ができる』という答えが返ってきました」

さらに買収後に、お互いに多くの気づきがあったという。[22]

「グローバルロジック社の従業員と話をしていると、『日立にはこんなすごい力があるじゃないか』『これは日立にしかできないよ』と言ってくれます。日立の仲間として仕事をすることで、まさに『ワクワク』『ならでは』『できる！』を感じていることが強烈に伝わってくるのです。それを日立全体で共有し、日立ならではの価値を具体的に示していく。それが

Lumadaの本質であると考えています」

グローバルロジック社が日立の傘下に入ったことで、ブランド面でも大きな効果があったという。[23]

「彼ら単独では採用に苦労する場面もあったが、日立グループの一員になったことで、採用できる人財の質が変わった。そして何よりお客さまからの見え方がまったく違ってきたと言ってくれています。日立のブランド価値をいかにして継続強化し、さらなる成長へとつなげるか、今まさに検討を加速しているところです」

日立は日本発の企業でありながら、本社を日本に置くことには拘泥しない。たとえば、鉄道事業部門の本社機能はイギリスにあり、イギリス人のアリステア・ドーマー副社長兼日立ヨーロッパ社会長が、グローバル事業を司っている。鉄道発祥の地がイギリスだということを鑑みれば、イギリス起点とすることは大変理にかなっている。

デジタル産業の世界の中心は、シリコンバレーだ。だとすると、デジタル事業の本拠地はシリコンバレーにあるべきでは、と水を向けたところ、「やはり、そうですよね！」という返事が返ってきた。[24]

「今後、私たちが『デジタル事業のグローバルリーダーになる』という目標を達成するためには、事業全体の重心を徐々にシリコンバレーへと移していくことが必然ではないかと考えています」

そうなると、日立のデジタル事業のさらなる飛躍が期待できそうだ。そしてそのときこそ、日立のエシックス経営の真価が問われることになるはずだ。

リクルート「Bet on Passion」

情報産業分野で、異彩を放っている企業がリクルートだ。一九六〇年に創業、今や還暦を過ぎた計算になるが、「永遠のベンチャー」とでもいうべき超進化企業である。

祖業の就職情報や人材派遣に加えて、住宅、結婚、旅行、飲食など、さまざまなマッチングプラットフォームを提供することで、業態を広げている。最近は、美容室や飲食店などを中心に展開している「Ａｉｒレジ（ＰＯＳレジ）」を基点に、Ａｉｒペイ（決済）、Ａｉｒメイト（経営管理アプリ）などを統合的に提供することで、「Ａｉｒ経済圏」を構築し始めている。

リクルートホールディングスは、自社を「テクノロジーの力で『働く』の進化をリードするグローバルテックカンパニー」と呼んでいる。二〇一二年に買収した米インディード(求人情報検索エンジン)が、今や同社の中核事業となっていることを反映したものといえるだろう。しかし、私たちにとっては、リクルートのブランドスローガン「まだ、ここにない、出会い。」のほうが、ピンとくるかもしれない。

これは同社のミッションにも、掲げられている(表5-1)。「より速く、シンプルに、もっと近くに」というサブタイトルからは、デジタルの力をフル活用するという意気込みが伝わってくる。

ビジョンは、「Follow Your Heart」と銘打っている。「自分らしい想いを大切に」という言葉は、リクルートらしい志があふれている。筆者がパーパスの三条件と呼ぶ「ワクワク、ならでは、できる!」をすべて包含しており、同社のパーパスそのものだともいえるだろう。

そしてバリューズ。ここでは三つの価値観が示されている。一つ目の「新しい価値の創造」は、当たり前のように聞こえるが、英語の「Wow the World」は、いかにもリクルート流。二つ目の「個の尊重」も、英語では「Bet on Passion」。三つ目の「社会への貢献」は「Prioritize Social Value」。いずれも英語のほうが、ずっとリクルートらしさが際立っている。

なかでも二つ目の「Bet on Passion(情熱に賭けよ)」は、最もリクルートならではだ。「Follow Your Heart」という世界観を、そのままバリューにも反映したものともいえるだろう。

表5-1

リクルートのミッション、ビジョン、バリューズ

基本理念	私たちは、新しい価値の創造を通じ、社会からの期待に応え、 一人ひとりが輝く豊かな世界の実現を目指す。
ビジョン （目指す世界観）	Follow Your Heart 一人ひとりが、自分に素直に、自分で決める、自分らしい人生。 本当に大切なことに夢中になれるとき、人や組織は、より良い未来を生み出せると信じています。
ミッション （果たす役割）	まだ、ここにない、出会い。より速く、シンプルに、もっと近くに。 私たちは、個人と企業をつなぎ、より多くの選択肢を提供することで、 「まだ、ここにない、出会い。」を実現してきました。 いつでもどこでも情報を得られるようになった今だからこそ、より最適な選択肢を提案することで、 「まだ、ここにない、出会い。」を、桁違いに速く、驚くほどシンプルに、もっと身近にしていきたいと考えています。

バリューズ（大切にする価値観）

新しい価値の創造	個の尊重	社会への貢献
世界中があっと驚く未来のあたりまえを創りたい。遊び心を忘れずに、常識を疑うことから始めればいい。 良質な失敗から学び、徹底的にこだわり、変わり続けることを楽しもう。	すべては好奇心から始まる。一人ひとりの好奇心が、抑えられない情熱を生み、その違いが価値を創る。すべての偉業は、個人の突拍子もないアイデアと、データや事実が結び付いたときに始まるのだ。 私たちは、情熱に投資する。	私たちは、すべての企業活動を通じて、持続可能で豊かな社会に貢献する。 一人ひとりが当事者として、社会の不に向き合い、より良い未来に向けて行動しよう。

出所：リクルート。

リクルートが創業以来大切にしているプリンシプルが、「圧倒的な当事者意識」だ。「圧倒的な」という表現がリクルートらしい覚悟を迫る。上司に相談すると、必ず「おまえはどうしたいんだ?」と聞き返される。そして自らの強い思いを伝えると、上司は背中を強く押してくれる。「情熱に投資する」とは、そのような行動原理を指すのだ。

そもそもこれら三つのバリューは、創業の精神そのものでもある。創業者の江副浩正氏は、創業八年目の一九六八年に、「自ら機会を創り出し、機会によって自らを変えよ」という言葉を、社訓として掲げた。まさに「Bet on Passion」であり、その結果、「Wow the World」を実現していくという信念を示したものにほかならない。

では、三つ目の「Prioritize Social Value」のほうはどうか。リクルートは長年、「不の解消」を使命として掲げてきた。「不」とは生活者や企業など、さまざまなステークホルダーが抱える不安や不満を指す。不を解消することは、とりもなおさずソーシャルバリューを創造することにつながるのである。

筆者は、リクルート上場直後の二〇一五年から二年間、同社のサステナビリティ諮問委員を務めた。そこで議論したことは、まさに「不の解消」こそ、サステナビリティ経営に直結するということだった。

もっとも、世の中の多くの「不」は儲からないから放置されているのである。たとえば、空き家問題一つとっても、それを利益に転換するイノベーティブな構想力が問われる。

同じ二〇一五年に国連で合意されたSDGsも、世の中の「不」が満載。しかし、安易に手掛けると儲からず、事業、ひいては企業そのものがサステナブル(持続可能)ではなくなってしまう。一七のゴールやその下の一六九の細目を、筆者は「儲からないリスト」と呼んでいる。「不の解消」の本質は、「不」を見つけることではなく、儲かる構造を創り出すことにある。言い換えれば、「不」ではなく「未」、つまり、革新的な取組みによって事業として成立する課題を取り上げることこそが、リクルート流サステナビリティ経営の真髄なのである。

峰岸真澄社長(現・会長)は、「リクルートの事業はロマンと算盤を兼ね備えているべきだ」と常々語っていた。まさに渋沢栄一の「論語と算盤」と同根であり、ハーバード・ビジネススクールのマイケル・ポーター教授が唱えるCSV(Creating Shared Value:共通価値の創造)とも通底している。リクルートは筆者が主催するCSVフォーラムにも、二〇一四年の第一回以降、一〇年連続で参加していた。

サステナビリティ諮問委員会のテーマの一つとなったのが、「スタディサプリ」事業である。スマートフォンなどを使って有名進学塾や予備校の講師の授業を、毎月九八〇円(税抜、当時)の定額で好きなだけ視聴して学習できるサービスだ。当初は無料提供を想定していたが、同委員会での討議などを通じて、「必要最低限の料金をもらうほうが、より良いコンテンツを提供できる」と考えを転換、低価格とサービスの質を両立させて、ビジネスとして急成長を遂げていった。

この事業にまさに「圧倒的な当事者意識」で挑んだのが、進学・教育事業を担当していた山口文洋氏（現・LITALICO社長）である。当時のことを、「単なる事業の再生ではなく、子どもたちに新しい学びの場を提供したい」という思いと、「世の中を変えて、海外にも出ていける。とんでもない事業に育てられるという『妄想』が突っ走った結果」だと述懐している。[25]

家庭や地域の事情で有名予備校に通えない子どもたちにも、平等な機会を与えたい、という山口氏の熱い思いは、素晴らしい善意に基づく。しかし善意だけでは、事業として長続きしない。収益モデルを構築することによって初めて、大きくスケールするビジネスとなり、結果的に、大きなソーシャルバリューを生み出し続けることができるのである。これこそ、リクルート流エシックス経営の真骨頂だといえるだろう。

もっとも、この「倫理」という言葉は、リクルートにとっては、十字架のように重たいものだった。そのきっかけとなったのが一九八八年に発覚し、「戦後最大の企業犯罪」と呼ばれた「リクルート事件」。政財官を巻き込んで、一二人が起訴・有罪となった。

これを機に、リクルートは大転換を遂げていく。一九九〇年には「倫理綱領」を初めて制定。「法令遵守」という枠を超え、企業・個人が適正な行動を行うことで社会的な期待・要請に応えていくことをめざしたものである。

それ以来、リクルートは倫理に関して、常に気を配りながら「不の解消」に尽くすという姿勢を貫いてきた。

そんな中で、上場直前の二〇一四年三月二〇日に、第二の「事件」が起こる。『Wedge』誌が、「不満続出するリクルートのビジネスモデル『就活』が日本をダメにする」という記事を掲載。就活情報を提供するリクナビが、就活熱を煽る結果、大量の就活難民を生み出しているというのである。

良かれと思って力を入れてきたサービスが、社会悪を招いている。本業ど真ん中への批判の声は、ある意味で、リクルート事件以上に衝撃的なものだった。いったい何がいけなかったのか。どうすれば、良かったのか。

この問題も、サステナビリティ諮問委員会での大きな論点の一つとなった。簡単に答えが出る問いではない。しかし、そのような課題を真正面から受け止め、経営のど真ん中の課題として真摯に受け止める姿勢こそ、エシックス経営のあるべき姿といえるだろう。

当時筆者は、リクルートのホームページに、サステナビリティ諮問委員会の社外委員として、次のようなメッセージを寄稿した。(26)

「さまざまな社会課題の議論においてはリクルートのメインビジネスとの整合性が問われ、対応を迫られるシーンもあることでしょう。しかし、いきなり本業を疑う必要はありません。ただ、本業だけにとらわれず、異なる選択肢を用意することによって、社会全体のマイグレーション(進化)を後押しする丁寧なアプローチをとられるとよいと思います。自社内で複数の機会提供のあり方を試し、あえてカニバリを起こさせながら最適なものを残すことが進化のあるべき姿です。戦略的な事業展開を選択しているリクルートだからこそ、そのような進化を先取りするアプローチができるはずです。

弛まぬ『一人ひとりが輝く豊かな世界』の実現に向けたチャレンジに期待します」

今やリクルートは、企業や生活者の資産を流動化させ、新しい価値に変える重要な社会プラットフォームを提供している。だからこそ、さまざまなステークホルダーからの信頼と共感を得ることは必須だ。批判は前向きに受け止め、しかし、ひるむことなく前に進み続ける必要がある。それが、次世代を切り拓くエシックス経営のあるべき姿だといえるだろう。

クラダシ「もったいない」

次に、とびきり若い企業を取り上げよう。クラダシだ。二〇一四年七月に創業し、九年足らずの二〇二三年六月には、東証グロース市場に上場。今なお、快進撃を続けている。

クラダシという社名は、「お蔵入り」している資産に市場価値をつけることに由来している。同社のミッションは「ソーシャルグッドカンパニーでありつづける」、ビジョンは「日本で最もフードロスを削減する会社」である（表5－2）。

創業以来、まだ食べられるにもかかわらず廃棄されてしまう可能性のある商品を自らのリスクで買い取り、自社通販サイトで需要に合わせたダイナミックプライシングで販売している。高い社会性・環境性を実現しながら、同時に経済性を追求することも怠らない。二〇二三年末時点で、年間売上高は一四億円とまだ規模は小さいものの、初めて黒字転換を果たした。まさにCSV経営を、地でいく企業である。

本業の通販ビジネスに加え、「クラダシチャレンジ」（略称・クラチャレ）という取組みがユニークだ。地域経済の活性化や社会発展に取り組むことを目的に実施する社会貢献型インターンシップ・プログラムである。地方創生やフードロス問題に興味がある学生を、人口減少・少子高齢化により人手不足に悩む地方農家へ派遣している。

第一回目（二〇一九年）の種子島（サトウキビ）をスタートに、小豆島（オリーブ）、北海道三笠市（メロン）、長野県松本市（リンゴ）など、これまで五年間で三八回にわたって開催した。

筆者が同社の活動を知ったきっかけは二〇二二年に、同社が前述した消費者志向経営優良事例表彰で消費者庁長官表彰に輝いたときである。表彰式では、筆者が委員長として、次のように受賞を讃えた。

「（同社は）食品ロス削減のモデルを確立するほか、人手不足の農家へ大学生を派遣する取

表5-2

クラダシのミッション、ビジョン、バリュー

ミッション

ソーシャルグッドカンパニーでありつづける

もったいないを価値へ～凸と凹をマッチングすることで世界を豊かにする。

世の中に山積する社会課題解決を目的に設立したソーシャルグッドカンパニー。

社会性、環境性、経済性に優れた活動をしていきます。

ビジョン

日本で最もフードロスを削減する会社

国内消費食料の約6割を輸入しているにも関わらず、世界有数のフードロス大国である日本。

「3分の1ルール」などの商慣習のために、その多くを無駄にしているのです。

私たちクラダシは、1.5次流通革命を通じて、日本のフードロスを削減します。

バリュー

前例を創ろう

クラダシは今までにないビジネスを創り、世の中に新しい価値を与える会社。

自ら考え、挑戦しつづける私たちでいよう。

アクセル全開！

圧倒的なスピードで、熱狂して働こう。

明るく楽しく元気よく

クラダシが目指すのは、楽しくて身近な社会貢献。

常に物ごとを前向きにとらえ、周りに伝播させよう。

出所：クラダシ。

組みを実施しています。この取組みを通じて収穫された農作物が同社ウェブサイト上で販売され、その利益の一部が同社の運営する基金を通じて学生を派遣するための旅費や宿泊費として拠出される仕組みとなっており、経済的な持続可能性をめざす取組みとなっています」

二〇二四年には、愛媛銀行とともに、「特別表彰」を受賞。愛媛銀行と協働して、愛媛県内の二市一町と三者連携協定を締結し、クラチャレを三回開催してきた発展性が改めて注目されたからである。二〇二二年の受賞理由と大きく変わらないが、地銀や自治体を巻き込み、持続可能な形で地域創生を展開している点が、高く評価された。

二〇二四年には、ロート製薬と並んで先述した「CSA賞」を受賞。二〇二一年に受賞したユニ・チャームと同様、二〇代の若者に成長機会を提供していることが、主観正義性と収益性とともに、高く評価されたのだ。

特に素晴らしいのが、平均年齢三二歳という同社の若い社員全員が自分ごと化しているプリンシプルである。クラダシの社員は「前例を創ろう」「アクセル全開!」「明るく楽しく元気よく」という三つのバリューとして、日々実践している。

なかでも「前例を創ろう」には、目を見張らされる。フツーの企業では、「前例がない」ことが諦める言い訳になるのに対して、あえて前例となる新しいことにチャレンジすることを奨励しているのである。もちろん、ゆるい取組みでは、前例となるような素晴らしい成果は上げられない。そこでは、リクルート流の「圧倒的な当事者意識」が求められるのだ。

授賞式では、ロート製薬の山田邦雄会長とクラダシの関藤竜也社長（現・会長）は、旧知の仲であることがわかった。二〇二三年六月、ロート製薬が石垣市とタイアップしてパイナップル栽培を行っている「やえやまファーム」でクラチャレが実施され、そこに両トップも参加して意気投合したとのこと。エシックス経営を実践する企業同士は、不思議な縁で結ばれるものだと、感心させられた一幕である。

表彰好きな筆者が、ひそかに「倫理企業三冠王」と呼んでいるタイトルがある。消費者志向経営優良事例表彰、CSA賞、そして、ポーター賞の三つに輝く企業のことだ。今のところ、オイシックス・ラ・大地とユニ・チャームの二社だけだが、クラダシもポーター賞を受賞すれば、「三冠王」達成となる。

すっかりクラダシファンになった筆者は、同社が主催する「食のサステナビリティ共創・協働フォーラム」に、二回連続で登壇した。二〇二三年一〇月に実施された第二回フォーラムでは、「Mottainai」という言葉を、日本から世界に発信してはどうか、と提案した。

「もったいないを価値へ」は、クラダシの志が込められた言葉である。それは3R（リデュース、リユース、リサイクル）、さらには、Regenerative（再生）という世界の潮流に先行するものでもある。Mottainaiの意味を「Too Good to Waste」と説明することで、日本発の世界用語として広がっていく可能性があるのではないだろうか。ちょうど、長寿村として世界に注目される沖縄・大宜味村の秘密が「Ikigai」という言葉に託されて、世界に広がっているように。

これは、前章のアメリカ編で紹介したパタゴニアのエシックス経営とも、通底するものである。事実、この二社には共通点がある。それは、いずれもBコーポレーション（Bコープ）認証を取得している点だ。

パタゴニアのところでも説明したとおり、Bコープは社会や環境に配慮した公益性の高い企業に対する国際的な認証制度である。二〇二二年六月、日本ではクラダシが日本で一三社目となる。

しかも、同社は二〇二三年六月に上場したため、上場会社としてBコープ認証を取得している日本初のケースとなった。ブルームバーグによれば、Bコープ認証を取得し、かつ上場している企業は二〇二二年末時点で四六社。

しかし、フランスのダノンは、業績不振を理由に株主の圧力を受けてCEOが更迭されてしまった。また、アメリカ発手作り品の電子商取引サイトを運営するエッツィは二〇一二年にBコープ認証を取得し、二〇一五年には上場を果たしたものの、投資家の圧力を受けて合理化を迫られ、二〇一七年には認証を放棄している。

前述したとおり、パタゴニアは「Going Public（上場をめざす）」ではなく、「Going Purpose（志に突き進む）」を選択した。そして、「地球が唯一の株主」と公言している。

CSVが唱える社会価値と経済価値を高いレベルで両立させることは、決して容易ではない。

ＣＳＡ授賞式の席上、そのような問いを投げかけたところ、クラダシの関藤社長からは次のように自信に満ちた答えが返ってきた。

「われわれは、今後も社会価値を追求することで、サプライヤーや生活者からの認知度や信頼を高め、株主価値を向上させる循環をつくってみせます」

守りではなく、攻めのエシックス経営は、トレードオフをトレードオンに変換する覚悟と知恵、情熱と実践が求められる。それが経営レベルでの「クラダシチャレンジ」となるはずだ。クラダシはパタゴニアが断念した資本主義的エシックス経営の扉を開くことができるだろうか。

この大きな社会実験に成功すれば、Ｊ－ＣＳＶ（日本型ＣＳＶ）として、世界が注目する次世代経営モデルを示すことができるはずだ。

谷口工務店「家道」

最後に、谷口工務店という滋賀を拠点とする非上場企業を取り上げたい。二〇二三年の売上高が三〇億円規模の中小企業である。主に関西地区で「一〇〇年安心できる木造の家」を設計・施工・修理している。二〇〇二年にそれまでの下請けから、元請けとして独立、二〇一一年に法人化している。

地場に根差した中小工務店は、全国に存在する。しかし、どこでも人手不足が深刻だ。大工の数は過去二〇年で半減、しかも若手から敬遠され、平均年齢が高くなる一方。住宅業界では二〇二四年問題が深刻化しているが、大工不足が本当に危機を迎えるのは二〇二七年だといわれている。いわば典型的な「構造不況業種」だ。

そんな中で、谷口工務店は人財には全く困らない。むしろ全国から一〇〇〇人の設計士や大工の卵が応募する人気で、今や八〇名を超える大工集団(事務スタッフを含めると一〇〇名強)となっている。なぜだろうか。

同社は業界では珍しい「社員大工制」を採用している。新卒はまず手伝い(一等級)から始め、やがて大工(二等級)、そして親方(三等級)、棟梁(四等級)、現場監督(五等級)に成長していくというキャリアパスが出来上がっているのである。人を丁寧に「育てる」仕組みが、人財という資産の蓄積と顧客からの信頼につながっている。

日本中に誤って流布しているジョブ型では、学習し続ける人財は育たない。それが今の大工不足という、大きな社会問題を引き起こしているのである。谷口工務店は、そのような浅薄な風潮には背を向け、三井住友トラストの事例でも紹介した「キャリア型」を実践して、持続的な成長を実現しているのである。

創業者の谷口弘和代表は、親の代からたたき上げの大工だ。しかし、下請けを続けている限り、元請けに顎で使われるだけ。しかも、設計・施工のごく一部しか任されず、顧客との接点もないので、働きがいが生まれてこない。そこで、「棟梁」としての生き方を自ら選び、かつ社員にも棟梁をめざしてもらえる企業を作ろうと決意したという。

ただし、経営はずぶの素人。そこで、二〇〇八年には盛和塾に入塾し、フィロソフィの大切さを学ぶ。ここから谷口氏のエシックス経営は大きく進化し始める。

二〇二一年には、ドラッカー経営塾に入塾し、そこでリフレクション(内省)の大切さを学んだ。谷口氏は社内で「暴走機関車」とあだ名されるカリスマタイプだったが、このときから社員が自律的に行動する「セルフマネジメント」手法を導入、「振り返り手帳」をツールとして全社員とのチャットを始めるようになる。

そして、二〇二三年には仏教家・大愚和尚の仏弟子となり、戒名を受ける。「十重禁戒」の掟を学び、日本人の心の原点に気づかされた。それは、一言でいうと「道を究める」ことの大切さだ。そして自らは「家道《やどう》」の家元になることを決意したという。

家道は、谷口氏の造語である。谷口氏自身が、ウェブサイトで次のように語っている[27]。

『『家道』とは『禅』の考え方に紐づいた〝家づくりの道〟を示すもので、作り手とお客様が心通いあい、共に幸福になれる家づくりの事です。

つくり手はお客様のために自ら考え、学び、腕を振るう。住まい手もまた、つくり手の心を推しはかり、そこに喜びや感動が生まれる。つくり手と住まい手が〝ご家族の幸せ〟という同じ目的に向かって心を通わせる家づくり。これこそが、私たちの目指す理想の家づくりの姿です。

昔から『家は人が組み立て、人が仕上げる』と言われるように、どんなに時代が進んでも、どんなに効率的な工法が生まれても、良い家づくりに必要不可欠なのは『人』にほかなりません。谷口工務店は創業当時から、全国的にも珍しい社員大工制を取り入れ、人材育成に力を注いできました。スタッフ一人一人が主人公であり、私の誇りです。

私たちの家づくりを通じて『家道』の考え方を世の中に広め、日本の家づくりを変えていきたいと本気で思っています」

まさに「三人の石工」の話が思い出される。ピーター・ドラッカーが名著『現代の経営』で紹介している有名なエピソードだ。

「何をしているのか」と聞かれた三人の石工のうち、一人目は「これで食べている」、二人目は「国で一番の仕事をしている」、三人目は「教会を建てている」と答える。ドラッカーは、この三人目の石工こそが、経営の本質を理解していると論じる。

そして、「国で一番の仕事」と答えた二番目は、ありがちな勘違いをしていると言う。職人気質は大切だが、専門的なスキルのみを追求するような狭い視野にとらわれるようでは、成長しない。顧客や社会への提供価値をパーパスとする視座を持って初めて、本当の経営者になれると論じる。今から七〇年前の指摘だが、現在の谷口流「家道」にそのまま通じる話である。

最近、谷口氏にお目にかかった際にも、「家道」についての想いを、次のように語っていた(28)。

「私は茶道をやっているのですが、茶道には『一座建立《いちざこんりゅう》』という言葉があります。亭主とお客様が互いに最高の場にしようとすることで茶会が最高のものになるといった意味です。家づくりも全く同じで、作り手とお客様がともに良いものをつくろうとしないと、良い家はできません。みんなで良い家をつくろうと追求するのが家道です。

名和先生のご著書でも『道』について書かれているのを知り、とても嬉しくなりました」

二〇二四年二月には、有名なリッツ・カールトンの「クレド」をヒントに、「家道札」を制作。そこには、同社のパーパスとして「家道で日本の暮らしを豊かにする」が掲げられ、一〇カ条の心得(仏教における「十重禁戒」)と、一三カ条の「家訓」が記されている。「家訓」は谷口氏の造語。家代々の戒めのことではなく、「家道」を実践する際のプリンシプルのことである。

これらのパーパスとプリンシプルを盛り込んだ名刺大のお札を制作した(写真5-1)。「家道札」と呼ばれるこの札は、社員が肌身離さず携帯している。

写真 5-1

谷口工務店の「家訓」

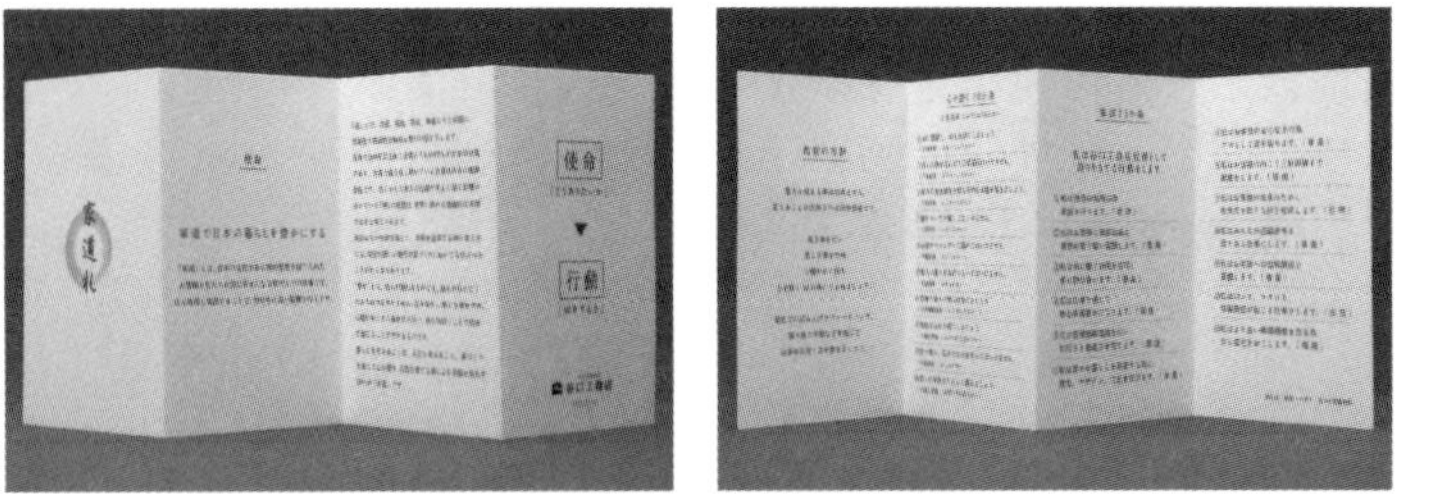

出所：谷口工務店。

同社では毎朝、社員は各現場からオンライン朝礼に参加し、この家道札をもとに語り合っている。唱和するのに一〇分。次に、当番のファシリテーターが選んだ言葉やテーマについて五分話す。Ｚｏｏｍのブレイクアウトルームで三人ずつに分かれて一五分間、自由対話を行う。さらに、それぞれ話した内容を発表するのに二五分。最後にファシリテーターがフィードバックを行う。この一連の活動を終えるのに、合計約一時間かかるという。

「毎朝一時間も？」と筆者が思わず問いかけると、谷口社長は、にこやかな笑顔で次のように答えた。[29]

「こうした朝礼をやると言ったら、社員は最初みんな嫌がりました。それが今では、一人一人が嬉々として話をしてくれています。社員同士の情報共有が進み、ミスも減りました。仕事の効率も上がり、残業も減っています。八時間労働のうち一時間を朝礼に使うというのは、一見、無駄なように思えますが、不思議なほどさまざまな効果を実感しています」

パーパスを掲げるだけでなく、それを一人一人が行動原理にしっかり落とし込み、日々の行動を通じて、顧客、そして社会を変えていく。決して派手ではないが、ここにこそ、エシックス経営の真髄をまざまざと実感させられる。

谷口工務店の経営理念は、「みんなが喜ぶ豊かな暮らしづくり」というメインに加えて、「お客様が喜ぶ　私も喜ぶ　家族も喜ぶ　そして社会も喜ぶ」というセカンドラインが続く。近江企業ならではの「三方よし」の精神が息づいている。

同時に、大企業に比べて、「いちず」に中核事業を基軸に進化する中小企業こそ、自社ならではのパーパスを掲げ、プリンシプルを通じて実践（プラクティス）していくことに長けていることに気づかされる。この三つのPの循環を、筆者はエシックス経営の「シン三位一体」と呼ぶ。詳細は、第Ⅲ部で論じることとしたい。

第6章

アメリカ流と日本流

第4章と第5章では、アメリカと日本の企業事例を見てきた。エシックス経営といっても、知れば知るほど、各社各様の工夫を凝らしており、統一的なモデルなど存在しない。

しかし、少し離れて眺め直してみると、いくつかの共通点と相違点が浮き上がってくる。しかも、それはアメリカ流と日本流にくくり出すことができそうだ。

もっとも、アメリカ流を、さらに欧米流とくくるのは、乱暴すぎるだろう。ヨーロッパ一つとっても、アングロサクソン系という意味ではイギリスとアメリカは比較的近い一方、ドイツ、フランス、さらに北欧諸国は、それぞれ独自の倫理観を志向している。

同様に、日本流を東洋流とくくるのも、危険すぎるだろう。確かに宗教的には、インド発の仏教思想や中国発の儒教や道教が、東洋的な倫理思想の底流に流れているといえるかもしれない。しかし、それも遠く過去の話。今やインド、中国、韓国、そして、東南アジア諸国は、それぞれ独自の倫理観を志向しているようだ。

これら多国間のエシックス経営比較は、本書、そして、筆者の能力の枠を大きく超えてしまう。本章では、日米の二つの「流儀」を比較してみたい。そこから見えてくるのが、三つの共通点と三つの相違点である。

共通点は、洋の東西を問わず、エシックス経営の基盤をなす本質だといえるだろう。一方の相違点は、日本流エシックス経営の課題と可能性を考えるうえでのヒントを示してくれる。この最後の点は、第Ⅳ部でじっくり論じたい。

自分ごと化

ほとんどの日本企業は、企業理念や社是、そして価値観を掲げている。アメリカ流にいうと、「ミッション、ビジョン、バリュー」。筆者流に言い換えれば、「志(パーパス)、夢(ビジョン)、信念(ビリーフ)」だ。

しかし、多くの場合、それらをホームページや社員手帳に載せたり、会議室の壁に飾っているだけで終わってしまっている。そのような残念な光景を、筆者は皮肉を込めて、「額縁パーパス」と呼んでいる。

一部の先進的な企業は、パーパスを社内に浸透させる活動を実践している。たとえば、組織単位での「パーパスワークショップ」や、個人単位での「パーパスOne-on-One」など。筆者が社外取締役としてかかわってきた味の素やSOMPOホールディングスは、そのようなパーパス経営の先進企業である。

ただし、それだけでは社員の行動に結びつけることは難しい。パーパスは遠い未来のありたい姿であり、現実からは大きく乖離しているからだ。パーパスに掲げる未来に向けて着実に進み続けるためには、日々、どのような行動をとるかが問われる。そのためには、社員一人一人が、しっかりと、プリンシプルを「自分ごと化」しなければならない。

アメリカ、そして日本のエシックス経営先進企業に共通する第一の特徴は、このプリンシプルの「自分ごと化」である。

ジョンソン・エンド・ジョンソンの「我が信条」や、トヨタ自動車の「トヨタウェイ」は、いずれも、世界の全社員が自分ごと化し、日々、実践している。日々、行動するうえでの判断基準は、上司の指示でも、顧客の要求ですらなく、これらの原理原則なのである。行動のための「OS（Operation Standard）」といってもよいだろう。

そのためには、質・量ともに、簡潔で研ぎ澄まされたものでなければならない。数でいえば、できれば三つ、多くても片手に収まるくらい（五つ）が望ましい。ユニ・チャームの「BOP」や、ディズニーの「五つの鍵」が典型例だ。

一方で中身は、キーワードがすぐに思い浮かぶほど、シンプルなものでなければならない。グーグルの「Don't Be Evil」、花王の「正道を歩む」は、その好例だといえるだろう。

多くの企業では、行動規範（Code of Conduct）が制定されている。そこには、あるべき行動、あるべからざる行動が、事細かく規定されている。しかし、いくら経営側が正しい行動を押しつけようとしても、社員がそれを自分ごと化することは期待できない。

エシックス経営を実践する企業の中にも、数多くの原理原則を掲げる企業がある。たとえば、稲盛和夫翁が深くかかわった京セラ、ＫＤＤＩ、ＪＡＬでは、それぞれ「フィロソフィ」が制定されていることは前述したとおりだ。どの会社のものも中身が濃く、職場で自主的に読み込み活動をしたり、社員がフィロソフィ手帳を常時携帯している。しかし、それでは、いざというときに判断軸にならないのではないかと、ちょっと危惧してしまう。

そのような懸念を口にすると、たとえばＪＡＬの社員からは、自分にとって大切な言葉があるという答えが返ってくる。そして、「最高のバトンタッチ」「ウズチュー（渦の中心になれ）」「人間として何が正しいかで判断する」といったキーワードが次々に飛び出してくる。

本書執筆中の二〇二四年一月二日、羽田空港でＪＡＬ機が海上保安庁機と衝突し、炎上するという事故が発生した。ＪＡＬ機の乗客乗員三七九人は、全員無事に脱出、世界がこの「奇跡の一八分」に息を呑んだ。その際の沈着冷静なキャビンアテンダントたちの行動が讃えられ、緊急脱出を想定した日頃の厳しい訓練が絶賛された。

確かに、いざというとき頼りになるのは、訓練によって身体に刻まれた「身体知」である。と同時に、「想定外の現実」において判断や行動の基軸となるのは、「自分ごと化」した原理原則だ。

これは、先述したJ&Jにおける「タイレノール事件」のように、危機に直面した際の経営トップの意思決定を大きく左右する。さらに、今回のJALの奇跡の生還や、東日本大震災の際の東京ディズニーランドのキャストたちの行動に象徴されるように、現場での自律的な行動にも直結する。

そのためには、危機的な状況においてだけではなく、日常の実践を通じて「自分ごと化」することがカギとなる。原理原則の研修や、さまざまな場面を想定した訓練も、もちろん役に立つ。そのうえで、日頃のあらゆる場面でプリンシプルに基づいて行動するという経験値の積み重ねこそが大切である。

「習うより慣れろ」。そして、「Practice makes perfect」。この本質は、洋の東西を問わない。

ヒトを基軸とする経営

日本では、近江商人の教えとして伝わる「三方よし」が、江戸時代から長らく商慣習として大切にされてきた。近江商人の源流の一人、伊藤忠兵衛が創業した伊藤忠商事は、二〇二〇年に「三方よし」を改めて自社のパーパスとして掲げ直している。

「三方よし」は、「売り手よし、買い手よし、世間よし」の精神である。そして、この順番そのものが大切だ。「売り手」、すなわち、社員一人一人の働きがいが、「よし」の好循環を生む出発点となるのである。

ユニ・チャームは、それを「BOP-Ship」と呼んでいる。その中心にあるのが「Ownership（当事者意識）」だ。リクルートはさらにそれを「圧倒的な当事者意識」と呼ぶ。そして「Follow Your Heart」が、その起点となる。

これは、アメリカの倫理企業においても同様である。たとえばホールフーズ・マーケットでは、「幸福の輪」が大切にされる。あらゆる関係者の間で、「幸せ」を良循環させるという思想である。そして、その起点になるのが「（パートタイムを含む）チームメンバーの幸福」なのだ（図6－1）。

「マルチステークホルダー資本主義」が、世界の新潮流となっている。顧客、社員、サプライヤー、取引先、株主、地域、社会、地球など、多様な関係者に配慮しなければならない。そうなると、三方よしどころか八方よし、さらには、「八方美人」経営に陥りかねない。

ここで問われるのが順番だ。アメリカではかつて、「顧客第一主義」が良いとされていた。たとえばJ＆Jの「我が信条」は、患者や医療従事者など、顧客への責任を第一に掲げていた。

図6-1

コンシャス・キャピタリズムがもたらす良循環

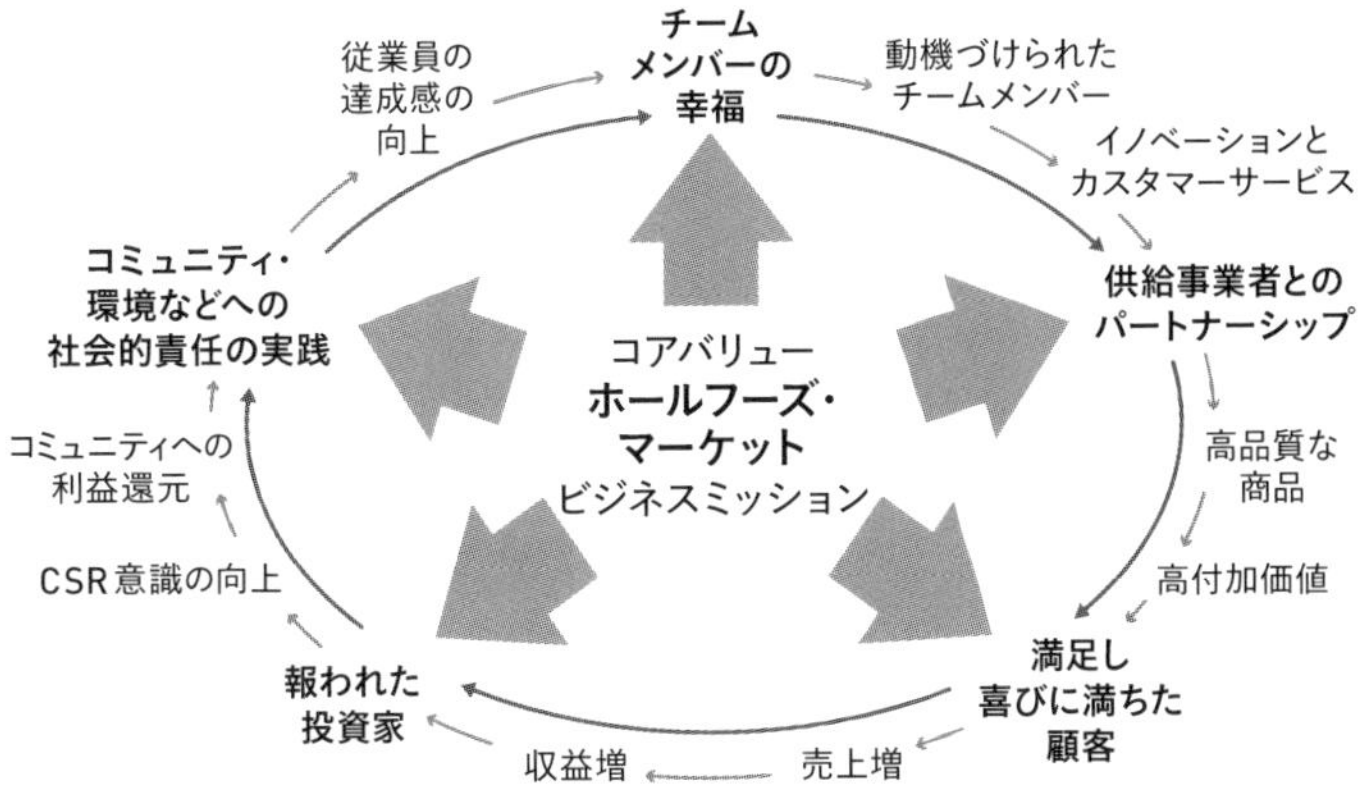

出所：マッキー／シソーディア（2014）p.94を一部修正。

しかし、コロナ禍などを経て、厳しい環境の中で顧客への責任を果たし続けようとする社員こそが、価値創造プロセスの原点であることを再認識している。「Customer Obsession（偏執狂的な顧客主義）」を唱えていたアマゾンが、社員に対する配慮に大きくシフトしてきていることも、前述したとおりである。

社員第一主義を明確に打ち出しているのが、パタゴニアだ。「社員をサーフィンに行かせよう」をモットーに掲げるのだから、筋金入りである。仕事と人生を楽しむ社員が集まって初めて、すべてのステークホルダーへの責任が果たせる。それが、「レスポンシブルカンパニー」をめざすパタゴニアの信念なのである。

一方、良質な日本企業は、かねてより、

「三方よし」的な倫理構造をOSとして大切にしてきた。それを一橋大学名誉教授の伊丹敬之氏は「人本主義」と名づけた。

しかしその後、日本が低迷期に入ったとたん、メディアや産官学がこぞってそれを「昭和的な経営モデル」と切り捨て、当時アメリカで猛威を振るっていた株主至上主義に乗り換えていった。その結果、日本企業はますます袋小路に入っていってしまった。それが「平成の失敗」の本質である。

幸い、エシックス経営を実践する良質な日本企業は、そのような表面的な風潮には踊らされなかった。そして、平成の「失った三〇年」の間にも、見事に人本経営を貫き続けた。

ただし、ヒトを基軸とする経営を実践するためには、これからますます「倫理」に磨きをかける必要がある。次世代の若者たちも、企業の倫理性を働きがいの重要な指標として見ている。アメリカでも日本でも、若者の心を捉える企業は、社会価値を高らかに掲げている。パタゴニアやクラダシはその代表例だ。逆に、倫理性が問われる企業行動は、若者たちからNoを突きつけられる。事実、グーグルやリクルートは、社員から自社の倫理性が問われる「事件」を通じて、エシックス経営をさらに進化させていったのである。

このように、失敗を通じて学習していく姿勢は、日米の倫理企業の第三の共通点といえるだろう。

失敗を恐れて、リスクを避けていては、新しい価値を創造することはできない。「正道を歩む」をプリンシプルとしてきた花王は、慎重を期す結果、どうしても保守的になる傾向があった。それに対して、「果敢に挑む」を新しい行動原理に加えることで、正しいと判断する道を果敢に進むという積極的な姿勢が生まれてきている。

同様にグーグルでは、創業以来、「Don't Be Evil（邪悪になるな）」が自戒の言葉として唱え続けられてきた。それだけだと、先が見えないときに、どうしても二の足を踏んでしまう。二〇一五年に「Do the Right Thing（正しいことをしよう）」というプリンシプルが加わることで、より積極的に前に出ることをめざし始めている。功罪が問われるAI開発競争の中で、その真価が問われることになるだろう。

学習優位の経営

シリコンバレーでは「Fail Fast, Learn Faster（早く失敗しよう、そしてより早く学ぼう）」が、呪文のように唱えられてきた。失敗を恐れず、失敗から学ぶことで、素早く方向転換していくことを指している。「アジャイル経営」とも呼ばれるモデルだ。

「アジャイル（機敏な）」は、ソフトウェア開発の世界で使われていた言葉である。顧客からのフィードバックをもとに、素早く小さいサイクルで回していく開発手法を指す。それを経営に応用したのが、アジャイル経営だ。

もともとは、トヨタ生産方式（TPS）からヒントを得た手法だといわれている。TPSは、現場での新たな学びを素早く生産方式に組み込むことで、カイゼンを積み重ねていくモデルである。そこに顧客の視点を加えることにより、チームでの創発的な学習が高速回転することをめざす。

より一般化すれば、それは「学習する組織（Learning Organization）」の特性でもある。一九九〇年に、マサチューセッツ工科大学のピーター・センゲが世界的ベストセラー *The Fifth Discipline: The Art and Practice of the Learning Organization*（邦題『学習する組織――システム思考で未来を創造する』）で提唱したモデルだ（図6-2）。

そこで提示されている「五つの規律」をつぶさに見てみると、実は、日本の良質なエシックス企業が伝統的に実践してきた経営モデルそのものでもあることに気づかされる。

基盤となる「志」（①自己マスタリーと②メンタルモデル）、そのうえでの活動としての「共創」（③共有パーパスと④チーム学習）、そして全体を統合する視座としての複雑系思考（⑤システム思考）。トヨタをはじめとして、花王、ユニ・チャームなど、先に紹介した日本企業の中には、これらの五つの規律がしっかりと埋め込まれている。

図6-2

センゲ「5つの規律」の構造

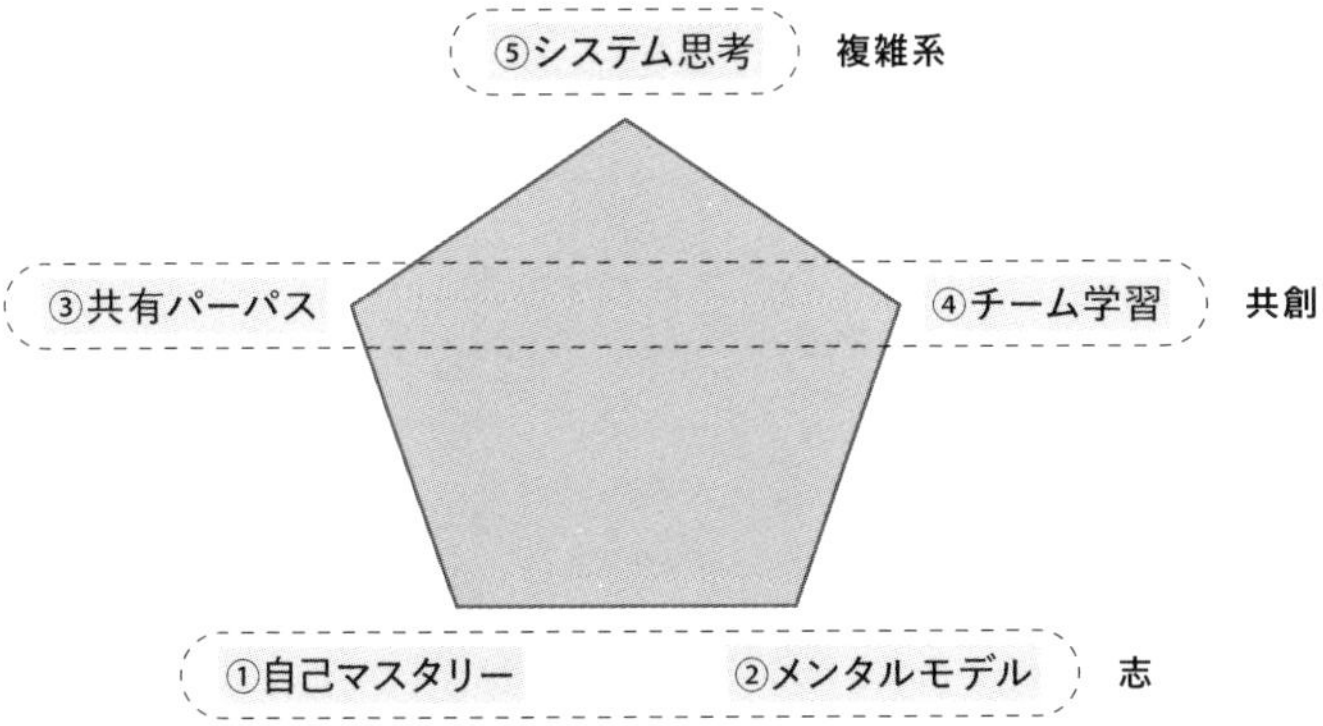

出所：センゲ（2011）をもとに作成。

筆者はそのような日本企業の特性を、「学習優位（Familiarity Advantage）」と呼んでいる。実践を通じて学習し、新しい現実に直面しては学習することで、優位性を築いていくことを指す。業態がダイナミックに変化し続けるデジタル環境の下で、「競争優位」という静的なパラダイムにとらわれていては、足をすくわれてしまう。

そもそも、ヨーゼフ・シュンペーター（一八八三～一九五〇年）が一〇〇年前に唱えたイノベーションは、「イン（内側）＋ノベート（新しくする）」、すなわち、内側からの力で新しいものを生み出すことを意味する。まして、先が見えない時代において、未来は自らの信念で創り出すしかない。そこでパワーを発揮するのが、「学習」、すなわち、未来を自ら切り拓き、そこから学んでさらに先を進んでいくというプリンシプルなのである。

センゲが唱える「学習する組織」は、J&Jをはじめ、アメリカの先進的なエシックス企業が踏襲する経営モデルだ。そしてそれは、競争優位ではなく学習優位を志向する日本の優良な倫理企業の経営モデルと、面白いほど共通している。その中身については、第7章で詳しく見ることにしよう。

一神教vs.多神教

ここまで、日米のモデルの共通点を三つくくり出してみた。ここからは、両者の大きな相違点を、価値、空間、時間という三つの軸に沿って論じてみたい。

まず、価値軸で比較してみよう。一神教の世界では、いうまでもなく、神は一人。そして、その神がヒトを含めて万物を創造したと信じられている。その神の教えは一つであり、かつ絶対的だ。

キリスト教を精神的な支柱とする多くのアメリカ企業は、「崇高なパーパスとバリュー」(ホールフーズ創業者のジョン・マッキー)を高らかに掲げる。そして、「この『我が信条』とともに生きることができなければ、これを壁から引きはがそう」(J&Jのジェームズ・バーク元CEO)と、厳しい規律を迫る。

一見、ゆるそうな社風に見えるパタゴニアですら、二〇一八年には、「私たちは、故郷である地球を救うためにビジネスを営む」という決意を掲げている。これぞ「ミッションステートメント」の典型だといえるだろう。ミッションとは、そもそも「神から与えられた使命」を意味するからだ。

もっとも一神教は、キリスト教に限らない。ユダヤ教もイスラム教も一神教である。一神教同士は、神も教義も異なる以上、当然、お互いに相容れない。頻発するガザ紛争は、そのような一神教同士の対決の象徴ともいえる。

多くの企業が、「ダイバーシティ&インクルージョン」を、次世代の価値観として掲げている。しかし、一神教をバックボーンとした企業や民族が、信念のレベルで異質性を受け入れられるかどうかは、はなはだ怪しい。

それに対して、日本は典型的な多神教の国である。神道そのものが「八百万の神々」を祭っている。それに儒教、多宗派の仏教群が交わり、のちにキリスト教も加わって、まさに百花繚乱状態。このあたりの経緯は、前述した和辻哲郎の『日本倫理思想史』が克明に描いている。

この日本的風景を、一言で語るとすると「共生」という言葉がふさわしいかもしれない。事実、日常生活に向き合う花王やユニ・チャームは、どちらも「共生」を大切にしている。もっとも、その中身を見ると、花王は「Kirei」を、ユニ・チャームは「NOLA&DOLA」という独自の価値観を掲げている。他の産業を見渡しても、トヨタの「幸せの量産」、リクルートの「まだ、ここにない、出会い。」など、各社各様の「ありたい姿」をめざしている。

アメリカ企業の多くが、SDGsに代表される世界共通の「大義（ミッション）」を標榜するのに対して、良質な日本企業はそれぞれの信念に基づいた独自の「大志（パーパス）」を掲げている。筆者は、前者を規定演技、後者を自由演技と呼んでいる。

一神教では、「共通善」（Common Good：単数形）がめざされる。しかし、多神教ではそのような絶対的な善など存在しない。そこでは、多様な善が、まさに「共生」しているのである。それを筆者は、「共感善」（Shared Goods：あえて複数形）と呼ぶ。この点に関しては、第10章で詳述したい。

個人vs.和人

相違点の二つ目が空間軸である。

西欧、とりわけアメリカでは、個人主義が尊ばれてきた。子どもの頃から、個性が大事にされ、個の自立が促される。自衛や自助が基本とされ、独立独歩が美徳とされる。アメリカンヒーローの象徴がカウボーイであり、ハードボイルドな生き方が粋とされてきた。

アメリカの倫理企業は、社員一人一人の個を大切にし、企業は個の力の集積として価値を生み出していこうとする。たとえば、グーグル。創業者の一人であるラリー・ペイジは、幼い頃、「モンテッソーリスクール」に通っていた。それぞれの子どもの個性を伸ばすことをモットーにする教育機関である。

カリキュラムはなく、朝、登校するとレゴで思い思いの世界を創って楽しむ。同校ではそれを「ワーク」と呼ぶ。「ワーク」と「プレー」は同義語なのである。ちなみに、グーグルのコーポレートカラーの四色は、レゴの色に由来する。

そのような自由闊達な社風から、既存の制約にとらわれないイノベーションが生み出されていく。日本企業が羨望してやまない企業風土である。

個人主義の尊重は、老舗のJ&Jでも、ベンチャー精神を大切にしているパタゴニアでも変わらない。社員、顧客、そして社会の一人一人が自主独立して生きる姿を応援することこそ、アメリカ企業に共通する倫理観である。

ただし、個を立てることは、周りとの「分断」を意味する。自分たちとそれ以外という分断は、敵と味方を明確に切り分けてしまう。今、アメリカで社会の分断が深刻化しているのは、個人主義の当然の帰結ともいえるだろう。

一方、日本では周りと良い関係を築くことがめざされ、協調が旨とされる。聖徳太子の「和を以て貴と為す」の精神である。それぞれが個性を競うのではなく、共同体として「共生」することがめざされる。自助だけでなく共助が期待され、「利他」の精神が尊ばれてきた。

日本の伝統的な倫理企業にも、そのような信念が受け継がれている。たとえば、トヨタウェイにうたわれる共存共栄の精神。花王はめざす姿を「共生世界」と呼び、ユニ・チャームは「共生社会」と呼ぶ。こうして並べてみると、異口同音に、同じような未来をめざしていることがわかる。それを「共感善」と呼ぶか「没個性」と呼ぶかは、見解の分かれるところかもしれない。

確かに、日本人や日本企業は、没個性的だと、内外で揶揄されがちだ。周りに配慮するあまり、自らの考えを明確に打ち出さないことが少なくない。そもそも、個としての確たる考えがないのではないか、とすら思われてしまう。

和辻哲郎が指摘するように、日本にとっての倫理とは、関係性を大切にする精神である。個を主張するのではなく、周囲と「和む《なご》=融和する」ことが、日本の伝統的な倫理観の基軸となっているのだ。

ただし、それは「和」であっても「倭」ではないことに留意する必要がある。かつて日本は中国から「倭国」と呼ばれていた。中国に「倭る《おもね》」国という意味を込めた言葉である。聖徳太子はそれを「和国」と改めた。「倭」ではなく「和」を尊ぶことこそが、徳のある国の姿だと信じていたからだろう。

昨今、デジタルの世界では、個人から「分人」への進化が論じられる。インターネット上の仮想空間(メタバース)では、個人を仮想化することができる。しかも、自分のアバター(化身)

を、同一、または複数の仮想空間でいくつも持つことが可能だ。

個人とは、英語で「in（非）－dividual（分けられる）」、すなわち、「分けられない」単位を指す。しかし、今やヒトは、仮想空間では、いくらでもdividualとして存在しうる。言い換えれば、いくつもの主体性を持つことができてしまう。すると、アメリカ的な個人主義より、日本的な没個人主義が、次世代のマルチバース（多層空間）における新しい現実になっていくかもしれない。

これは個人主義に対する「分人主義」の台頭である。しかし、筆者は日本の場合、「和人」主義へと進化するのではないかと考えている。分人だと、個人がバラバラになり、ますます分裂が加速する。そうなると、かつて「精神分裂病」といわれ、今は「統合失調症」と呼ばれる病が社会現象として広がっていく。

しかし、日本人は単にバラバラになるのではなく、それぞれの関係性にできるだけ寄り添おうとするはずだ。そのような特質を、筆者は「分人」ではなく「和人」と呼ぶ。そう、「和」を以て貴と為すという精神の新しい姿である。

それは、日本的なエシックス経営の未来の姿でもあるはずだ。この点は、第Ⅳ部でじっくり論じることにしたい。

演繹 vs. 帰納

三つ目の相違点が、時間軸に関するものである。

思考法は、大きく演繹法と帰納法に分けられる。演繹法は普遍的な命題から個別命題の答えを論理的に導き出すのに対して、帰納法は個別事象から、普遍的な法則を経験的に導き出すアプローチである。

やや乱暴に類型化すると、アメリカでは演繹的な発想が尊ばれ、日本では帰納的なアプローチが好まれる傾向がある。時間軸でいえば、前者はまずゴールを設定したうえで、そこからバックキャストして、今すべきことを割り出していく。それに対して後者では、現実を積み上げていきながら、その先に未来を描こうとする。

この数年間、筆者は一〇〇社以上のパーパス(志本)経営を支援してきた。その過程で最初に直面したのが、パーパス設定が予想以上に難しいことである。

パーパスは、三〇年くらい遠くの未来に向けて、自分たちの「ありたい姿」を描いたものである。しかし、誠実さなどに価値観を置く生真面目な企業ほど、「三年先もわからないのに、三〇年先のことなど、想像もつかない」と戸惑ってしまう。「あらゆる制約を取り払って、夢のような世界を自由に描いてください」と水を向けても、ますます困ってしまう。日本企業は、現実の制約をいかに打破するかには知恵が回っても、白いキャンバスに夢を描くことには慣れていないのだ。

一方でアメリカ企業は、こともなげに荒唐無稽な未来を掲げる。たとえば、グーグルは「全世界のユーザーにあらゆる言語で情報へのアクセスを提供する」ことを、パーパスにしている。日本企業であれば、味の素やソニーのように、せいぜい（全世界八〇億人中）一〇億人をターゲットとするのが精一杯である。

パタゴニアは「地球を救う」と大きく出る。一方、クラダシは「日本で最もフードロスを削減する会社」をめざすという。スタートアップとしては思い切り背伸びしたパーパスではあるものの、実現可能性を十分配慮したものだといえるだろう。

シリコンバレーでは、「ＭＴＰ」が呪文のように唱えられる。Massive Transformative Purposeの略で、「巨大で変革的なパーパス」を指す。グーグルでは「ムーンショット（月に行くような野心的な夢）」とも呼ぶ。もっとも、テスラが火星をめざすという話を聞いて、「マーズショット」と呼び換えよう、という冗談がまことしやかに交わされていた。今はこれらを、「10X」（一ケタ上、転じてケタ違い）と呼んでいる。

ところが日本企業では、このＭＴＰがピンとこない。「北極星」と言い換えても、「そんな究極のゴールなど、今からわかるわけはない」という答えが返ってきてしまう。そもそも一神教のように、不動の北極星をめざそうとすることに、無理があるのかもしれない。

そこで筆者は、あえて「星座群」と呼び換えている。まず、自分たちが行ってみたい星座を、思い思いに描いてみる。究極のゴールである必要はない。そこを中継地とすることで、さらにその先に、今は見えない未来が拓かれてくるはずだ。いわば『銀河鉄道999』のノリである。そうなると、少しずつ星座群が頭上に現れ始めることだろう。

究極の未来を描き(フォーサイト)、そこから現在にバックキャストするという演繹的な思考法を、日本企業はもっと学ぶ必要があるだろう。しかし一方で、現在を未来に向けて大きく引き延ばしていくことで、非連続な未来への道筋を描き出すという帰納的な思考法も、大切にしてよいのではないか。

そもそも究極の未来など、幻想にすぎない。そこに行ってみると、今は想像すらできない未来の広がりが待っているはずだ。日本企業はこれからも、そのような地に足がついた歩みも大切にしていくことだろう。

その意味でも、花王が新たに掲げる「花王ウェイ」のイメージ図は秀逸である。再び図5−3を見返してほしい。道が未来につながっている絵だ。未来は見えない。しかし、この道を果敢に進めば、まだ見えない未来が次々に拓けてくるはずである。

第Ⅱ部の小括

第Ⅱ部では、アメリカと日本におけるエシックス経営の先進企業を概観してきた。詳しく知れば知るほど、各社各様だ。しかし、少し離れてみると、日米の共通点と相違点が浮かび上がってくる。

共通点は三つ。第一に、プリンシプルの「自分ごと化」が必須だということ。第二に、ヒト、すなわち「社員」を大切にすること。そして第三に、「学習」を通じて進化し続けることである。これらは、洋の東西を問わず、エシックス経営を実践するうえで、確実に押さえるべきポイントだといえそうだ。

一方で相違点は、価値軸、空間軸、時間軸に沿って、三つ挙げられる。価値軸上は、アメリカ流の「一神教」に対して、日本流が「多神教」であること。空間軸上は、アメリカ流が「個人主義」、すなわち分断を前提としているのに対して、日本流は「和人主義」、すなわち、共生を志向していること。時間軸上は、アメリカ流が未来からバックキャストするのに対して、日本流は現在から引き延ばして未来を描くことを得意としていることである。

しかも、これら三つの相違点は、アメリカ流、日本流それぞれにおいて、有機的に絡み合って、独自の世界観を作り上げている。一部をいいとこ取りしようとしても、簡単にはいかない。

そこで第Ⅲ部では、まず共通点を念頭に置きながら、次世代エシックス経営の基本モデルを描いてみたい。そのうえで、最後の第Ⅳ部では、日本流の特徴を踏まえて、「シン日本流エシックス経営」のあり方を展望してみることにしよう。

第III部

エシックス経営の実装

ここからは、いかに倫理を組織に実装していくかについて、考えてみたい。

まず、普遍的な原理について、論じることにしよう。その際に、経営を三つの「S」で因数分解してみると、わかりやすくなる。すなわち「構造(Structure)」「実体(Substance)」「推進(Stimulus)」の三層である。

まず経営の土台としての構造をどう捉えるか。次に、その土壌の上に、どのような内実を育んでいくか。そして、そのような組織進化を、いかに仕掛けていくか。

この三層の中で、どれが本質だろうか？

もちろん、真ん中だ。これが伴わなければ、エシックス経営はまさに「実体」を伴わないものになってしまう。倫理という看板だけを掲げている企業によく見受けられる、とても残念な光景である。

とはいえ、いきなり実体だけを植えつけようとしても、うまくいかない。まず、土壌としての組織構造を正しく整備する必要がある。そしてリーダーが、その実体が正しく起動し、相互作用を通じて、学習しながら進化を続けるように組織を駆動していかなければならない。

ちょっと脱線して、哲学に目を転じてみよう。『構造と力』という名著をご存じだろうか。一九八三年に出版されるや、哲学書としては珍しく大ベストセラーとなった。先述した三井住友信託銀行の大山一也社長は、この本を座右の書の一つに挙げている。著者の浅

エシックス経営の三層構造

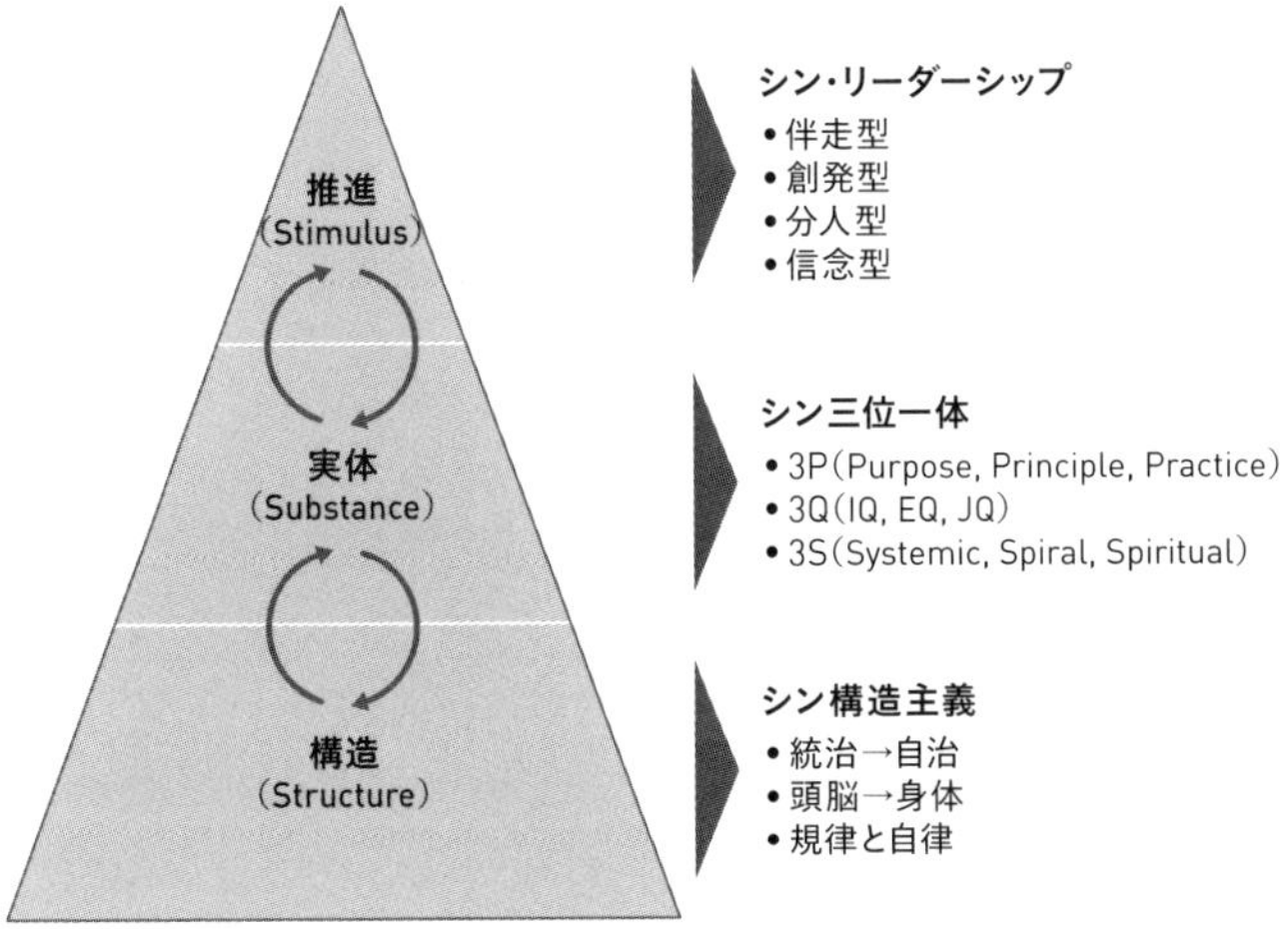

田彰氏が同年代ということもあって、筆者も夢中になった。

最近、四〇年ぶりに文庫本が出版され、静かなリバイバルブームを起こしている。その中身はここでは触れないが、静的な「構造」と動的な「力」が、思考の深化と進化をもたらすという考え方は、きわめて示唆に富んでいる。

この三層フレームワークも、いってみれば、経営の地平における「構造と力（＝推進）」の適用である。その結果、真ん中の「本質（＝実体）」を磨き上げていくことができるのだ。

前置きが長くなってしまった。以下では、これら三層の一つ一つを詳しく見ていくことにしよう。

第7章

統治から自治へ

本章では、まず、基盤となる構造（Structure）の捉え方を考えたい。

従来の経営論は、経営陣が組織を制御することが前提とされてきた。いわば、上部構造が下部構造を規定するというモデルである。しかし、そのような上意下達だけで、倫理を行動原理（プリンシプル）に落とし込むことはできるだろうか。

倫理を真に実装するためには、一人一人が自律的に行動する組織をめざさなければならない。「下部構造が上部構造を規定する」――いわば経営論におけるマルクス的転換が必要となるのである。

昨今、ガバナンスの強化が、声高に唱えられている。コンプライアンス違反が多発する中で、法律やルールに違反する行動を起こさないように、企業内に管理のための仕組みを整備することが、強く求められている。しかし、そのような上から目線の施策で、一人一人に正しい行動を促すことができるだろうか。

そもそも「統治（ガバナンス）」という発想そのものに、大きな過ちがありそうだ。自由意志を持ったヒトの集合体としての組織は、外から、あるいは上から「統治」できるものではない。組織の力学の本質は、組織に属する一人一人が自律的に自らを正しく制御することにある。言い換えれば、「統治」ではなく、「自治（セルフガバナンス）」こそが本質なのだ。

天動説（上が動く）から地動説（下が動く）へ——ここでも、コペルニクス的転回が求められている。では、どうすれば、一人一人が自律的に正しい方向に進み、その結果、組織全体が正しく進化していくか。それが本章の主題である。

ガバナンス狂騒曲

ガバナンスが、経営のキーワードとして注目されている。ESG、すなわち、環境と社会に配慮し、ガバナンスを整備していないと、企業価値を棄損してしまう。

もっとも、ESGにいくら配慮しても、企業価値が上がるわけではないことも、エビデンスで示されている。ガバナンスは企業存続の必要条件であって、十分条件ではないという理解もようやく広がり始めた。

しかし、ここに来て、トヨタグループをはじめとする超優良企業の間で、不正や不祥事が続発する中で、ガバナンス強化の声が高まってきている。ガバナンスの仕組みは、ないよりあったほうが、投資家にとっては安心材料だろう。しかし、ガバナンスにばかり力点を置いた経営は、現場の自由度や自律性を阻害しかねない。

野中郁次郎氏は、日本企業の病理として、「三つの過剰」を指摘している。[1]オーバー・アナリシス（分析過剰）、オーバー・プランニング（計画過剰）、オーバー・コンプライアンス（法令遵守過剰）の三つだ。その結果、日本企業は窒息状態に陥り、自由な発想でイノベーションを起こすことができなくなっていると警鐘を鳴らしている。

もちろん、コンプライアンス違反を奨励しているわけではない。ただし、統制や管理に走りすぎることの弊害を戒めているのだ。これは「ガバナンス狂騒曲」という最近の風潮と重ね合わせると、「オーバー・ガバナンス」と言い換えてもいいだろう。

そもそも、組織は外付けの仕組みで管理することはできるだろうか。

少なくともルール（細目規定）だけでは、不正を無くすことは不可能だ。ルール違反を摘発することはできても、ルール違反そのものを初めから阻止することはできない。また、いくら厳しいルールを作っても、ルールがカバーしていないところで、新たな不正が行われることを防ぐことはできない。そもそも、ルールそのものが実態にそぐわなくなっている場合も少なくない。変化のスピードが速く、先が見えない時代には、ルールはいつも後付けになってしまう。

金融の世界では、「ルール(細則)ベース」だけでなく、「プリンシプル(原則)ベース」のガバナンスの必要性が唱えられていることは、前述したとおりだ。二〇一五年に東京証券取引所が日本で初めて制定した「コーポレートガバナンス・コード」でも、「プリンシプルベース」がうたわれている。そこでは次の五つの基本原則が示されている。

①株主の権利・平等性の確保
②株主以外のステークホルダーとの適切な協働
③適切な情報開示と透明性の確保
④取締役会等の責務
⑤株主との対話

この基本原則の下には、三一の原則と四七の補充原則が付記されている。かなり細かく規定しているように見えるかもしれない。しかし、あくまでプリンシプルベースであることを、次のように説明している。

「本コード(原案)において示される規範は、基本原則、原則、補充原則から構成されているが、それらの履行の態様は、例えば、会社の業種、規模、事業特性、機関設計、会社を取り巻く環境等によって様々に異なり得る。本コード(原案)に定める各原則の適用の仕方は、それぞれの会社が自らの置かれた状況に応じて工夫すべきものである」

さらに、そもそもの目的を次のように掲げている。

「本コードは、実効的なコーポレートガバナンスの実現に資する主要な原則を取りまとめたものであり、これらが適切に実践されることは、それぞれの会社において持続的な成長と中長期的な企業価値の向上のための自律的な対応が図られることを通じて、会社、投資家、ひいては経済全体の発展にも寄与することとなるものと考えられる」

つまり、企業を外から規制するものではなく、企業自身の自律的なガバナンスを促すことを目的としている。そして、企業には「コンプライ・オア・エクスプレイン」(原則を実施するか、実施しない場合には、その理由を説明するか)を求めている。きちんと理由があれば、コンプライする必要すらない。

それにもかかわらず、「オーバー・コンプライアンス」に陥るという実態は、明らかに過剰反応といえるだろう。理由を説明するロジックを作るのが面倒、という優柔不断の表れかもしれない。あるいは、「長いものには巻かれろ」という伝統的な処世術のなせる業かもしれない。

いずれにせよ、それでは自律的な経営判断の放棄でしかない。

ガバナンスの本来の目的は、コードでもうたっているとおり、企業価値の向上にある。コンプライアンスにばかりとらわれていては、未来を拓く、果敢にリスクをとる、挑戦を楽しむ、などといった前向きの行動が抑制されてしまう。

コンプライアンスがなおざりになっていると、企業価値は確実に棄損する。しかし、コンプライアンス過剰では、企業価値は向上しない。

本来のガバナンスは、このような絶妙なバランス感覚がカギを握る。第I部の倫理論に立ち返ると、アリストテレス的な「中庸」の美徳が求められているのだ。

自治（セルフガバナンス）という本質解

規制当局側は、ガバナンスの主体は、あくまで企業であるということを、明確に示している。では、企業は、どうすればガバナンスを果たすことができるのか。

これこそが、実はガバナンスの最大の課題である。そもそも企業の主体は、経営者であり、さらにいえば、一人一人の社員である。いずれもヒトである限り、自分の意思で判断し、行動する。プログラムで動くロボットのように、外から制御することはできない。いや、ロボットやAIも自律的に意思決定するようになると、外からの制御は役に立たなくなってしまう。

ここでもルールベースのアプローチは、機能しない。多くの企業は「行動規範（Code of Conduct）」と称して、詳細なルールブックを整備している。しかし、これは、ルール違反を摘発する際には多少役に立ったとしても、ルールを遵守させるための手段にはならない。ましてやルールに定めていない事態に対しては、全く役に立たない。

そこでパワーを発揮するのが、「プリンシプル」だ。第Ⅱ部で紹介したように、エシックス経営の先進企業は、行動原理を大切にしている。ディズニーにおける「五つの鍵」や、「果敢に挑む」と「正道を歩む」を同時にうたう花王ウェイなどは、その典型例である。

先述したように、自律型ロボットも、「ロボット工学三原則」に則って行動することが期待されている。今後、AIがAGI（汎用人工知能）へと進化していく中で、AI向けの行動原理の確立が急務となっている。

では行動原理は、どうすれば確実に組織の中で実践されるのか。いうまでもなく、経営者、そして社員一人一人の意思決定や行動のレベルにまで、しっかりと実装していく必要がある。着脱可能な「外付け（アタッチ）」は、全く通用しない。いかに一人一人の内奥に「内蔵（ビルトイン）」するかが問われているのである。

言い換えると、ガバナンスの本質は、統治ではなく「自治」である。「セルフガバナンス」こそが、ガバナンスのあるべき姿なのだ。

世の中では「ガバナンス改革」旋風が吹き荒れている。しかし、フタを開けてみると、機関設計の変更や、独立社外取締役の人数を増やすなど、形式的な体制整備でお茶を濁しているのが実態だ。

筆者も、ここ一〇年以上、複数企業の社外取締役や社外監査役を歴任してきた。たとえば、味の素では二〇一五年から二〇二三年の八年間、社外取締役を務めた。この間、時限的にガバナンス委員会の委員長も一年間務めたが、指名委員会設置会社への移行を決定後、この委員会そのものを解消した。ガバナンスは本来、委員会が「外付け」で整備するものではなく、あくまで執行側が自分ごととして主体的に取り組む必要があると確信していたからだ。

コーポレートガバナンス・コードは、取締役会の役割・責務を次のように規定している（基本原則四）。

「上場会社の取締役会は、株主に対する受託者責任・説明責任を踏まえ、会社の持続的成長と中長期的な企業価値の向上を促し、収益力・資本効率等の改善を図るべく、

①企業戦略等の大きな方向性を示すこと

②経営陣幹部による適切なリスクテイクを支える環境整備を行うこと

③独立した客観的な立場から、経営陣（執行役及びいわゆる執行役員を含む）・取締役に対する実効性の高い監督を行うこと

をはじめとする役割・責務を適切に果たすべきである」

取締役には何よりも、企業価値向上をめざし、正しくリスクテイクすることを促す方向で経営執行に助言することが期待されている。そして、ガバナンスを実践するのは、あくまで執行サイドの役割だというのである。

主体的に経営にかかわっていない社外取締役には、企業の中での意思決定や行動まで監督することは期待されておらず、そもそもできるわけがない。経営執行側が、実効性の高いガバナンスを組織内にしっかり実装しているかどうかを、「監督」する役割に徹するだけだ。

そのためには、ガバナンス委員会が形式を論じる場だとすれば、それに代わる場として「倫理委員会」を設置することがお勧めだ。これは前述したとおり、哲学者マルクス・ガブリエルが今後、企業経営に不可欠だと指摘している機関である。そこには必ず外部の有識者を入れる必要がある。なぜなら、判断が難しい最先端のテーマについては、社内や業界の常識が、未来の非常識となる可能性があるからだ。

たとえば武田薬品工業では、倫理に関する諮問委員会を設置している。同社のウェブサイトは、その目的を次のように説明している。(2)

「科学と医学における急速な技術革新に伴って新たな倫理的課題が生まれつつあることを

踏まえ、タケダ・エシックス・アドバイザリー・カウンシル（TEAC）を設立しました。これは、社外から招いた著名な倫理に関する専門家や社内から選任したリーダーなど、多様な人材で構成されています。主として新たに生じた倫理的課題に関する分析と助言を行うことで、タケダがそのような課題に関して将来的な対応方針を固められるよう手助けします」

このような仕組みは、取締役会として、外部からの助言・監督の責務を果たすうえで、これからますます重要になってくるだろう。

一方、ガバナンスを組織の中に確実に実装するのは、あくまで経営執行側の責任である。

では、どうすればよいか。

繰り返しになるが、答えは一つ。企業自身が実効性の高い「セルフガバナンス」の体制を確立することだ。そのためには、企業独自の「プリンシプル」を経営者、そして、社員一人一人が自分ごと化し、それに則って、日々の意思決定と行動を実践していくことが求められる。

頭脳から身体へ

その際に、プリンシプルを頭で理解しただけでは、全く不十分である。一見、二律背反するような選択を迫られることは、実際の経営の現場では、日常茶飯事だからだ。たとえば、困っている一見様のお客とお得意先のどちらを優先すべきか。物流能力が逼迫している中で、地方への配送は断るべきか。売れ残った商品を廃棄すべきか、それとも値崩れを覚悟で安売りすべきか。

このレベルの判断を、いちいち経営レベルや倫理委員会で取り上げていたのでは、現場は埒があかない。現場がその状況下で最適と思われる判断を下し、行動に移していく必要がある。そのためには、プリンシプルが単なるきれいごとではなく、実際の行動の軸となるように、日頃から現場レベルでの訓練を、繰り返し徹底する必要がある。そして、単に頭で判断するだけではなく、とっさに行動がとれるようになるまで、身体に覚え込ませなければならない。

その結果が、先述したような東日本大震災での東京ディズニーランドのキャストの行動や、羽田空港での衝突炎上事故におけるキャビンアテンダントの行動につながるのである。

ユニ・チャームのところで紹介したOODAは、そのような現場における自律的な行動を促す仕組みである。まず状況を観察し(Observe)、どこに向かうかを考え(Orient)、自ら意思決定し(Decide)、迅速に動く(Act)。

先が見えない時代には、PDCAのような計画ありきの予定調和的な仕組みは機能しない。倫理にかかわる状況判断も、現場が即座に下さなければならない。そのためには、倫理に則したプリンシプルを、頭ではなく、身体に染み込ませる必要がある。

そのように身体に実装された知を「身体知」と呼ぶ。通常、知は頭で生み出されるものと考えられがちだが、それでは身体が動くまでに時間差が生まれてしまう。身体に知が宿り、即座に行動をとることが求められるのだ。

ここで哲学と倫理学の系譜を、少し振り返ってみよう。近代哲学の祖と呼ばれるルネ・デカルト(一五九六〜一六五〇年)は、「心身二元論」を唱えた。その結果、モノ自体の物理法則を解明する自然科学が発展していくと同時に、そこから切り離された心(精神)を対象とする形而上学としての哲学が深められていった。

それを哲学と倫理学に結晶させていったのが、先に紹介したイマヌエル・カントだ。まず『純粋理性批判』で形而上学的な知性のあり方を論じ、そして、『実践理性批判』で倫理的な判断に基づく行動のあり方を示した。前者が心、後者が身体の動きを扱っているという意味において、二元論に基づく心身の捉え方である。

このようなデカルト流の心身二元論に異を唱えたのがバールーフ・デ・スピノザだ。心が身体を動かし、身体が心に働きかけており、心身を二つに切り離すことはできないと論じる。主著『エチカ』では、「われわれの精神の対象は存在せる身体であって、他の何物でもない」と語り、この心身の相補性に着目して、主体的な倫理のあり方を提唱している。

それから二世紀後に、「近代人は身体の重要性を忘れている」と説いたのがフリードリヒ・ニーチェだ。主著『ツァラトゥストラはこう言った』の中で、「身体は大いなる理性である」

と喝破している。

二一世紀に入ると、心身一元論はアンリ・ベルクソンの「生命の飛躍（エラン・ヴィタール）」や、マルティン・ハイデガーの実存哲学などに受け継がれていった。そして、それが現象学と合流することで、身体に知が宿るという身体知へと進化していった。モーリス・メルロ＝ポンティは『知覚の現象学』の中で、「生きられる身体」こそが知の根源だと論じている。

このような西欧哲学に先立って、東洋思想の流れを受けて、日本では古くから身心一元論が唱えられていた。鎌倉時代の道元（曹洞宗の開祖）や栄西（臨済宗の開祖）などの禅僧は、「身心一如」を説いた。身体を心に先行させているところが、いかにも禅の教えならではだ。

臨済宗に学んだ哲学者・西田幾多郎は『善の研究』で、「身体といふものなくして、我といふものはない」と唱え、「行為的直観」の重要性を説いた。東洋思想、そして、西田哲学は、実存主義や現象学などに代表される二〇世紀の西欧哲学よりはるか以前から、身心一元論を基軸としてきたことが、おわかりいただけるだろう。

西田哲学、そして現象学の流れを汲んで、身体論を経営学として展開したのが、野中郁次郎氏である。野中氏は「身体知こそイノベーションの源泉である」と喝破している。[3] そして、「身体知」を「Practical Wisdom」、すなわち、「実践知」とも呼ぶ。頭で考えるのではなく、実践を通じて身体が覚えることによって、まさに「身につく」からである。

ちょっと哲学に寄り道しすぎたようだ。ここで押さえておきたいことは、エシックス経営は行動原理（プリンシプル）を頭だけでなく、身体に実装（プラクティス）して初めて、確実に実践されるということである。

OSのためのOS

プリンシプルを実装する主体は、会社の構成員、すなわち経営層、中間層、そして現場の各層である。「魚は頭から腐る」という。組織にプリンシプルを徹底するためには、まずは経営層がしっかり規律を持った意思決定、そして、行動をとることが必須である。

先に触れた損保ジャパンのビッグモーター事件は、まさに、経営陣の致命的な判断ミスが引き起こしたものだ。経営層はパーパスを唱えてはいたものの、経営判断において、倫理の原理原則を基軸としていなかったことが悔やまれる。

経営者は、パーパスという未来の「ありたい姿」を掲げるだけでなく、プリンシプルを日常の意思決定の基軸とし、行動で示していく必要がある。そのために必要なリーダーシップの資質は、第9章でじっくり論じたい。

そのうえで、組織全体に行動原理を浸透させていかなければならない。その際には、経営幹部、中間層、現場へと、プリンシプルを丹念に実装していく必要がある。

ここではまりがちな落とし穴は、現場への浸透を優先するあまり、幹部層や中間層への徹底を怠ってしまうことだ。いくら現場が正しく行動しようとしても、上司が倫理を軽視したり、業績を優先しようとしたとたん、現場は二律背反の板挟みにさいなまれる。筆者自身、パーパス経営の社内浸透を支援する中で、このような残念な光景に何度となく出くわした。損保ジャパンの事案もその一つ。「魚は真ん中からも腐る」ことを、改めて肝に銘じたい。

多くの企業において、経営幹部に加えて、現場に近い中間層がプリンシプルに基づいた判断を徹底できるかどうかが、エシックス経営を実践するうえでの最大の難所となる。最近、筆者はパーパス以上に、プリンシプルの自分ごと化を、まずは経営層、次に中間層に対して徹底する研修を実施している。

パーパスは、未来のありたい姿である。それはいわば「きれいごと」でかまわない。しかし、プリンシプルは日々の行動原理だ。それにもかかわらず、実態とは真逆のプリンシプルを掲げている企業が少なくない。

たとえば、「誠実」や「公正」を掲げている企業の幹部が平気で不正を犯す。「挑戦」をうたっている企業の社員に限って、実は挑戦できていないのが実情である。

自社の価値観(バリュー)や行動原理(プリンシプル)を考えてみてほしい。倫理の教科書にあるような「あるべき行動」が、高らかに掲げられていないだろうか。そして、それらは実は、「残念」な現状の裏返しになっていないだろうか。もちろん、このような「きれいごと」は反対のしようがない。しかし、現実の状況の中では、それを実践できていないのではないだろうか。そこで、その組織が直面しそうな倫理的二律背反（エシカルジレンマ）の具体的な局面を想定し、どのように判断するかを考えてもらうことが効果的である。

その際には、「（ロシアなど）紛争を起こしている国で事業をしている企業と、これまでどおりの取引を継続すべきか？」といった地政学的なレベルから、「残業をしてでも、仕事を納期までに片づけるべきか？」などといった日常業務のレベルまで、さまざまなケースが想定される。そして、自社のプリンシプルに従えばどう判断するか、判断に迷う場合には何を基軸に判断すればよいのかを問う。「あなたなら、どうする？」という問いかけだ。

いずれも簡単に答えが出るわけではない。しかし、判断しなければ動けない。「これまでどおり」では、それ自体が現状追認の判断をしたことになってしまう。「何もしない」では、不作為のリスクをとることになる。そして、よくありがちな「判断保留」は、それ自体が経営不在を意味するのである。

きれいごとではなく、経営の現実に即した意思決定のシミュレーションを、普段から積み重ねておかなければならない。それを筆者は、オーガニゼーショナルシミュレーション（組織演習）と呼ぶ。語呂合わせのようだが、組織のOS（オペレーティングシステム：動作規範）が正しく起動するためには、このようなOS（オーガニゼーショナルシミュレーション）を繰り返す必要がある。

まず経営者自身、そして中間層がシミュレーションを通じてプリンシプルを自らに実装したうえで、現場における自律的な意思決定を促していく。そのためには、きれいごとを掲げるだけでなく、一人一人に「自分ごと化」させ、それを日常の行動の基軸として駆動し続けるように身体知として刻み込む「場」と「しくみ」が必要である。

筆者は二〇年近く過ごしたマッキンゼー時代に、入社当日から、そのような行動原理を徹底的に叩き込まれた。前述したとおり、マッキンゼーには古くから大切にしている「バリューズ(価値観)」がある。なかでも双璧をなすのが、「クライアントファースト(顧客第一)」と、「オブリゲーション・トゥ・ディセント(異論を唱える義務)」だ。それらを基軸に、日常、プロのコンサルタントとしてどう振る舞うべきかを、四六時中、自問自答し続ける。

しかも、この二つが二律背反を引き起こすことも少なくない。そこで、マッキンゼーでは、年に一回、「バリューズデイ」が開かれる。各事務所で全メンバーが集まって、丸一日かけて、プリンシプルについて徹底的に議論を尽くす。コンサルティングの現場で二律背反に直面したときはいかに判断し、行動するかをグループでシミュレーションし、徹底的に討議し合う。

優れたプリンシプルは、その企業や組織から離れても、そこで経験を積んだ人間の身体知として埋め込まれている。筆者が今なお「まじめな異論」(本書の出版元・東洋経済新報社が掲げるパーパス)を唱え続けるのも、マッキンゼー時代のプリンシプルが、刻印のように身体に刻み込まれているからだろう。

先日、久しぶりに古巣のマッキンゼージャパンに立ち寄ってみた。そこには、先の二つのプリンシプルを含む同社のバリューズが小さな額縁に入って会議室の片隅に置いてあった。念のために日本支社長の岩谷直幸氏に確認すると、「バリューズデイ」は今なお健在とのこと。この規律が徹底的に守られている限り、マッキンゼーもマッキンゼー出身者も、独自の輝きを失うことはないだろう。

エシックス経営に向けた組織シミュレーションをいかに実践するか(How)を論じ始めると、本書の中には納まらなくなってしまう。本書では、エシックス経営とは何か(What)、そして、なぜそれが必要か(Why)に焦点を当てることにしたい。

規律と自律

「組織文化は戦略に勝る(Culture eats strategy for breakfast)」という格言は、よく知られている。ピーター・ドラッカーの言葉だと信じられているが、ドラッカー信奉者の一人として筆者が調べた限りでは、出典が見当たらない。どうやら『ウォール・ストリート・ジャーナル』紙(一九九一年三月二九日)に語った「Culture is singularly persistent(文化こそが唯一持続し続けるものだ)」が、それに最も近いようだ。世界的な「都市伝説」の一つなのかもしれない。

ことの真偽はさておき、組織文化の重要性は、これまでもさんざん言い古されてきたことである。エシックス経営においても、文化や風土が、価値観や行動規範を醸成するためのきわめて重要な土壌となることはいうまでもない。

それでは、どのような文化や風土が求められているのだろうか。そして、そのような文化や風土を育むためには、どのような打ち手が有効か。

世の中では、エシックス経営を阻害する組織文化として、二つの特徴がよく指摘される。すなわち、「風通しの悪さ」と「上意下達の組織風土」。そして、「心理的な安全性の担保」と「自律的に考え、行動する風土の醸成」が、それに対する処方箋として語られる。

しかし、このまことしやかな話は本当だろうか。その二つが担保されれば、エシックス経営は実践できるのだろうか。ここでも、それこそマッキンゼー仕込みの「異論」をあえて唱えてみたい。

まず、「心理的な安全性」を強調する最近の風潮は、すこぶる疑わしいと言わざるをえない。確かに、何でも思ったとおりに発言し、行動することが奨励されることは、一見、風通しの良い自由闊達な組織風土を醸成しそうだ。しかし、何でも許されると誤解すると、プリンシプルから逸脱した行動を助長しかねない。心理的な安全性を担保するためには、良い行動と悪い行動の判断軸を、一人一人がきちんと実装していなければならないはずだ。

同様に、「自律性」という言葉が独り歩きすると、組織としての行動は収拾がつかなくなってしまう。他律性から脱するためには、一人一人がプリンシプルを自らの中にしっかりと実装していることが、大前提となる。

換言すれば、「自律」のためには「規律」が求められる。しかもその規律は、自らの身体知として「身につける」必要がある。この真理をよく理解せず、「心理的な安全性」や「自律性」を吹聴する最近の「ゆるい」風潮は、エシックス経営にとって有害無益と言わざるをえない。

先述したとおり、自由闊達に見えるパタゴニアの社員は、「レスポンシブル（責任を持つ）」という規律を、何よりも大切にしている。「No Rules（ルールなし）」を掲げるネットフリックスは、社員一人一人に「自由と責任」を高いレベルで発揮することを求めている。その結果、外発的なガバナンス（統治）ではなく、内発的な「セルフガバナンス（自治）」を実装できるようになるのである。

日本の大企業は、いつの間にか、風通しが悪くなっていることは事実だ。そして、上意下達によって、組織に一糸乱れぬ規律ある行動を求めすぎていたかもしれない。そのような風通しの悪い風土や上意下達で動く組織には、プリンシプルが醸成されにくいことは確かだ。しかし、だからといって、その裏返しが答えになるわけではない。

ここでも、アリストテレス流の「中庸」の美徳が求められる。そのためには、上意と下意、自律と規律などの二項対立を、二項両立に変換する動的能力の獲得がカギとなる。そのような組織能力を獲得し続けるメタ能力を持つことを筆者は「学習優位」と呼ぶ。この点について、もう少し掘り下げて考えてみよう。

学習する組織

システム思想家ピーター・センゲは、不確実性の時代にカギを握るのは、組織としての学習能力であると論じる。そして、名著『学習する組織』の中で、自律的かつ柔軟に進化し続ける組織の要件として、「五つの規律」を提唱していることは、第6章で紹介したとおりだ。

センゲはその後、『出現する未来』などで、「U理論」を支援している（図7－1）。そもそもは、マサチューセッツ工科大学の同僚オットー・シャーマーが同名の著書『U理論――過去や偏見にとらわれず、本当に必要な「変化」を生み出す技術』で提唱した考え方だ。

U理論は、「五つの規律」の中の①自己マスタリーと②メンタルモデルを深めるためのプリンシプルを論じたものである。それを組織内外の学習能力に高めていくためには、③共有パーパス、④チーム学習、⑤システム思考が不可欠となる。

筆者は、このセンゲの思想を企業経営に応用して、「学習優位」と名づけた経営モデルを提唱していることは前述したとおり。エシックス経営の文脈に敷衍すると、次のような学習プロセスだ。

ある一つのパラダイム（たとえば、カント的倫理学）を学習したうえで、それをいったん保留（脱

図7-1

U理論

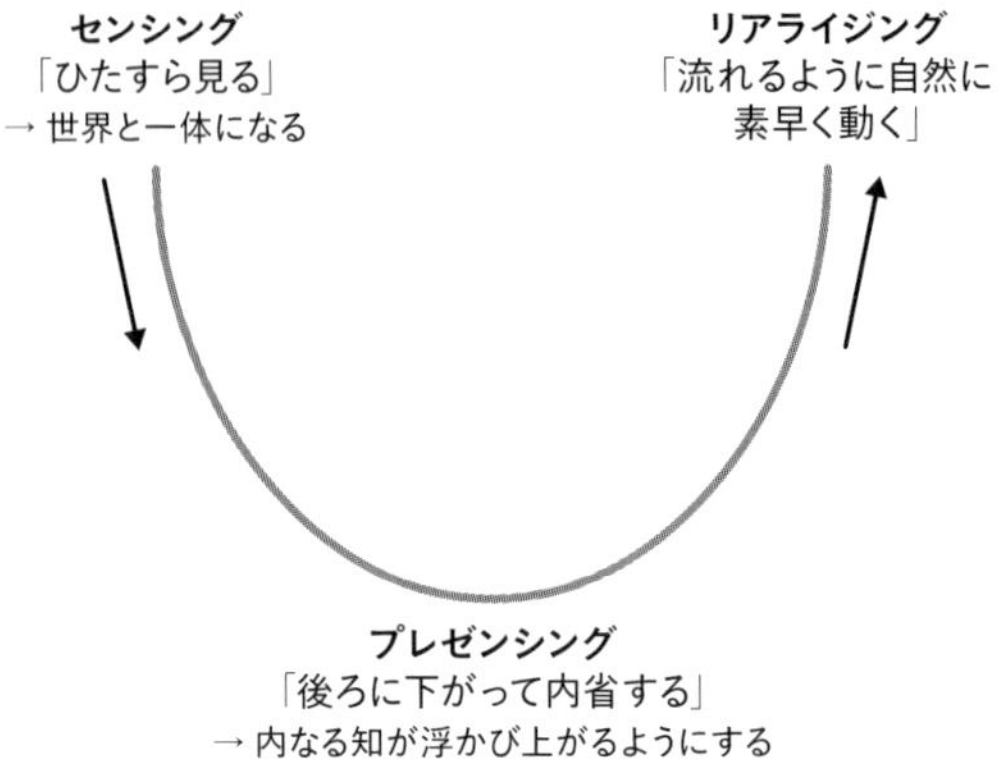

出所：センゲほか（2006）。

学習）し、異なるパラダイム（たとえば、スピノザ的倫理学）を学習し直す。さらにそれをカッコにくくって、第三のパラダイム（たとえば、アリストテレス的倫理学）に沿って学習を深める。すると、複眼的な価値観の中で、それぞれのパラダイムが対立項ではなく、複合的な全体の一部であることという視座を獲得することができる。

西田幾多郎はそれを、「絶対矛盾的自己同一」と呼んだ。センゲはそれを、システム思考と呼ぶ。筆者はそれを、学習と脱学習のメビウス運動と呼んでいる。

呼び方は異なっていても、本質に大きな違いはない。しかし、西田哲学やセンゲのシステム思考が空間的な視点に立脚しているのに対して、筆者が唱える学習優位は、時間軸を重視している点に特徴がある。この点は、第8章でさらに詳しく論じてみたい。

第8章

シン三位一体の経営

本章では、エシックス経営を多元的に捉え直してみよう。

一つの視点にとらわれると、全貌が見えなくなる。それに対して「複眼思考」は、新たな気づきを与えてくれる。ただし、二つだけだと、デジタルな発想になりがちだ。「善 vs. 悪」「常識 vs. 非常識」などといった対比がその典型である。

三つの視点から見ることで、対立軸をずらすことができるようになる。三次元の座標の中で位置づけることにより、物事が立体的に捉えられ、奥行きが広がっていく。たとえば、「東洋 vs. 西洋」という構図の中に「中洋」を置いてみる。するとそこに、東西を結ぶシルクロードや広大なイスラム圏の存在が浮かび上がってくるはずだ。

このように、システム思考の一つの手がかりとして、「三位一体」という枠組みを取り上げてみよう。三位一体とは、三つのものが本質において一つのものであることを示す。英語（もともとはフランス語）では「トリニティ」。たとえば、有名なカルティエの三連リングは、「トリニティ」と名づけられている。キリスト教において、「The Trinity」といえば、神とキリストと聖霊が一体であることを指す。

一方、イスラム教では三位一体論は、異教とされてきた。厳格な一神教の立場からすると、神は唯一無二でなければならないからである。しかし、はるか昔、メソポタミア時代の神話では、月の神（シン）、太陽神（シャマシュ）、金星の神（イシュタル）の三柱が三位一体を構成するとされている。

バラモン教やヒンズー教においては、ブラフマー、ヴィシュヌ、シヴァの三柱が三位一体として描かれている。それぞれが、宇宙の創造、維持、破壊という三つの機能を担っているとされる。「三神一体」、サンスクリット語で「トリムールティ」と呼ばれる。

翻って日本では、『古事記』の中で、「造化《ぞうか》三神」が描かれている。まず天御中主《アメノミナカヌシ》神という創造神が誕生し、続いて高御産巣日《タカミムスビ》神、神産巣日《カミムスビ》神が現れて万物を形成していったとされる。「三位一体」という考え方が、古代から、西洋・中洋・東洋で、それぞれ神話の世界から生まれていったということは、単に偶然の一致ではないはずだ。

筆者が敬愛する宗教史学者の中沢新一氏は『三位一体モデル――TRINITY』という小著を出している。その中で、あらゆる事象を「三位一体」モデルで捉え直すことで、異質な関係性の中からイノベーティブな発想が生まれたり、これまで気づかなかった深奥に肉薄することができると語っている。[1]

もっとも、中沢氏はあくまでキリスト教的三位一体モデルにこだわっている。すなわち神、キリスト(人)、聖霊の三つだ。そして、世界を満たす聖霊が、自己増殖を起こしていくことで、資本主義が発展し、膨張していったと指摘する。

確かにトリニティという言葉は、不幸な記憶も呼び起こす。一九四五年七月、広島と長崎の悲劇のひと月前、人類初の原子力爆弾の実験が行われたニューメキシコ州の場所が「トリニティ実験場」と名づけられていた。なぜ、三位一体なのかは、謎に包まれている。

二〇二四年のアカデミー賞七冠に輝いた映画『オッペンハイマー』の中でも、トリニティ実験が克明に描かれている。オッペンハイマーがサンスクリット語に親しんでいるシーンが出てくるが、そこにヒントがあるかもしれない。

ともあれ、ここからは、宗教論を超えて、思考の枠組みとして「三位一体」というフレームワークを使ってみよう。すると、エシックス経営の本質が、立体的に見えてくるはずだ。

三つのP――パーパス、プリンシプル、プラクティス

まず、「パーパスの実践」という経営課題を考えてみよう。

パーパス経営は、ここ数年で、重要な経営アジェンダとして取り上げられるようになった。多くの企業が自社のパーパスを高らかに掲げている。三年前に『パーパス経営』を上梓した筆者としても、確かな手ごたえを感じる。

しかし、パーパスを掲げただけで安心してしまっては、何の意味もない。そのような残念な光景を、筆者は「額縁パーパス」と呼んでいる。これまでにパーパス策定を支援した企業は一〇〇社を超えているが、その半数近くが、まだそのような状態でとどまっているのが実情だ。

なかには、パーパスを全社員にしっかり浸透させる活動に、真剣に取り組んでいる企業もある。各事業や各機能、各地域単位で、企業のパーパスをそれぞれの組織のパーパスに落とし込むパーパスワークショップをオフサイトで行う。「組織ごと化」したうえで、次にその組織のメンバー一人一人に「自分ごと化」していく。その際には、上司やメンターと「マイパーパスOne-on-One」を実施することが効果的だ。このような二段階のアプローチで、企業のパーパスを社員一人一人のパーパスに落とし込んでいく。

企業の大きさにもよるが、現場レベルまで落とし込むには、一年から三年はかかる。そこまで徹底できているケースは、一〇〇社中二〇社未満。たとえば、味の素ではすでに世界規模で実施済みで、ＳＯＭＰＯグループでは、まだ道半ばといったところである。

しかし、「自分ごと化」だけではまだ足りない。パーパス実現に向けて、日常の意思決定や行動が「変わる」ことが重要だ。パーパスは、そのような「実践（プラクティス）」を通じて初めて、組織のすみずみに「身体知」として実装されていくのである。

ところが、そこには大きな壁が立ちはだかる。なぜか。

パーパスは、遠い未来の「ありたい姿」にすぎない。現実はパーパスから大きく乖離している。そのような現実を、未来に向けて大きく変革していかなければならない。しかし、実際の経営は慣性の法則が働いており、現場は「現状維持バイアス」に陥っている。遠くのパーパスに向かおうとしても、どうしてよいかがわからない。闇雲に実践してはみるものの、試行錯誤から抜け出せない。せっかくパーパスの浸透に成功しても、多くの企業がそこで立ち往生してしまう。

この見えない壁を乗り越えるには、並々ならぬ身体能力が求められる。それを身につけるためには、プリンシプルをしっかり習得する必要がある。

前述した花王を例にとれば、「Kirei Lifestyle Plan」がパーパスである。しかし、そのような日常は、一朝一夕では実現しない。そこに至る道程（プロセス）を駆動するのが、「果敢に挑む」に代表されるプリンシプルだ。経営陣を含め、全社員がこの行動原理に突き動かされて、変革をプラクティスしているのである。

パーパスとプラクティスの二つのPだけでは、エシックス経営は実現しない。それどころか、パーパスの実現にこだわるあまり、「正道を歩む」（花王）をないがしろにしかねない。前述した損保ジャパンの残念な事案が、如実に示すとおりだ。

パーパスの実現に向けては、パーパスの自分ごと化だけでなく、プリンシプルの自分ごと化こそがカギを握る。SOMPOグループにおいては、パーパス活動に加えて、プリンシプル活動を実践していなかったことが、今さらながら悔やまれる。

SOMPOグループでは、バリューズを高らかに掲げていた。「ミッション・ドリブン」「プロフェッショナリズム」「ダイバーシティ&インクリュージョン」の三つだ。そして、「プロフェッショナリズム」は、「高い専門性と倫理観に基づき、自律的に行動し、成果に繋げる」としていた。

一見、当たり前のことのようにも思える。しかし、これが飾り文句ではなく、基本的な行動原理(プリンシプル)として経営者、そして現場に自分ごと化されていれば、今回のような不祥事は起こさなかったのではないだろうか。

パーパスを実践(プラクティス)するためには、まずプリンシプルを実装する必要がある。パーパス、プリンシプル、プラクティスという3Pの三位一体化こそが、エシックス経営の一丁目一番地となるはずだ。

三つのQ——IQ、EQ、JQ

図8-1

エシックス経営に求められる3Qと3S

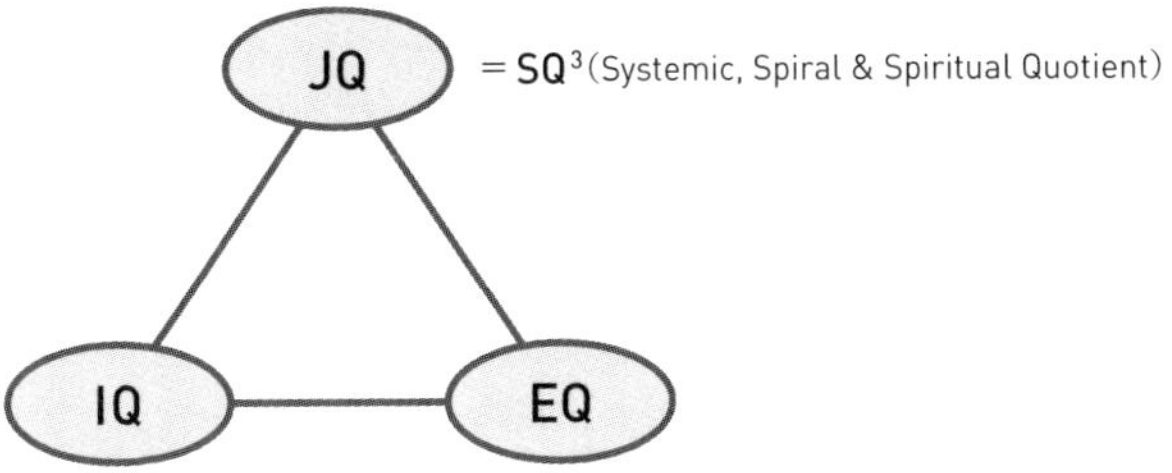

パーパスは、そのままでは「絵空事」である。それを実現するにはプリンシプルに基づく実践が不可欠だ。では、プリンシプル実践に求められる資質は何か。

筆者はかねてより、これからの経営には、三つの資質が必須だと提唱してきた。IQ（Intelligence Quotient）、JQ（Judgment Quotient）、EQ（Emotional Quotient）、の三つである（図8－1）。

西欧哲学の世界では、プラトン以来、「真・善・美」が人間の理想的な姿とされてきた。カントはそれを、「理性（知）」「悟性（意）」「感性（情）」と呼ぶ。仏教やヒンズー教では、「真我」「無我」「全我」などという自己と世界との関係性が説かれる。これらはいずれも、IQ、JQ、EQの三つと相似形の関係にある。

IQについては、説明は不要だろう。「何が正しいか」という真理を追求する資質を指す。これがなければ、社会価値も経済価値も正しく創出できないばかりか、大きく棄損してしまうことになりかねない。

EQも、最近注目されている。たとえば「ウェルビーイング」、すなわち、「幸福」を求める思いが、世界中で高まってきている。そのためには、「何が正しいか」だけではなく、「何が嬉しいか」「何が美しいか」という他者や自分に対する感性を磨き上げる必要がある。そのためには、心を豊かにしていかなければならない。美術や音楽、自然などの美しさを鑑賞することで、美意識を養っていくことも大切だ。

一方、JQという言葉は、聞き慣れないかもしれない。筆者の造語だが、ググってみると、クリッシュナ・ペンディアラというインド生まれの倫理専門のコンサルタントも使い始めているようだ。

一言でいえば、「何が善いか」を判断する資質を指す。善を追求することで、正義や公平を実現し、私たちの社会をより豊かで調和のとれたものにすることができる。自我や自利、独善から脱し、互いに助け合い、共生していくことができる。

「何が正しいか」は真偽を探求することで、正解が出てくる。「何が美しいか」は、感性の世界なので、十人十色でかまわない。それに対して「何が善いか」を判断することは、容易ではない。しかし、この問いこそ、倫理にかかわる問いそのものでもある。エシックス経営をめざす以上、難しいからといって判断停止するわけにはいかない。

アリストテレスは、『ニコマコス倫理学』の中で、「フロネシス(賢慮)」という言葉で倫理のあり方を論じた。「共通善(コモングッド)」を判断する知性を指す。しかし、共通善などというものが本当に存在するだろうか。たとえば、アリストテレスも奴隷や異教徒は、共通善の対象に入れていない。そこにはギリシア哲学、さらには西洋哲学特有の「独善」性が潜んでいる。

絶対的な善悪はなく、かといって常に相対的と言ってしまうと、答えを初めから諦めることになってしまう。第Ⅱ部で紹介したとおり、和辻哲郎は「倫理は関係性の中にしか答えはない」と喝破している。複雑系の世界に住む現代人は、多層的な関係性の中で生きている。逆にいえば、関係性の数だけ、善があるといってもよいだろう。

『善の研究』は、和辻の先達でもある西田幾多郎の若き日の不朽の名著として知られている。ただし、そこで探索されているのは、「個」としての善だ。それを関係性の中で捉え直したのが和辻倫理学なのである。エシックス経営の観点で捉えれば、「関係性の文脈」に沿って何が正しいかを判断する資質が求められている。

真と美、あるいはIQとEQは、二〇世紀においても経営に求められる二つの資質とされてきた。多様な価値観や利害関係が交錯する二一世紀においては、改めて「善」を判断する資質、すなわちJQがこれまで以上に問われている。

三つのS――システミック、スパイラル、スピリチュアル

では、どうすればJQを身につけることができるのか。

筆者は、かねてより、三つのSが必要だと唱えている。システミック（系）、スパイラル（渦）、スピリチュアル（霊）の三つだ（図8－1参照）。

まずは「システミック（系）」で、システム、すなわち全体の関係性を読み解く力のことである。「システム思考」としてもよく知られている。事象を複雑系の中で捉え直し、さまざまな事象のつながりや背景にある構造や関係性を把握することで、より本質的な問題解決をめざすことができる。

複雑な因果ループを構造化する「システムダイナミクス」という手法も考案されている。ただし、偶発性や恣意性に左右されやすく、システム全体の振る舞いは、なかなか予想困難だ。

和辻倫理学が指摘するように、倫理が関係性の中で捉えられるものであるならば、まさにこの「システミック」という視点は不可欠である。今日のような複雑性の時代において、倫理を読み解き、JQを高めるためには、システム思考を習得することがカギとなる。

二つ目の「スパイラル（渦）」は、時間と成果の関数を螺旋状に捉える発想である。動きとしては、直線でもなければ、円循環でもなく、行きつ戻りつしながら、徐々に高い成果をめざしていく運動を指す。

そこでは、まず仮説を立てて試行し、その結果を踏まえて、再挑戦していくという姿勢が求められる。試行錯誤思考、和製英語では「トライ・アンド・エラー」と呼ばれてきた。しかし、それでは失敗ばかりして、いつまでも「懲りない」状態に陥ってしまう。そうではなく、失敗の原因を内省（リフレクション）し、新たな仮説を立てて再トライするというサイクルが必要となる。それを英語では「トライ・アンド・ラーン」という。

特に、先が見えない時代には、スパイラルな発想が不可欠だ。エシックス経営を実践するうえでは、プリンシプルを基軸として仮説を立て、行動の結果から学び直すという姿勢が欠かせない。それを筆者は、学習と脱学習のメビウス運動と呼ぶ。

その際にカギを握るのは、学習より「脱学習（アンラーニング）」だ。そこでは、とらわれない心と、深い内省（リフレクション）、そして「跳ぶ（飛躍）」のではなく「ずらし（差延）」という運動が求められる。それが身体知として身につけば、企業は持続的に進化していくことができる。それを筆者は「学習優位の経営」と呼ぶ。

最近日本では、「リスキリング」という英単語が、まことしやかにもてはやされている。しかし、いくら新しいスキルで自らを武装しても、すぐに陳腐化してしまう。本当に必要なことは、新しいことを学ぶのではなく、「学習することの本質を学習する」ことにつきる。この方法論を身につけると、学習する対象が変わっても、学習プロセスそのものがスパイラルに進化し続けていく。

そして三つ目が「スピリチュアル（霊）」。これは心の働きや霊感を、思考の重要な要素として取り込もうとする試みを指す。思考を科学（ロジック）や美学（デザイン）のレベルにとどめず、より精神性、さらには人間性のレベルへと引き上げようとするアプローチである。ただし、神秘主義や心霊主義に走りやすく、科学的思考が支配する現代社会ではなかなか受け入れられないことが、最大の難点でもある。

前述したとおり、不朽の名著『学習する組織』の著者ピーター・センゲは、システム思考から出発し、スピリチュアル思考へと進化していった。センゲの盟友オットー・シャーマーの『U理論』は、その理論化を試みたものとして注目される。

より手軽な方法で、スピリチュアル体験を取り入れようとするのが、マインドフルネス活動だ。シリコンバレーから始まり、あっという間に世界に広がっていった。もっともその多くは、「心理的ストレスからの解放」などといった効用が動機となっている。U理論が導く「悟り（プレゼンス）」の世界からは、かなり遠いというのが実態である。

一方で、より真剣にマインドフルネスに向き合う動きも活発になってきている。その世界的な拠点が、京都や鎌倉の禅寺だ。マインドフルネスの原点が禅であり、南インドから中国に渡った禅思想が、日本で大きく花開いていったからである。

週末に京都で教壇に立っている筆者は、京都の禅寺によく足を運ぶ。そこでは、ずっと瞑想している欧米人によく出くわす。シリコンバレーからプライベートジェットで京都にやってきて、丸一日、龍安寺の枯山水の庭の前などで瞑想し、翌日またとんぼ返りする超有名デジタル企業の創業者も二人知っている。

ここに来てアメリカでは、マインドフルネスの限界を突破しようという動きも活発だ。その一人、心理学者スティーブン・マーフィ重松氏は、「ハートフルネス」という概念を提唱している。英語では「マインド」が理知的な心を指すのに対して、「ハート」は感情的な心を指す。前者が理性、後者が感性の世界といってもよいだろう。

マーフィ重松氏は、ベストセラーになった『スタンフォードの心理学授業　ハートフルネス』の中で、ハートフルになるために大切なことは、二つあるという[2]。

一つは、自らの「ヴァルネラビリティ（開かれた弱さ）」と向き合うこと。そしてもう一つは、「コンパッション（思いやる心）」。そして、この二つの特性を持った知性を、「ＥＩ（Emotional Intelligence：感情的知性）」と呼ぶ。

志（パーパス）の大切さを唱える筆者は、さらにその先があると考えている。英語で言うなら「ソウルフルネス」だ。ソウル（soul）は魂が宿る心。カント流にいえば、理性と感性を包摂した「悟性」に近い。禅の世界ではこれを「ごしょう」と呼ぶ。人間に本来備わっている悟りを得る資質を指す。

マインドが頭、ハートが文字どおり心臓であるとすれば、ソウル（魂）は、より身体につながった部分である。西洋哲学風にいえば、形而上（上部構造）と形而下（下部構造）の結節点ともいえるだろう。ソウルフードと呼ばれるように、そこでカギを握るのが泥臭さであり現場感覚なのだ。

ソウルフルになるためには、どうすればよいか。

まさに読んで字のごとく、魂を揺さぶるような体験が必要だ。人や本を通じた深い疑似体験でもよいが、できれば自分自身の原体験があれば、もっと強烈にソウルフルになれるだろう。

魂を動かされるようなことを経験しない限り、本当に自分を変えようとは思わない。そして本気でかかわらない限り、ソウルフルにはなりえない。マインドフルやハートフルといった上品なたしなみだけに満足せず、ソウルフルで型破りな体験を求めてほしいものである。

ちょっと長くなってしまったが、「三つのS」の正体を、おぼろげながらもつかんでいただけただろうか。システミックは空間を捉え、スパイラルは時間を捉え、スピリチュアルは無形の本質を捉える力だ。言い換えれば、それぞれが三次元、四次元、そして五次元の地平へと、JQを拡張していってくれる。

そして、この三つのSを一体のものとして習得すること。それが「3Sの三位一体」の極意である。

三つの「密」——身密（動）、口密（言）、意密（思）

では、JQを実践するには、何が必要か。

最近、よく「○○力」の重要性が説かれる。たとえば、「聴く力」「伝える力」「問う力」など。

これらは、効果的なコミュニケーションにとって、きわめて大切な「三位一体力」である。そして倫理が関係性の哲学である以上、コミュニケーションはその原動力の一つであることは間違いない。

しかし、倫理はコミュニケーションだけで完結するものではない。では、どのように捉えればよいのだろうか。

ここで、「三密」という考え方に着目してみたい。もっとも、コロナ対策として話題となった「三密(密閉、密集、密接)」のことではない。密教の教えである。密教とは、それまでの顕教に対して、言葉になっていない真実の教え(真言)を指す。

九世紀に真言宗を開いた空海は、「三密」を説いた。身体や行動を意味する「身密《しんみつ》」、言葉や発言を意味する「口密《くみつ》」、そして、心や考えを意味する「意密《いみつ》」の三つだ。「身口意《しんくい》」の三密を整える(三密加持)ことによって、生きたまま仏になれる(即身成仏)という教えである。

ここでは、空海の思想(真言宗)にこれ以上、深入りしないことにしよう。ただし、この「三密」を倫理の文脈で、読み解き直してみたい。

まずは「身」、すなわち、行動に移して初めて倫理が実践されていく。そして、そのためには「意」、すなわち、心で思っていることが行動に反映され、行動を通して心が動かされていく。ここまでは、先述した「身心一如」と同じだ。

そこに「口」、すなわち、言語(密教でいう「マントラ=真言」)が加わってくる。言語は思想を組み立て、伝え、深めるための道具である。先述したコミュニケーションを司るものといってもよいだろう。

もちろん、言葉がなくてもコミュニケーションは成立する。鳥や動物は、鳴き声や身振り・手振りで意思を伝え合う。しかし、言葉を駆使できるのは人間だけだ。聖書ではないが、「始めに言葉ありき」なのである。

いや、最近、人間以上に言葉をうまく操れるようになったものがある。そう、AIだ。ChatGPTに代表される生成AIは、LLM（大規模言語モデル）を駆使して、難しいタスクを人間より早くこなす。言語はコミュニケーションだけでなく、思考のツールそのものなのである。

生成AIは、ある言葉が次にどうつながっていくかを、巨大言語データベースの中から超高速に選び、適切な文章を紡ぎ出していく。質はともかく、その作業スピードは、今のGPT-4のレベルでも、人間業をはるかに超えている。さらに、最近開発が進んでいるようなビジョン言語モデル（VLM）と融合することにより、言語のみならず、多様（マルチモーダル）な視覚情報が組み合わさった知性へと進化していくことだろう。

われわれ人間としても、言語力や表現力をいかに磨くかが、これからますます大切になる。そうでなければ、いずれ人知を超える汎用人工知能（AGI）が登場すると、普通の人間は、AIとAIを巧みに操る一部のエリート集団に支配されかねない。まさに、イスラエルの歴史学者ユヴァル・ハラリが『ホモ・デウス』の中で描いたディストピアである。

エシックス経営を実践するためには、空海の唱える「身口意」の三密を加持する必要がある。なかんずく、デジタルが拓く未来に向けてカギを握るのが「口」、すなわち、言語力と表現力だ。AIに服従する存在になりさがらないためには、われわれが倫理を基軸とする言語力と表現力に磨きをかけ続けなければならない。

三つの「み」――「たくみ」「しくみ」「ひきこみ」

さて、三位一体の真価は、正しくイノベーションを起こす原動力となることだ。

イノベーションという言葉を最初に経営用語として紹介したヨーゼフ・シュンペーターは、イノベーションは「新結合（New Combination）」によってもたらされると論じた。ただし、同質ではなく異質なものの組み合わせでなければならないので、筆者はあえて「異結合（Cross-Coupling）」と呼び換えている。

さらにシュンペーターは、イノベーションとインベンション（発明）を峻別している。0から1を発明することではなく、1から∞（無限大）にスケールさせて大きな市場を創ることだというのである。筆者はそれを技術革新（プロダクトアウト）から市場創造（マーケットアウト）へと言い換えている。

図8-2

「たくみ」「しくみ」「ひきこみ」

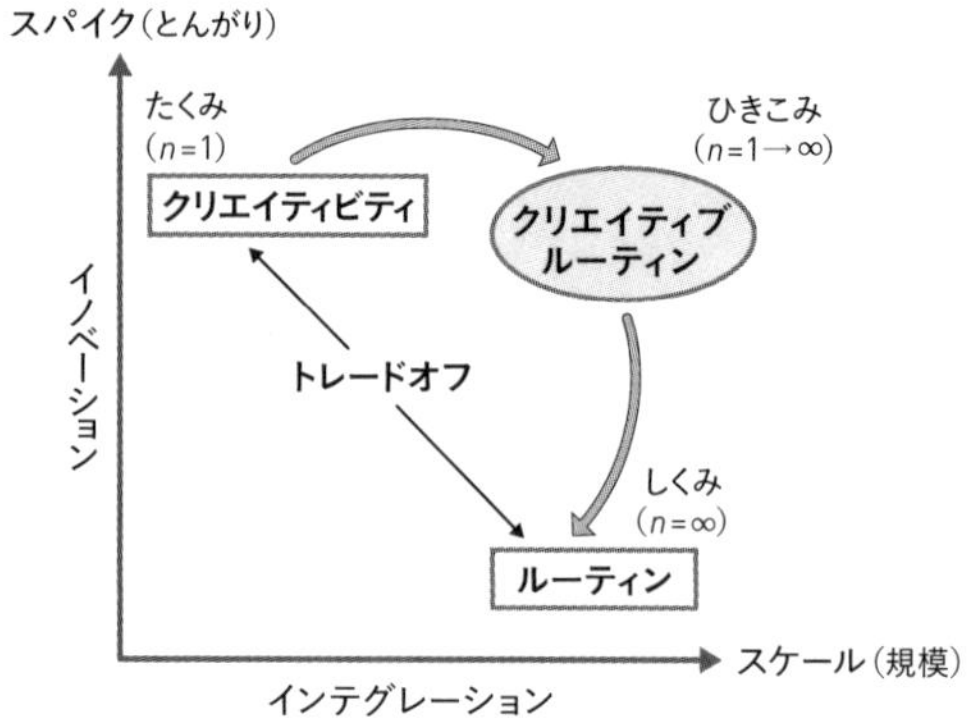

この一から∞への運動を通じて、イノベーションを連打するためには、何が必要か。筆者は常々、「たくみ」から「しくみ」への変換運動こそが真のイノベーションのカギを握ると唱えてきた（図8-2）。

「たくみ」はクリエイティビティを発揮して、0↓1を生み出す活動。そこはヒトの活躍が期待される。AIはビッグデータがなければ何も生み出せないからだ。しかし、それだけでは、当然ながらスケールしない。

無限大（∞）にスケールさせるためには「ルーティン」、すなわち、標準や型に落とし込む必要がある。これを「しくみ」化と呼ぶ。ただし、しくみに落としたとたん、陳腐化が進む。誰でも使えるようにするからだ。

そこで、常に「たくみ」によって0↓1を生み出し続け、それを「しくみ」に乗せることで1↓∞に変換し続けなければならない。それによって、「進化するしくみ」が生まれる。一過性ではなく、持続的にイノベーションを生み続けるためには、この「たくみ」の「しくみ」化がカギを握る。

そのダイナミズムを「クリエイティブルーティン」と呼ぶ。これは野中郁次郎氏が、知識創造モデルの本質として位置づけた運動である。まさに「クリエイティビティ（たくみ）」を「ルーティン（しくみ）」に変換することを意味している。

では、その「クリエイティブルーティン」を実現するには、どうすればよいか。

それを筆者は「ひきこみ（エントレインメント）」と呼ぶ。引き込み現象とは、生物が自己組織化していく過程で、「ゆらぎ（0→1）・つなぎ（1→10）・ずらし（10→∞）」という運動を通じて、異質なもの同士の結合（「異結合」）を自律的に生み出していくことを指す。進化生物学や進化生態学、複雑系科学や自己組織化科学において、組織の自己生成プロセスとして注目されている現象である。

そこでカギを握るのが、「共振」だ。個体を同じリズムに同期させる「ひきこみ」現象のことである。共振を引き起こすためには、本章の最初に述べた3Pが必要となる。パーパス、すなわち組織全体が同じ方向に向かうための志の共有、プリンシプル、すなわち共通の行動原理、そしてプラクティス、すなわち、実践を通じて学習・脱学習を繰り返すことである。

持続的にイノベーションを生み出すためには、「たくみ」「しくみ」「ひきこみ」の三つの

「み」を三位一体化させる必要がある。そのためには、三つのPの三位一体化が求められるのだ。

このように、複層的な三位一体化モデルが、複雑系の中で、お互いが創発し合って進化していく。それこそが先が見えない時代のエシックス経営における「シン三位一体」運動論の本質なのである。

第9章 リーダーシップの新地平

この章では、エシックス経営における経営リーダーの条件を考えてみたい。

そもそも、リーダーの役割とは何か。ハーバード・ビジネススクールのジョン・コッター名誉教授は、リーダーとマネジャーの違いを明確に示している（表9－1）。

これらの一三のリーダーの要件は、いずれもエシックス経営に必要なものである。なかでも「高潔な人格」は最重要といえるだろう。

また、野中郁次郎・竹内弘高両教授は、日本を代表する経営者から抽出された六つの資質を、「賢慮のリーダー」論としてまとめている（表9－2）。その最初の項目に「『善』を判断する」が掲げられている。これこそ、エシックス経営を担うリーダーにとって、最も重要な資質といえるだろう。

とはいえ、「高潔な人格」を身につけたり、「善を判断する」ようになるには、並大抵のこと

表9-1

リーダーとマネジャーの違い

リーダー	マネジャー
革新する	管理する
オリジナル	模倣
発展	維持
長期的な成果にこだわる	短期的な成果にこだわる
何、なぜを問う	いつ、どのようにを問う
可能性に目を向ける	損得に目を向ける
挑戦する	受け入れる
高潔な人格	能吏
規則を破ることも辞さない	規則や常識どおりに行動する
将来のビジョンを創造	将来の目標設定
針路設定	計画立案
動機づけ	コントロール
啓発	問題解決

出所：コッター（2011）をもとに作成。

表9-2

賢慮のリーダー

「善」を判断する	何が会社と社会にとっての善かを考えたうえで、意思決定する
本質を把握する	状況や問題の本質を素早くつかみ、人、物、出来事の性質や意味を直感的に理解できる
場をつくる	経営幹部や社員が相互交流を通じて新たな意味を構築できるよう、フォーマルおよびインフォーマルな場（共有された文脈）を絶えず創出する
本質を伝える	メタファー（隠喩）やストーリーを使って、自らが実際に経験したことの本質を伝え、個人やグループにとっての暗黙知に転換する
政治力を行使する	政治力を行使して、相反する目標を持った人たちを束ね、行動を促す
実践知を育む	徒弟制やメンタリングを通じて、他者（特に現場社員）の実践知の養成を促す

出所：野中・竹内（2020）。

ではない。聖人君子のような人財しかリーダーとして務まらないとすれば、きわめて狭き門となってしまう。そもそも今の経営者に、そのような高いレベルに到達している人は、何人いるだろうか。

オーセンティックリーダーとは

心配する必要はない。実際には、そのような完璧性が求められているわけではないからだ。大切なことは、そのような資質を獲得することをめざして、切磋琢磨すること。リーダーの条件は、既存の状態（Being a leader）を指すのではなく、真のリーダーに向けて進化を続ける姿勢（Becoming a leader）を指すのである。

そのような姿勢を「オーセンティックリーダー」と呼ぶことがある。「オーセンティック」を日本語に直すと「本物の」「信ずべき」などになる。したがって、オーセンティックリーダーとは、無理に外面を取り繕うのではなく、自分自身の倫理を軸に行動するリーダーを意味する。

では、オーセンティックリーダーになるための資質は何か。

オーセンティックリーダー論の提唱者はビル・ジョージ。日本ではあまり知られていないが、医療技術企業メドトロニックのＣＥＯを経て、ハーバード・ビジネススクールでビジネスエシックスの教授をしていた。最近は経営アドバイザーや著作を中心に活動しており、二〇二二年の著書『True North フィールドブック――リーダーたちの羅針盤』は副題に「『オーセンティック・リーダーシップ』を発揮するためのガイド」と銘打たれている。

彼は、二〇〇四年の名著『ミッション・リーダーシップ』で、オーセンティックリーダーになるための要件をうたっている（図9－1）。外縁に対外的な要件を五つ、そして、それぞれに対応する内的な要件が五つで、全部で一〇ある。

素晴らしいフレームワークで、筆者もエシックス経営の講義で使っている。たとえば、パーパスとパッションが対になっていること、バリューズ（筆者の言葉では「プリンシプル」）と行動（同じく「プラクティス」）がやはり対になっていることなど、本書で展開してきたエシックス経営の本質と通底している。

また、「つながり」は関係性から紡ぎ出す、自己規律に基づいて一貫性を保つ、心からの思いを持って共感を示すなど、他の三つのペアも、エシックス経営を実践するうえで、大切なリーダーシップ要件である。

ただし、このすべてを完璧に具備する必要があるというわけではない。これら多面的・多層的な要件を考慮に入れて、リーダーシップを磨き続けることが肝要なのである。

ビル・ジョージは、リーダーシップのスタイルは人それぞれであってよいと語る。「オーセ

図9-1

オーセンティックリーダー

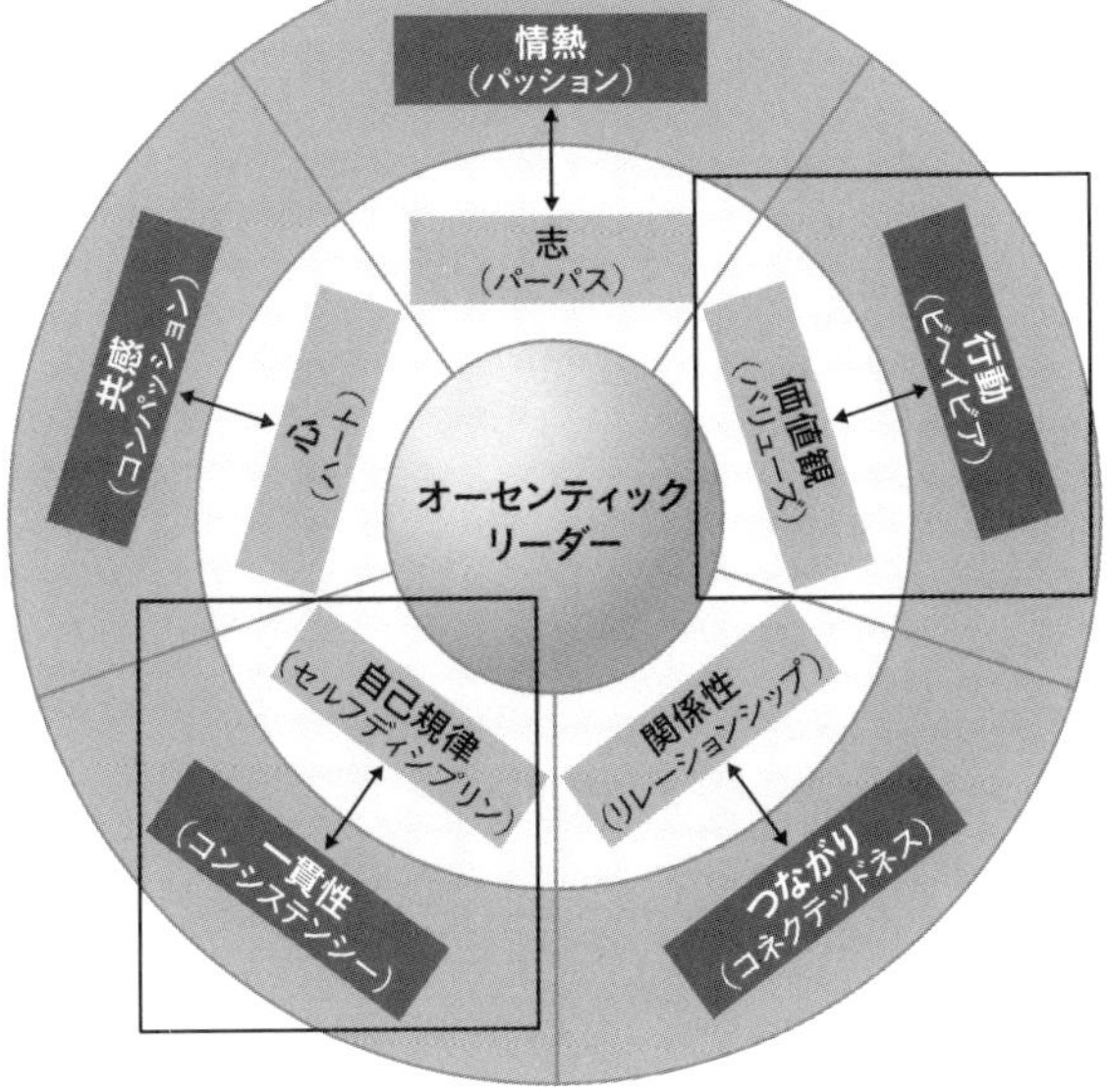

出所：ジョージ（2004）をもとに作成。

ンティック」には「自分らしさ」という意味合いが込められているからだ。

本章では、エシックス経営を実践する現代の日本の経営者を四人取り上げたい。いずれも、筆者自身がよく存じ上げており、大変尊敬している経営者の皆さんだ。それぞれ、まさに「自分らしさ」を見事に貫いておられる。

いわば「シン賢慮のリーダー・令和編」とでも呼ぼうか。ただし、リーダーシップのスタイルは四人四様。そこからは、四つの「型」が抽出できそうである。

伴走型リーダー――カリスマからキャプテンへ

一つ目が「伴走（アカンパニメント）型」。現場と一緒になって動きを創るリーダーである。働くリーダー、汗をかくリーダーと呼んでもいいかもしれない。空間軸を広げすぎることなく、一意専心に本業を深掘りし続ける。筆者が「カルト（深耕）型」と呼ぶ企業のリーダーだ。

このタイプのリーダーは、いわゆる「カリスマ型」の真逆。そもそも、価値観が多様化し、自律的な行動が求められている時代に、カリスマリーダーは有害無益である。もっともこれは、ピーター・ドラッカーが四半世紀前から指摘してきたことでもある。

ドラッカーは『新しい現実』（一九八九年）の中で、「カリスマはいらない」という主旨を語っ

ている。そして、「リーダーシップにはいささかの神秘性もない。それは平凡で退屈なものである」とも言う。(1)

さらに続編の『未来企業』(一九九二年)の中では、「リーダーシップの本質は行動にある。リーダーシップそれ自体は良いものでも望ましいものでもない。それは手段である」と語っている。(2)リーダー自身がプリンシプルを示し、組織に実装しなければならない。そして、一人一人がそれを基軸に行動することの大切さを率先して示す。

ポーラは、このような「カルト(深耕)型」の進化企業の代表例である。そして、同社の及川美紀社長は、まさに「伴走型リーダー」の典型だ。

二〇二九年には一〇〇周年を迎えるポーラは、創業当初から対面販売を大切にしてきた。そのような行動を通じて、「個と和を大切にするDNA」をプリンシプルとして脈々と受け継いできたと、及川氏は語る。(3)

「会社経営においても同様です。『個性に基づく団結』という行動規範があり、バックグラウンドや価値観、社員たちの個性を尊重しながら団結することを大切にしています」

及川氏は二〇二一年四月に「幸せ研究所」を設立、そこの初代社長も兼任している。そこでは社員の幸福度調査や幸せを構成する因子を特定し、ソリューション開発につなげることを目

表9-3

ポーラの「幸せなチームづくり7カ条」

仕事を楽しみ成果を出す！	1	対話する・目をつむらない
	2	ジャッジしない、正解を求めない
	3	執着しない、リセットする
	4	任せる、委ねる、頼る
	5	経験を教訓にする
	6	相手を変えるのではなく自分が変わる
	7	愛のループを自分から始める

出所：及川・前野（2023）。

的とした組織である。そこで発見した七カ条を『幸せなチームが結果を出す』という近著の中で披露している（表9－3）。

「リーダーがメンバーに感謝の気持ちを抱いているチームほど、幸福度が高い傾向も見えてきました。メンバーはリーダーに対してアイデアを提案しやすくなり、主体性と自律性が生まれるのだと思います[4]」

この七カ条は、まさに及川氏自身が率先して行動で示す。たとえば朝、メンバー（社員）の目を見て、自分から「おはよう！」と明るく声をかけるようにしているという。

さらに及川氏は、「尖れ、つながれ」を新しいプリンシプルとして掲げ、さまざまな自己変革の仕掛けを組織に埋め込んでいる。たとえば、「中長期変革目標」。社員一人一人が「こんな社会をつくりたい！」「ポーラを変革していきたい！」「こんな挑戦をしていきたい！」という個人の思いを表明し、それをみんなが応援する評価制度である。さらに一人一人のユニークな取組みを共有する「尖れ、つながれカンファレンス」を開催している。

もちろん、及川氏自身も「尖れ、つながれ」を自ら実践している。全国、そして、世界中を飛び回って活躍されている姿をいつもSNSなどで拝見して、筆者自身は元気をもらっている。

「サーバント（奉仕）型リーダー」という言葉が唱えられてから、半世紀以上経った。今や、サーバント型は賞味期限が切れている。たとえば、『DIAMONDハーバード・ビジネス・レビュー』電子版（二〇二三年一〇月一五日）では、「燃え尽き症候群に陥らないためのリーダーシップの進化」というタイトルで、サーバント型からパーパス重視型への転換が説かれている。そこでは、社員におもねるだけではなく、社員一人一人がパーパスを自分ごと化することを支援するコーチ型のリーダーシップを提唱している。

しかし、パーパス重視型だけでもコーチングだけでも、エシックス経営リーダーとしては十分ではない。自分自身が率先してプリンシプルを実践し、パーパスに向かって社員と一緒に大きく踏み出していくことが求められる。

コーチというよりはチームプレーを大切にしながら、自らも全身全霊でプレーするキャプテンに近いといえそうだ。そのようなリーダーシップのあり方を、本書では「伴走型」と呼ぶ。

及川氏は、そのような伴走型リーダーの見事なロールモデルである。

創発型リーダー——DAOからDACOへ

エシックス経営リーダーシップの二つ目のタイプが「創発型」である。

創発（emergence）とは、個別の要素が相互に働き合うことによって、個別の要素の総和にとどまらない質的変容をもたらすことを指す。複雑系科学で使われる言葉で、生物や組織の進化や、イノベーションを生み出す仕掛けとして注目されている。

理論生物学者のスチュアート・カウフマンは『自己組織化と進化の論理』の中で、生命は「カオスの縁」に存在するという仮説を提唱している。カオスの縁とは、秩序とカオス（混沌）との境界を指す。

安定的な秩序は、自己再生を繰り返す。一方、単なるカオスからは新しい生成活動は生まれない。秩序とカオスが組み合わされたときに既存の秩序が壊され、カオスから新たな秩序の芽が生まれてくる。まさに、シュンペーターがイノベーションの本質として唱えた「創造的破壊（Creative Destruction）」が起こる場である。

カオスの縁で、同時多発的に生まれてくる「ゆらぎ」を「つなぎ」、それらが組織全体を大きく「ずらし」ていくことで、生物は進化していく。筆者は、この「ゆらぎ・つなぎ・ずらし」のダイナミズムこそが、複雑系におけるイノベーション創発の本質だと唱えている。

創発型リーダーは、そのような「カオスの縁」を意図的に作り出す。その結果、組織には常に「ゆらぎ」が生まれ、それらの動きを「つなぎ」、そこに人を中心とした無形資産を大きく「ずらし」ていく。この「カオスの縁」を出発点とする「ゆらぎ・つなぎ・ずらし」を起こすことで、創発型リーダーは、生命における進化のダイナミズムを活用して、非連続なイノベーションを創発させ続けるのである。

そのような創発型リーダーは、スタートアップからは生まれない。なぜならスタートアップは、そもそも定義上、秩序、すなわち安定した資産を持っていないからである。一方、既存企業は資産の宝庫だ。その持てる資産を活用して、安定的な自己再生だけではなく、創造的破壊を引き起こすことができれば、イノベーションを創発し続けることができる。

筆者は、そのような企業を「デコン(脱構築)型」と呼ぶ。フランスのポストモダン哲学者ジャック・デリダが提唱した「デコンストラクション(脱構築)」に由来する。生物にたとえると、突然変異ではなく、自らの中に潜在している可能性を開き続けていくことである。その際のキーワードが「差延(différance)」、すなわち、「ずらし」だ。

デコン型進化企業の代表例が、ロート製薬である。そして、同社の山田邦雄会長は、まさに「創発型」リーダーのロールモデルでもある。

表9-4

ロート製薬の「7つの宣誓」

1	私たちは、社会を支え、明日の世界を創るために仕事をしています。
2	その為に、いつも謙虚に学び、自らを磨く努力をし続ける決意を持っています。
3	励ましあい、協力し合える、社内外の仲間との信頼の絆をなにより大切にしています。
4	高い理想を掲げ、熱く語り、エネルギッシュに行動する文化を私たちは誇りに思います。
5	明るく、楽しく、和協努力。驚喜(オドロキ)の輪を世界中に拡げていきます。
6	まず人がいて、輝いてこそ企業が生きる。主役は人、1人ひとりが自らの意志と力で自立し、組織を動かして行きます。
7	私たちの存在を支えてくれる、すべてのもの(自然、社会、人々)への感謝と奉仕を固く誓います。

出所：ロート製薬。

ロート製薬は二〇二四年に一二五周年を迎えた。くにおさん(ロート製薬はみな、ニックネームで呼び合う)は創業者の山田安民氏の曾孫にあたり、同社の四代目。くにおさんがトップに就任して以来二五年間で、企業規模を五倍に成長させている。

ロート製薬には、「七つの宣誓」がある(表9-4)。くにおさんが掲げる同社のプリンシプルである。

なかでも、くにおさんが大切にしているのが、二つ目の「学び、努力し続ける決意」だという。まさに「学習優位の経営」を標榜し、ひたすら実践し続けている企業だといえるだろう。

最近のインタビューでも、次のように語っている[5]。

「自分たちは成功する力があるんだと慢心した瞬間に進歩が止まります」

ポーラが一意専心に祖業にこだわり続ける「カルト(深耕)型」であるのに対して、ロート製薬は事業領域を外へ外へと「ずらし」続ける。胃腸薬を祖業としつつ、目薬などのアイケア分野のトップ企業となり、二一世紀に入ると、化粧品分野で大きく成長し続けている。そして、最近では農業や食、さらには再生医療の分野にも進出している。

同社が最近掲げるもう一つのプリンシプルは、「Never Say Never」。前に紹介した武田薬品工業の「不屈」の精神に通じる想いである。もっとも、闇雲な多角化をめざしているわけでも、根性論を奨励しているわけでもない。くにおさんは次のように語る(6)。

「新しい領域でやる上は何のために新しいことをやるのかというパーパス、志が絶対に必要です。新規事業がうまくいくかどうか、やりきれるかどうかは、そうした志があるか、そして『こういう製品はこれまでなかった』『こんなことが可能になった』というイノベーションがあるかどうかにかかっています」

パーパス(志)とイノベーション仮説——それこそが、くにおさん流の「ずらしのテクニック」である。そして、「ずらし」を創発する仕掛けを矢継ぎ早に打ち出してきた。

たとえば、社長就任前から社員の個の成長を支援するキャリアシートをスタートさせ、就任後は社員が重要テーマに自発的に取り組むＡＲＫ（明日のロートを考えるプロジェクト）を実施。二〇一六年からは、社外チャレンジワーク（複業）、社内ダブルジョブ（兼務）をはじめ、二〇二〇年には社内起業家プロジェクト「明日ニハ」をスタートさせた。そして二〇二二年からは、仕事への向き合い方を自己評価するＷＢＰ（ウェルビーイング・ポイント）制度を始めている。

ロート製薬は、二〇二三年度のＣＳＡ（Career Select Ability）賞を受賞した。同賞は、その企業ならではの志を掲げ、その実現に向けて二十代の若手が異次元の成長を果たしている企業を表彰している。その表彰式の当日、くにおさんともう一社の受賞企業クラダシの関藤竜也社長（現・会長）を囲む座談会に、筆者も選考委員の一人として参加した。その席上、くにおさんは、次のように語っていた。[7]

「不得意なことをやることで、困難を乗り越えていくことで、ヒトは育ちます。そして、その結果、会社が育つのです。そのためには、一人一人の可能性を信じて、持てる力をフルに引き出す戦略とリーダーシップが求められます。

若手は本来、チャレンジが大好きです。三か月で一人前の仕事をしてもらい、それでどんどんと育っていきます。経営幹部や中堅層を含めて、会社全体が革新に向かって走っている集団をめざさなければなりません」

図9-2

創発型組織への進化

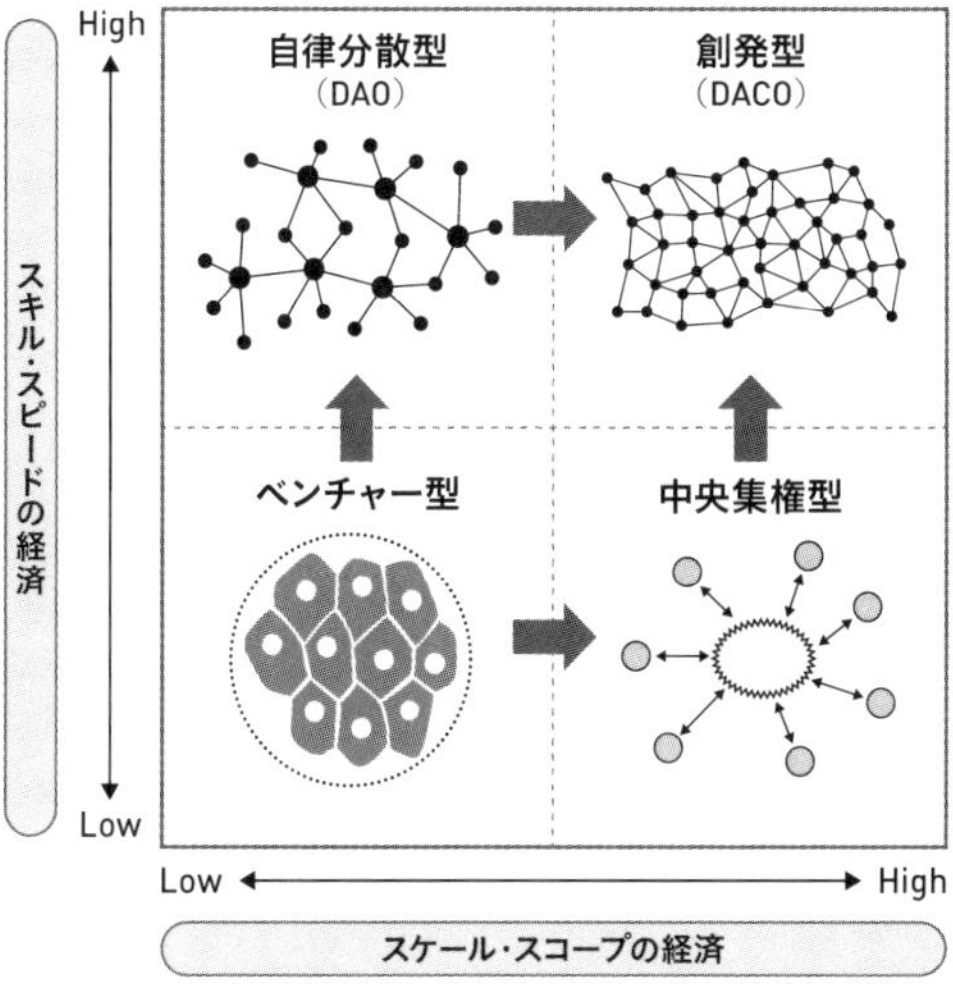

そのためには、なるべく外へ外へと向かうことが大切だとも語っている。そして、くにおさん自身、できるだけ新しい出会いを求めて、外に向かい続けている。

「出来上がった会社と会っても、何も面白くない。スタートアップと組むことで刺激を受けるし、学びが大きい」

筆者は創発型組織をDACOと名づけている。Decentralized, Autonomous, Connected Organizationの略だ。日本語では「自律異結合型組織」とでも呼ぼうか。図9-2が示すとおり、企業は大きく二つの方向で進化していく。スケールやスコープの経済を追求する方向（横軸）と、スキルやスピードの経済を追求する方向（縦軸）の二つである。

前者の場合、企業は大きく成長するが、中央集権化する結果、やがて大企業病に陥る。そうなると、「企業の寿命三〇年」説を演じることになってしまう。

一方、後者の場合、小集団が自律的に躍動し続ける。Ｗｅｂ３の世界では、このような自律分散型の組織をＤＡＯ（Decentralized Autonomous Organization）と呼ぶ。しかし、力が分散する結果、大きくスケールできない。

理想的な進化の方向は、右斜め上、すなわち、自律していながら自在に力を合わせていくことである。この創発型の組織がＤＡＣＯだ。「Connect」の磁石となるのが志（パーパス）、共創の磁場を満たすのがプリンシプルである。

二〇二四年二月二二日、ロート製薬の創業一二五周年記念日に、筆者もお声がけいただき、「次世代イノベーション（10Ｘ）の実践」という講演をさせていただいた。その後の社員やくにおさんとの討議を通じて、このＤＡＣＯモデルこそ、くにおさんがめざすロートの進化の姿であることを改めて確信した。

分人型リーダー——多項動態を活かす知恵

さて、第三のタイプが「分人型」だ。マルチバース時代にふさわしいリーダーシップのあり方である。

ここでは、丸井の青井浩社長を取り上げたい。丸井は青井忠治氏が一九三一年に創業、浩氏は二〇〇五年より約二〇年間、創業家三代目のトップを務めている。

リーマンショック時に赤字に転落、そこから、大きく戦略転換に着手した。今では百貨店はイベントを中心に展開する「売らない店」を標榜し、収益の大半をクレジットカードで稼ぐフィンテック企業に変貌している。その卓越した戦略が高く評価され、同社は二〇一六年にポーター賞を獲得している。

今後はさらに、デジタルを駆使した未来事業プロデューシングを加速している。「小売×フィンテック×未来投資」という三位一体経営をめざしているのだ。

ポーター賞の選考委員の一人として、筆者も既存の資産を生かしつつ、非連続な業態変革を仕掛ける青井氏の戦略の素晴らしさに舌を巻いた。しかし、筆者がそれ以上に注目するのは、青井氏が「経営ＯＳ」の抜本改革に取り組んできたことだ。NewsPicksのスタジオで実施した筆者との対談で、そのねらいを次のようなキーワードで説明している。(8)

①強制から自主性へ
②やらされ感から楽しさへ
③上意下達のマネジメントから支援するマネジメントへ
④本業と社会貢献から本業を通じた社会課題の解決へ
⑤業績の向上から価値の向上へ

まずはパーパスの策定から始めたという（もっとも青井氏は、「うちではパーパスではなく理念と呼びます」と言っていたが）。そして、「人の成長＝企業の成長」という基本理念の下、会社のパーパスと個人のパーパスのすり合わせを一〇年以上にわたって続けている。

企業文化の変革にあたっては、対話の文化の醸成、働き方改革、会社内・会社間職種変更異動、パフォーマンスとバリューの二軸評価など、さまざまな施策を同時並行的に繰り出していった。

なかでも、「手挙げ制」を徹底したことが奏功したという。産経新聞のイベントの基調講演でも、青井氏は次のように語っている(9)。

「私が社長に就任した当時の中期経営推進会議は、黒っぽいスーツを着たおじさんばかりでした。そこで、参加を希望する人に手を挙げてもらい会議を開催することにしたのです。その結果、男性も女性も新入社員からベテランまで参加する会議となり、内容も見違えるほど充実してきました。中期経営推進会議は現在も続けていますが、毎回一〇〇〇人近くの社員が手を挙げ、論文審査を通過した約三〇〇人が参加しています。社内外のプログラムや新規事業、昇進試験や異動もすべて手挙げ制です」

このような若手の活躍が高く評価され、丸井は二〇二一年にCSA賞も受賞している。

これらの「OS」の上に、重要経営課題をアプリケーションとして実装している。青井氏が特に重視しているのが、ウェルビーイングとサステナビリティだ。

社員のIkigai（すなわち、ウェルビーイング）を主軸とした経営が、社会や地球を含めたすべてのステークホルダーに対するポジティブなインパクト（すなわち、サステナビリティ）をもたらすと、確信しているからである（図9-3）。これこそ丸井ならではの共創戦略の本質であり、青井氏一流のエシックス経営の真髄でもある。

産業医でもある小島玲子氏をチーフ・ウェルビーイング・オフィサーに抜擢したほか、ダイバーシティなどの専門家である岡島悦子氏（プロノバ社長）を、サステナビリティ領域では専門家のピーター・ピーダーセン氏を、それぞれ社外取締役に登用している。

社外取締役として最も異色なのが、みさき投資の中神康議社長だ。中神氏は経営者、従業員、

図9-3

丸井の「IkigaiからImpactへ」

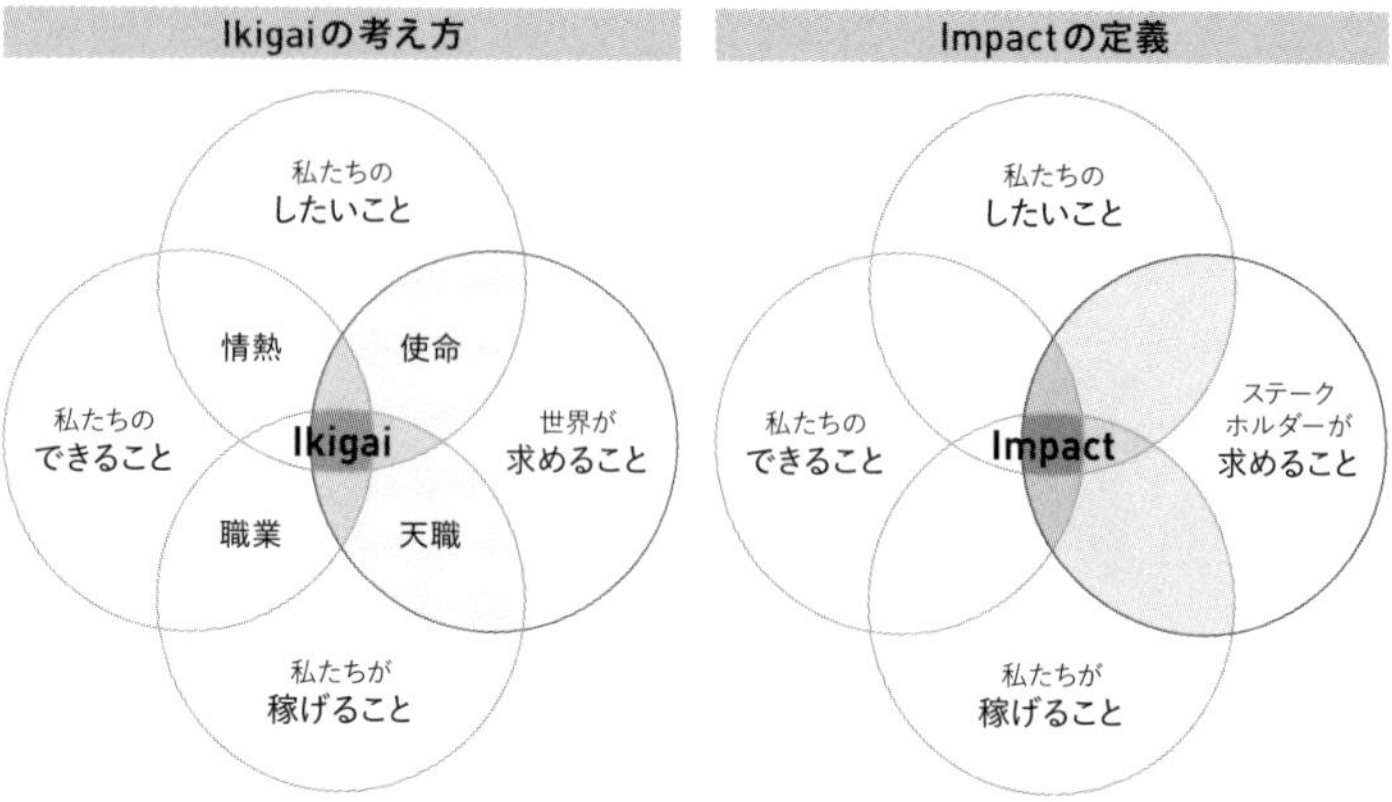

4つの輪が重なったところに「Ikigai」がある。そして、「私たち」のしあわせと「世界が求めること」が交わるところに、本当の「しあわせ」があると定義されている

私たちの「したいこと・できること・稼げること」よりも、ステークホルダーが「求めること」が起点となっている点が、丸井グループが掲げる「Impact」の大きな特徴

出所：丸井グループ。

株主がみな豊かになる「三位一体の経営」を持論とする「働く株主」である。そして、そのような投資家がボードメンバーになるガバナンス「ボード3・0」の提唱者でもある。中神氏を取締役として迎え、かつ、戦略検討委員会委員長に据えるという青井氏の荒業は世の中をアッと驚かせた。

素顔の青井氏は、実はそのような荒業とは無縁の人のようにも見える。筆者は、折に触れて、青井氏を交えたごく少人数の食事会兼思想交流会に参加している。そこでは実業の話はご法度で哲学や文学、音楽や芸術の話に花を咲かせる。どの話題にも独自の深い見識を語られる青井氏からは、いつも多くのことを学ばせていただく。

他方、実業の世界の青井氏は、かつて、リーダーとしての自らの資質にコンプレックスを抱いていたという。野中郁次郎氏のオンラインコラムで、次のように語っている。[10]

「二代目社長の父は見た目も言動も〝猛獣系〟。私は対極で、線が細いといわれていました。そんな折、ハーバード大学のバダラッコ教授が唱える『静かなリーダーシップ』を知った。内省的で目立たない静かなリーダーのほうが複雑な状況に対処するのに向いていると知り、これだと思ったのです」

このような青井氏の経営を、野中教授は、「静かな二項動態経営」と名づけている。「小売と金融」と「幸せと利益」を巧みに両立させているからだ。そして、記事の中で次のようにコメントしている。

「こうした二項動態の知創経営を推進しているのが自称『静かなリーダー』というのが面白い。『経営者は各ステークホルダーの媒介項』という言葉からも、『静かさ』が窺える。しかも、ステークホルダーは六者を想定しているから、『三方よし』ならぬ『六方よし経営』でもあるのだ。青井氏はそうした多様な関係性を束ね、独自の知を紡ぐ。手挙げ制の文化を醸成し、仕事へのコミットを強め、モチベーションを喚起する。静かだが、したたかなリーダーであるのは間違いない」

いかにも、野中教授らしい慧眼である。では、青井氏はどうやって多様な関係性を束ねていくことができるのか。

筆者には、そこに「分人型リーダーシップ」のアーキタイプ（元型）が見えてくるように思える。「分人」については、第2章で紹介したとおり。「個人」が「in-dividual」、すなわち、分けることができないものであるのに対して、「分人（dividuals）」は複数の関係性に応じて、自分を分けることができる。

それぞれの関係性の中に、自分の分人が参加し、自分の分身として、そこでの関係性を生成していく。それができれば、複雑な関係性を束ねていけるはずだ。

そのように個人が分人に分かれて複数の関係性に参加する組織を、筆者は分人型ネットワーク組織（DNO：Dividuals Network Organization）と呼ぶ（図9－4）。このような分人型社会システムを構想したものとしては、国立情報学研究所の武田英明氏の論文が大変参考になる。[1] これは、先に論じた創発型組織DACOがさらに進化した形態といえるだろう。

この関係性のネットワークは、いずれ仮想企業として新しい価値創造の主体となっていくはずだ。そうなると、既存の企業の解体が始まっていくかもしれない。

図9-4

分人型ネットワーク組織(DNO)

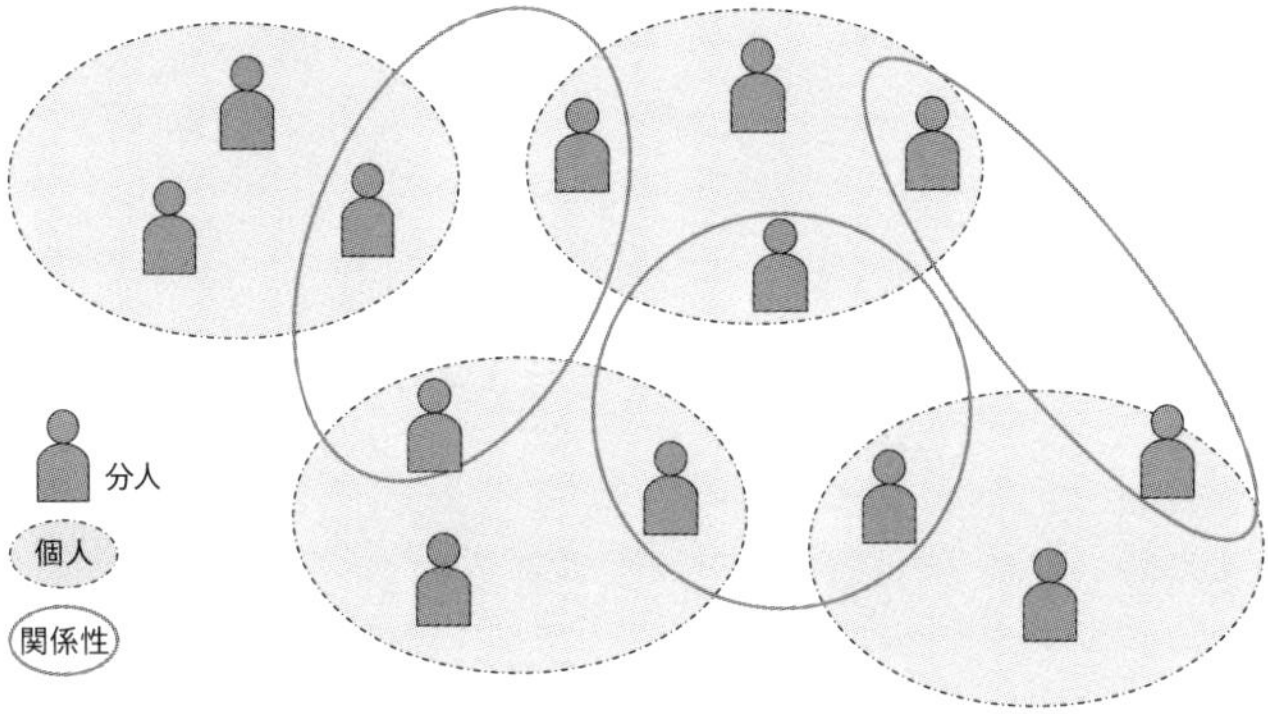

出所：武田(2021)をもとに作成。

このように分人化していくと、分人の総体としての自分の一体性(インテグリティ)をいかに保つかという課題に直面する。そこで一体性が維持できなければ、周りからは八方美人と呼ばれ、自分は統合失調症にさいなまれることになってしまう。

そのためには、野中教授のいう「二項動態」を超えた「多項動態」を自らの中でいかに折り合いをつけるか、言い換えれば、分子生物学者の福岡伸一氏が唱える「動的平衡」をいかに実践するかが問われる。そして、それはエシックス経営の本質にほかならない。なぜなら、和辻哲郎が指摘したとおり、倫理とは関係性の中で生まれるからだ。そして、複雑系の世界では、関係性が多層に絡み合っており、その中でエシックス経営を実践するには、このような分人型リーダーシップが求められるからである。

青井氏とは、先述した思想交流会で、「分人論」

も論じる機会があった。文学部出身でフランス留学経験もある青井氏は、平野啓一郎氏の分人主義や、ジル・ドゥルーズの分人論にも造詣が深く、議論は白熱した。席上では経営の話はしない約束だが、この分人主義は、青井氏の経営モデルに実装されつつあるように思われる。

青井氏自身、多様な外部コミュニティに、関係性の輪を広げている。デジタルの世界ではシリコンバレーに深く身を置き、サステナビリティ経営を体感するために、北欧やオランダで現地の経営者の話にじっくり耳を傾ける。

また、ウェルビーイングの取組みの中では、年齢や性別の多様性に加えて、個人としての多様性を大切にするように働きかけている。分人型組織につながる進化のプロセスを確実に歩み出していると いえるだろう。

信念型リーダー――志の実践

四つ目のエシックス経営リーダーのスタイルとして、「信念型」を取り上げよう。

高いパーパスを掲げるだけでなく、それを着実に実践(プラクティス)するために、プリンシプルを大切にしているリーダーだ。まさに、本書で論じてきたエシックス経営の王道でもある。

特に、スタートアップ企業のリーダーに多く見られる。ありたい未来に向けて、社員と一丸となって、ぶれずに行動し続けているからである。

たとえば、「安心安全でおいしい」食にこだわり続けるオイシックス・ラ・大地の高島宏平社長、石灰石を原料にプラスチックや紙の代替となる素材「LIMEX」を生産・販売するTBMの山﨑敦義社長、社会起業家を生み出し続けるボーダーレス・ジャパンの田口一成社長など。いずれも、先に紹介したCSA賞の受賞企業でもある。

最新（第四回）のCSA賞受賞企業であるクラダシの関藤竜也会長もその一人。クラダシについては、第5章で紹介したので、ここではリーダーとしての関藤氏に焦点を当ててみたい。

商社マンとして中国に駐在、高度成長の光と影を実体験した関藤氏は、フードロス解決を志して、クラダシを創業。二〇一四年のことである。

しかし、創業当初は現実の壁にぶつかった。メーカーにしてみれば、売れ残った商品をディスカウントして流通させると値崩れにつながりかねない。「百戦百敗だった」と、関藤氏は当時を振り返る。

それでも、ひたすら初心を貫いて活動していく中で、大きくフォローの風が吹き始めた。二〇一五年に国連で合意されたSDGsを受けて、フードロスに対しても、社会の関心が集まり始めたのである。

第5章で紹介したとおり、クラダシは「ソーシャルグッドカンパニーであり続ける」をパーパスとして掲げている。そして関藤氏は、その志を「三方よし」というビジネスモデルに練り

図9-5

クラダシの「三方よしのビジネスモデル」

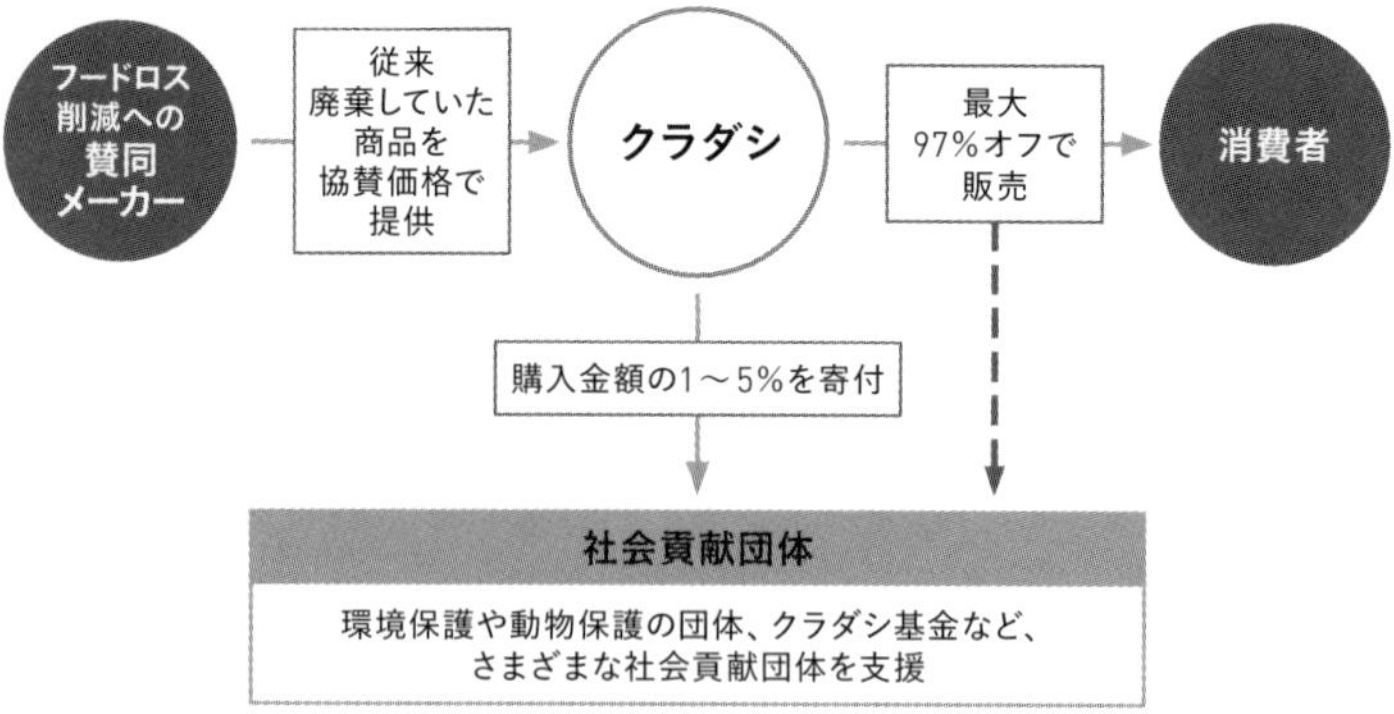

出所：クラダシ。

上げている（図9－5）。

そこで最も威力を発揮しているのが、ビッグデータに基づくダイナミックプライシングのアルゴリズムだ。最大九七％の値引きをうたいつつ、需要と供給のバランスを見極めながら値付けをすることを指す。売れ残りリスクを避けつつ、収益を出せる仕組みとなっている。

これこそ、関藤氏が商社で培った市場創造の方法論そのものでもある。同じ商社出身として、筆者もこのビジネスモデルに大変感銘を受けるとともに、本来であれば、商社こそが、このような市場創造の担い手になれるはずだとも感じた。しかし、大きな商いにしか興味を示さない大手商社にとっては、ゼロからの市場創造は、間尺に合わないのかもしれない。

それはともかく、収益につながるビジネスモデルがない限り、社会貢献活動に終わってしまい、サステナブルな事業にはならない。社会価値と経済価値の「二項動態」を実現すること、すなわち、CSV（共通価値の創造）という戦略がエシックス経営実践の大前提となる。

しかし、戦略そのものはコモディティでしかない。クラダシのビジネスモデルは、その気になればいくらでもコピペできるはずだ。しかし、IPOを果たし、注目度が高くなった今もなお、競合企業は現れてこない。なぜか。

関藤氏のように信念を高らかに掲げ、あらゆる困難を乗り越えて、それをひたむきに実践していくパワーのあるリーダーが、他に現れてこないからである。そして、その関藤氏の信念に共感して集まる若手の社員や学生たち、サプライヤーや生活者、そして、企業パートナーや行政機関。そこに組織を超えるエコシステムが生まれ、それが新たな市場のダイナミズムを生み出していくからである（図9－6）。

世の中のガバナンス論議は、ステークホルダーマネジメントを論じる。しかし、関藤氏が示しているのは、単にステークホルダーをマネージすることではなく、ステークホルダーに共感の輪を広げることの大切さである。それこそが「多項動態」の妙技であり、エシックス経営リーダーの真骨頂なのだ。

CSA賞授賞式の後の座談会で、筆者は関藤氏に次のように問いかけた。

「スタートアップ企業には、『熱い想い』しかありません。それをマグネットとして、どれ

図9-6

共感の輪のスパイラルアップ

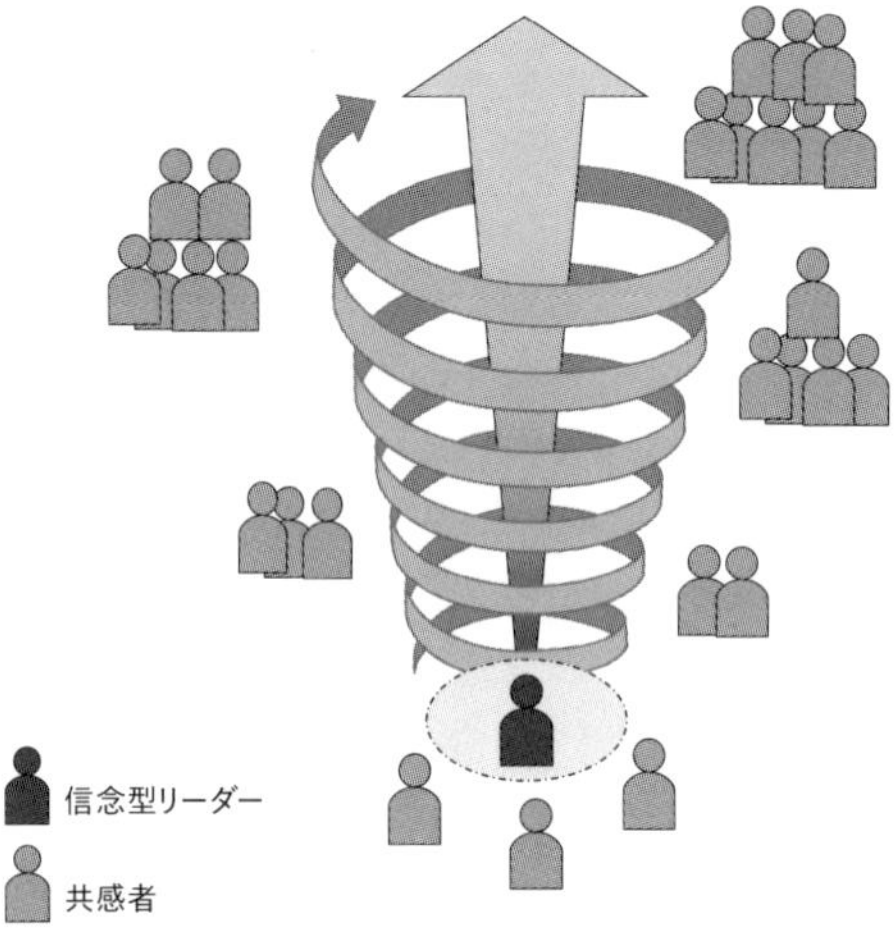

だけヒトの共感の輪を作れるかが、成功の唯一のパスではないでしょうか」

関藤氏はそれに深くうなずいたうえで、次のように語っていた。

「これからの世代に、とても期待しています。若い人のセンサーは、社会課題に対してビンビンと反応します。そのような仲間をどんどん増やしていきたい。

一〇〇年後には、フードロスもある程度解消され、また別の社会課題が浮上していることでしょう。そのときも、クラダシが新しい渦の中心となっていることでしょう。クラダシの商品は『社会課題』なのですから」

クラダシはまだ生まれて一〇年しか経っていない。それでも一〇〇年先を見据えて、進化し続けていくことだろう。それが年齢とともに若返る「アンチエイジング企業」の秘訣でもある。クラダシも九〇年先には、筆者が提唱する「超進化企業」（一〇〇年を超えて成長し続ける超優良企業）の殿堂入りを果たしているはずだ。

座談会の席上、筆者は関藤氏に次のようなエールをお送りした。

「関藤さんの信念を、いかに次世代のリーダーたちにつなげ続けていくか。そして、彼女たち彼らが、前例を創り続け、アクセルを全開にして、明るく楽しく元気良く活躍していけるか。そのような行動原理が実装されれば、永遠のスタートアップ企業として輝き続けることでしょう」

第Ⅲ部の小括

第Ⅲ部では、三つの切り口から、エシックス経営をいかに実践するかを論じてきた。

まず、土台となる経営基盤をいかに築くか？　そこでのキーワードは、自治（セルフガバナンス）、身体、そして、規律と自律である。これらを整備することを「シン構造主義」と呼ぶ。

その基盤の上に、エシックス経営の本質ともいうべき実体(substance)をいかに実装するか。ここでは「三位一体」というフレームワークを使って、エシックス経営の奥行きと深さを三次元で論じた。「3P(Purpose, Principle, Practice)」「3Q(IQ、EQ、JQ)」「3S(Systemic, Spiral, Spiritual)」の三つだ。

この中で最も深淵な奥義である「Spiritual」を習得することは、容易ではない。本書では、空海の「三密」、すなわち「身密」「口密」「意密」の教えを紹介した。

さらに、イノベーションを生む運動を「三つの『み』」として提唱した。「たくみ」と「しくみ」、そして、それらをつなぐ「ひきこみ」だ。これら三位一体の集合が重なり合う経営の実体を「シン三位一体」経営モデルと呼ぶ。

そして、さらにその上に、全体をダイナミックに動かしていくリーダーシップが必要になる。欧米では「オーセンティックリーダー」論、日本では「ワイズ(賢慮の)リーダー」論が提唱されている。いずれもエシックス経営に必要なリーダーシップのあり方として、きわめて示唆に富んでいる。

ここでは、それらを実践するリーダーシップのあり方として、四つの型を紹介している。伴走型、創発型、分人型、信念型の四つだ。これらを総称して「シン・ワイズリーダーシップ」と呼ぶ。

この第Ⅲ部では、エシックス経営の「構造と力」を論じてきた。いわば本書の中心テーマでもある。エシックス経営をいかに実装するかのイメージが少しつかめただろうか。

さて、締めくくりとなる第Ⅳ部では、エシックス経営の最前線を一望してみたい。そのうえで、日本企業にとっての明日のエシックス経営を考えてみたい。それは、日本の伝統に深く根差しつつ、未来を展望するものとなるはずだ。なぜなら、伝統から革新が生まれ、革新が未来の伝統になるものと信じているからである。

第 IV 部 エシックス経営の最前線

本書ではここまで、エシックス経営とは何か、その具体的な事例、そして、いかに実践するかについて論じてきた。この最終部では、エシックス経営の未来について展望したい。ここでも、「三位一体」の枠組みを踏襲して、空間軸、時間軸、価値軸という三つの視点から眺めてみよう。

まず、空間軸。ここではいかに、生態系全体で倫理のあり方を捉えるかが問われる。まず、利己的な視点から利他的な視点への転換だ。しかし、それだけでは足りない。人間中心主義そのものからの脱却が求められている。生物多様性や地球環境への配慮が、エシックス経営の最重要テーマとなっている。しかし、それでもまだ不十分だ。無生物、そして、宇宙も視野に入れて、倫理を捉え直す必要がある。そこでカギを握るのが「空間編集力」だ。

次に、時間軸。ここでは現在にとらわれるのではなく、過去から未来へと続く伝統と革新のストーリーを紡ぎ出す「時間編集力」がカギとなる。デジタルが切り拓く非連続な未来に向けて、いかにエシックス経営を進化させていくか。特にＡＩがヒトの知性を超えるシンギュラリティを迎える中で、エシックス経営の未来をいかに生成させていくかが問われている。そしてそのヒントが、古来の歴史の中に織り込まれていることに気づくはずだ。

第三に価値軸。これはエシックス経営の本丸である。価値が多元化していく中で、何が拠り所となっていくのか。

ウェルビーイングという流行語に踊らされて、思考停止になってはならない。その中身は同床異夢、しかも、正解も到達点もないのだから。多元価値の下でのエシックス経営のカギは、異なるものを結合する力、すなわち「異質(ヘテロ)編集力」にある。そして、それは仲間同士の幸福主義に逃げ込むのではなく、正しいイノベーションを生み出し続ける原動力となるはずだ。

実は、これら三軸それぞれにおいて、日本人が古来大切にしてきたものが、未来を拓く切り札となる可能性がある。それは「共生」「縁起」「結び」などといった考え方だ。

前述したとおり、「エシックス」という言葉は、古代ギリシア語の「エートス」、すなわち、「いつもの場所、固有の習慣」という意味を持つ言葉から派生したという。だとすると、日本固有の「倫理」、すなわち、和辻哲郎のいう「関係性」の思想が、日本的なエシックス(倫理)の根底に流れているはずだ。そして、現代の日本人が忘れかけているこれらの伝統こそが、明日のエシックス経営を生み出すための世界遺産になる可能性があるのではないだろうか。

少し先を急ぎすぎたかもしれない。早速、三軸それぞれを読み解いていこう。

第10章

空間軸——共生経営

まず、空間軸を考えてみたい。ここでのキーワードは「生態系」だ。

生態系は、生物、さらには、それを取りまく水や空気などの無生物との相互関係性を示す言葉である。私たちも、この生態系の中で「生き、生かされ」ている。

その生態系のバランスが、大きく崩れようとしている。地球環境や生物多様性への負荷が加速度的に進み、私たちの存続を脅かし始めている。そして、その「主犯」が、私たち人間自身であることも明白だ。工業化や土地開発、乱獲などによって、生態系の秩序を不可逆的に破壊しているからである。

一九七二年、ローマクラブが『成長の限界』を発表した。そこでは、システムダイナミクスの手法に基づいて、未来をコンピュータで予測してみた結果が示された。「このまま人口増加や環境汚染などの傾向が続けば、資源の枯渇や環境の悪化により、一〇〇年以内に地球上の成長が限界に達する」という報告は、世界に大きな衝撃と論争を巻き起こした。

それから半世紀後の二〇二二年、ローマクラブは『Earth for All――万人のための地球』を出版。改めて終わりのない成長の時代から、バランス良く繁栄する時代へのシフトを唱えたのである。具体的には、次の五つの「劇的な方向転換」だ。

①貧困の解消
②重大な不平等への対処
③女性のエンパワメント
④人と生態系にとって健全な食料システムの実現
⑤クリーンエネルギーへの移行

現行のSDGs（持続可能な開発目標）の一七項目に比べると、重要課題を絞り込み、かつ踏み込んだ提言になっている。地球規模で取り組むべき課題、とるべき打ち手は明らかだ。しかし、同書が提案する「大きな飛躍（Giant Leap）」はいまだ始動せず、相変わらず「小出し手遅れ（Too Little Too Late）」の状況が続いている。なぜだろうか。

地政学的な対立、成長との二律背反、既得権勢力による抵抗など、さまざまな理由が交錯しており、簡単には解きほぐせそうにない。

このような混迷の中でこそ、ステップバックして、私たちの思考や行動パターンの元型（アーキタイプ）に、立ち返ってみる必要がありそうだ。そこで問われるのが、倫理である。なぜなら、倫理は関係性の捉え方であり、生態系は関係性こそが中核課題だからだ。「生態系倫理」こそが空間軸での主題である。

フンババと十字架

「人新世（アントロポセン）」という言葉を、最近よく耳にする。ノーベル化学賞を受賞したオランダ人の大気化学者パウル・クルッツェンが二〇〇〇年に提唱した造語で、直訳すると「人類の新時代」。そこには、「人類が地球の生態系や気候に大きな影響を及ぼすようになった時代」という意味合いが込められている。

日本では、斎藤幸平氏の『人新世の「資本論」』がベストセラーになったこともあって、マスコミに取り上げられることが多い。もっとも斎藤氏のように、資本主義を槍玉にあげたいのであれば、「資本新世（Capitalocene）」という言葉のほうが適切だろう。これを「人」そのものの営みにすり替えてしまうところに、デマゴーグ的な意図が透けて見える。

そもそも、「人新世」はいつから始まったと捉えるべきか。今のところ、社会経済の成長と環境破壊が急激に加速し始めた時期（グレートアクセラレーション）、すなわち、二〇世紀の中頃以降を指すという見方が一般的だ。一方で産業革命を起点とする見方や、農耕を始めた頃、さらには、新石器時代までさかのぼるという説も唱えられている。

人類最古の生態系破壊伝説をご存じだろうか。『ギルガメシュ叙事詩』に登場する。これは紀元前一三〇〇～一二〇〇年頃、メソポタミア文明時代に編述された最も古い文学作品といわれている。英雄かつ暴君ギルガメシュ王を主人公とした物語で、その中にフンババとの闘いというエピソードが描かれている。

フンババはレバノン杉の番人で、自然の守護神として畏敬されていた。ギルガメシュはそのフンババを倒し、建築物に利用するため、木々の伐採を始める。その結果、森は無残にも砂漠と化し、文明は滅びていってしまったのである。

歴史は繰り返す。古代エジプトも緑豊かな土地にあった。しかし、ピラミッド建設などの国家プロジェクトの結果、森林が枯渇していった。ピラミッドは石でできているのに、どうしてか。石の切り出し、加工、運搬に、大量の木材が使われたためだ。古代ギリシアでも軍艦建設のために森林が伐採され、自然破壊が進んだ。メソポタミア、エジプト、ギリシアという古代文明は、生態系を破壊して繁栄したのちに、滅亡していったのである。

そのような人類の驕りを決定づけたのが、産業革命よりはるか以前、キリスト教を基軸とした西洋文明だったのではないか。

旧約聖書の「創世記」(第一章二八、二九編)には、天地創造の場面が次のように描かれている。

「神は彼らを祝福して言われた。『生めよ、ふえよ、地に満ちよ、地を従わせよ。また海の魚と、空の鳥と、地に動くすべての生き物とを治めよ』。神はまた言われた、『わたしは全地のおもてにある種を持つすべての草と、種のある実を結ぶすべての木とをあなたがたにあたえる。これはあなたがたの食物になるのであろう』」

この一節が「人間中心主義」を決定づけたとする論者も少なくない。もっとも、キリスト教の立場に立てば、人間は他の生物をしっかり繁栄させる役割を、神から託されたのであり、他の生物を支配することも、ましてや滅亡させることを許されたわけではなかったはずだ。しかし、この人間を特別視する考え方そのものが、自然に対する人間の傲慢さをもたらしたことも、否定できないのではないだろうか。

さらに人間中心主義を決定的にしたのが、「われ思う、ゆえに我あり」(『方法序説』、一六三七年)という命題でよく知られているフランス人哲学者ルネ・デカルトだ。デカルトは、精神的な活動を司る心と、機械的な法則に支配される身体は、切り離すことができると説いた。のちに「心身二元論」と呼ばれる考え方である。

その結果、哲学は形而上学的な世界を扱い、科学は機械的な世界を対象とするという二分論が幅をきかせていく。そして、前者が観念的な知の戯れに取りつかれている間に、後者は近代科学の進歩を促し、産業革命を生み出す。しかし一方で、それが機械論的世界観を広め、科学をテコに発展していく経済や企業が哲学、そして、倫理から切り離されていく結果につながっていった。

こうして、人間中心主義が合理主義と合体することにより近代型人新世が出現し、生態系のバランスを大きく破壊していくことになる。そこでは倫理は、別次元の知的遊戯として、考慮の対象から外されていく。経済学ではそれを「外部経済」と呼び、経営学ではそれを競争戦略上の「心情的阻害要因」とすら見なすようになる。それが今日の倫理不在の経済や経営を生み出していったのである。

スピノザからベイトソンへ

このような教義に異を唱えたのが、第1章にも登場したバールーフ・デ・スピノザだ。スピノザは「神即自然」を唱えた。神とは自然そのものだというのである。キリスト教が超越神を唱えるのに対して、スピノザは汎神論を語る。この思想はキリスト教社会を震撼させた。スピノザは異教徒視され、『エチカ』(一六七七年)は禁書となる。

すべてが自然の中に包み込まれているというスピノザの思想は、キリスト教にとってコペルニクス的転回にも匹敵する「危険思想」だったに違いない。神が自分に似せて作った人間を特別視するキリスト教的な人間中心主義を、根底から覆す威力を持っていたからだ。

スピノザは、デカルトの心身二元論にも異を唱えた。『エチカ』の中で「実体の本質は、存在することである」(定理七)と論じている。のちに「実体一元論」と呼ばれる考え方である。

さらに、精神と身体はともに実体として存在し、しかもそれらがつながっていると論じる。「心身平行論」、さらには「心身一元論」と呼ばれる考え方である。心とつながらない身体、すなわち、精神を置き去りにしたデカルト的近代合理主義が、自然という実体から逸脱していくことを鋭く批判したのである。

スピノザの思想から、われわれは二つのことに気づかされる。一つは、人間は世界の中心ではなく、自然の一員にすぎないという自覚だ。もう一つは、倫理、すなわち精神と身体、すなわち、実経済や実経営を切り離してはならないという戒めである。

スピノザ的な世界観は、三〇〇年の時空を超えて、資本主義を謳歌していたアメリカで、再び台頭し始める。「サイバネティクス」と総称される取組みである。そもそもは数学者ノーバート・ウィーナーが同名の著書(一九四八年)で提唱。当初は通信工学と制御工学を基軸としていたが、その後、神経生理学、心理学、社会学などを巻き込んで、学際的に広がっていった。世界を要素還元するのではなく、関係性のネットワークとして捉えようとする思潮である。

その中から、サイバネティストを自称する思想家が出現する。グレゴリー・ベイトソンだ。人類学者、社会学者、言語学者など、どの肩書にも収まりきれない知の巨人である。

ベイトソンは、一九七二年の主著『精神の生態学』の中で、哲学と科学の融合を説いた。「自己は他者との関係性の中でしか存在しない」という主張は、前述した和辻倫理学と通底するものである。

『デカルトからベイトソンへ』（一九八一年）という名著がある。アメリカの思想家モリス・バーマンによるものだ。デカルト以来、西洋で主流となっていた要素還元主義的なアプローチを、ベイトソンが生態学的に再統合したと論じている。バーマンは語っていないが、ベイトソンはデカルトに背を向けただけでなく、スピノザの自然主義的汎神論と実体一元論を、サイバー時代に見事に再編集して見せたのである。

サイバネティクス思想はその後、カオス理論や散逸構造論などとも合流し、一九九〇年代には複雑系理論へと受け継がれていく。

このように、欧米では二〇世紀後半になってようやく、スピノザ的世界、すなわち、関係性、そして、生態系へと空間軸を捉え直す思想が再浮上していったのである。

空海の夢

日本に目を転じてみよう。日本では古くから、森羅万象に神が宿ると信じられてきた。いわゆる「神道」である。そこでは、神と自然は一体とされてきた。まさにスピノザの「神即自然」を、太古の昔から、当たり前のこととして信じてきたのである。

そのような神と人間を結ぶ作法が祭祀であり、その祭祀を行う場所が神社である。その神社は、聖域とされてきた。そして古くは、山をご神体として崇め、山に向かって祭祀を行っていた。

『古事記』や『日本書紀』にも登場し、日本最古の神社とされる奈良の大神《おおみわ》神社に行くと、本殿がない。神社の前に厳かにたたずむ三輪山そのものがご神体だからだ。筆者も大神神社を訪れるたびに、自然という神に抱かれるような神聖な思いに満たされる。

このように日本の古神道は、自然崇拝を基軸としている。そこでは、鎮守の森に象徴される自然を大切にし、自然と人間とがともに生きてゆくことがめざされる。

自然崇拝は、世界各地で神話の中などで語られてきた。先述したギルガメシュ神話におけるフンババの物語もその一例である。イギリスの人類学者エドワード・タイラーが、同名の著書の中で『原始文化』（一八七一年）と呼んだ宗教の起源である。そこでは生物・無生物を問わず、すべてのものの中に霊が宿っていると信じられている。いわゆる「アニミズム（汎霊説）」である。

神道は、そのような古代の教えを脈々と受け継いできている。その意味では、世界の文明国の中では、大変珍しい現象ではないだろうか。

アンケートを取ると、日本人の七〇％前後が、自分は無宗教だと答えるという。しかし、そのような人たちの多くが、神社参拝や神道に由来する伝統行事や祭日を楽しんでいる。日本人にとって、神道は宗教というより文化そのものといえるだろう。その意味で、自然との共生も、日本人にとっては、まさに「自然」に身についている倫理観といえそうだ。

一方で、日本人の中には仏教も深く浸透している。文化庁の『宗教年鑑（令和三年版）』によると、国民の三人のうち二人が仏教徒とされている。筆者の家系も、代々浄土真宗に属するらしい（もっとも、それは父の葬式の喪主となって初めて知ったのだが）。

実は同年鑑によると、神道の信者も三分の二を超えている。単純に計算すると日本人の三分の一は神道も仏教も信じていることになる。とはいえ、先ほど示したように、自分は無宗教だと答えている人が三分の二を超えている。外国人の目には、さぞかし「不思議の国・日本」と映ることだろう。

もちろん、私たち日本人にとって、それほど奇異なことではない。神社の本殿に仏像が祀られ、寺院の境内に神殿がたたずむという風景を、日常見慣れているからだ。この「神仏習合」

という「異結合」は、日本人の特技、いわば「国技」と呼んでもいいだろう。この点は、第12章で詳しく論じることとしたい。

では、その仏教は、私たち日本人の自然観にどのような影響を及ぼしているのだろうか。仏教にも多様な宗派があるが、ここでは、第8章でも紹介した空海の教えを取り上げてみたい。

空海(七七四〜八三五年)が拓いた真言密教では、仏陀ではなく大日如来を本尊として崇めている。大日如来とは「偉大なる太陽」を指し、昼夜を問わず、すべてに慈悲の光を届けてくれる存在を意味する。それは宇宙そのものでもあるという意味で、スピノザの汎神論にも通底する。

この考え方は、古神道における天照《あまてらす》信仰とも親和性が高い。神道では太陽が天照という神であり、真言密教では大日如来という仏である。まさに神仏習合への道を拓く思想といえるだろう。

中国に渡った若き空海は、密教の教えとともに、その思想を構造化したマンダラを日本に持ち帰ってきた。マンダラはインドで生まれ、アジア一帯に広がっていったが、いまだにその伝統が残っているのはチベット、ネパール、日本の三国だけらしい。

サンスクリット語で中心を意味する「マンダ」と、所有を意味する「ラ」が合成されて「マンダラ」となった。マンダラの絵柄は、大日如来の周りに諸仏諸尊が集会《しゅえ》している構図となっている。まさに大日如来が多くの仏とともに、宇宙をあまねく包んでいることを表している。そして、その宇宙の中には、私たち自身も自然も一体となって包含されているのである。

空海は六大思想を説いた。「地、水、火、風、空、識」の六つで、森羅万象の根源を意味する。最初の「地、水、火、風、空」が自然を、そして「識」は精神を指す。自然と精神、外界と内界が一体でありつつ、それぞれの本性は失われない。「一即多、多即一（一であり多、多であり一）」であるという世界観。

空海はそれを「瑜伽《ゆが》」と呼ぶ。そう、今日「ヨガ」と呼ばれるものである。空海は晩年、高野山の山中で、自然と一体となって瞑想することに徹する。高野山こそが、日本の密教、そして、ヨガの総本山なのである。

空海が説く真言密教の中心命題として、「即身成仏」がよく知られている。みな現世において仏になれるという思想である。しかも、それはヒトだけに限らない。空海は「草木国土悉皆《そうもくこくどしっかい》成仏《じょうぶつ》」という言葉も残したといわれている。草木や国土も仏性があるから、成仏するというのである。

人と自然と仏（＝神）を一体として捉える空海ならではの三位一体思想である。それこそ、神仏習合の文化に育まれた日本人特有の倫理観だったはずである。

生物多様性から共生へ

時計の針を一二〇〇年進めて、現在に合わせてみよう。

今は、多様性の時代といわれている。人間一人一人の個が尊重され、価値観が多様化してゆく。同質化しがちな日本においては、特に「ダイバーシティ」がキーワードとして喧伝されている。

欧米では、ヒトの多様性は、まさに現実そのもの。むしろ、今問われているのは生物多様性（バイオダイバーシティ）である。三〇〇〇万種といわれている地球上の生物の生態系をいかに守るかが問われているのである。ヒトのダイバーシティばかり話題にしている日本の論調は、例によって周回遅れと言わざるをえない。

しかし、実は本質はダイバーシティではなく、セットとして語られる「インクルージョン（包摂性）」のほうである。ヒトのダイバーシティは、日本においても今や現実そのもの。「日本人、昭和、男性、健常者」が幅をきかせているのは、イケていない企業の本社だけで、現場に行けば、「非日本人、平成、女性やLGBTQ、障害者」が大いに活躍している。

ただし、そのような多様な人財は、それぞれの現場に局所化されてしまっている。言い換えれば、人財の多様化ではなく、多様な人財を一体化できないことこそが大きな課題なのである。ダイバーシティばかり気にして、多様な人財の頭数だけを増やそうとすると、遠心力が高まるばかりで、本末転倒だ。インクルージョン、すなわち、多様な人財を包含する求心力をいかに強化するかが問われている。

もっとも、同質化してしまうと、今度は進化のダイナミズムが失われてしまう。異質性を尊重したうえで、それらを「異結合」させることで、異次元の価値を生み出すことが「インクルージョン」を超えた課題となる。この点は、第12章で深く論じることにしたい。

同様に、バイオダイバーシティという名の下に絶滅危惧種の心配や、生態系の破壊だけに気を取られていてはならない。多様な種がお互いを尊重し合い、自然が本来の調和を保ちながら、それぞれの種がダイバーシティを謳歌する世界を取り戻す必要がある。ここでも、ダイバーシティを超えたインクルージョン、そして、インクルージョンから異次元のダイバーシティを生み出す進化ダイナミズムをいかに作り出すかが本質的な課題である。

異なる種が生態系の中で共存する姿を「共生(symbiosis)」と呼ぶ。それは一方的な「寄生」や、「棲み分け」という名の局所化ではない。異質な個同士が、違いを認め合うだけでなく、お互いが相補的な役割を演じることにより、有機的な関係性を紡ぎ出していくことを指す。関係性の力学という意味で、そこではまさに「倫理」が問われるのである。

ただし、その対象は人に限らず、あらゆる生物、そして、無生物を包摂しなければならない。今、本質的に問われなければならないのは、「バイオダイバーシティ(生物多様性)」ではなく、この「シンバイオシス(共生)」の倫理なのである。

本章で見てきたとおり、日本人は古来、自然と一体となって生きてきた。そして、第6章でも論じたとおり、社会の中での「和」を大切にしてきた。そして今日、ユニ・チャームや花王は、「共生社会（Social Inclusion）」の実現を、志（パーパス）として高く掲げている。日本人、そして日本企業は、このような伝統的な「インクルージョンパワー」を取り戻すことができれば、世界の最前線に立つことができるはずだ。

ただし、日本が得意なインクルージョンは、「同化」作用であることが多い。つまり、異質なものを自分の中に取り込んで同質化してしまうのだ。それでは個は生かされず、全体主義に陥ってしまう。結果的には「同質なインクルージョン」に終わる。

前述したように、空海は「一即多、多即一」を説いた。一人一人が生き、生かされる生態系こそ、日本人が古来大切にしてきた倫理だったはずだ。今、私たちに求められているのは、そのような日本独自の「異質なインクルージョン」の力を蘇らせることである。

シン人新世経営のすすめ

ローマクラブの『成長の限界』から半世紀、そしてSDGsが提唱されてから一〇年近く経とうとしている。今や生態系を維持・修復することは待ったなしだ。持続可能性（サステナビリティ）に配慮しない企業は、即刻退場を迫られる。これは、倫理の問題というより、今や経営のデファクトスタンダード（事実上の標準）である。

しかし、それだけでは、単に参加権、いわば企業として「生きる資格」を得たにすぎない。

「生きる価値」を獲得するためには、生態系への負担をマイナスからゼロだけではなく、ゼロからプラスにする努力が求められている。「ネットポジティブ」と呼ばれる思想である。

これは、ユニリーバの元社長ポール・ポルマンとサステナビリティ経営論の第一人者アンドリュー・ウィンストンが、同名の著書(二〇二二年)で提唱した考え方だ。その本質は、「与える＞奪う」というシンプルな不等式で表される。そして、世界のあらゆる問題を解決するために求められる次世代経営のあり方が示されている。

もちろん、素晴らしい主張である。しかし、真の「ネットポジティブ」は、単に問題を解決するだけでなく、新しい価値を構想し、構築していくことではないだろうか。そして、それこそがエシックス経営の真髄である。

問題を解決するのであれば、「正しい答え」を追求すればよい。そこで問われるのは「真善美」の「真」を探求する力としてのIQだ。しかし、新しい価値はIQだけでは作り出せない。「美」は、人間にとっての心の拠り所を作り出すことはできても、生態系全体の正しい答えは導きえない。

生態系全体の価値創造に問われるのは、「善」を判断する力としてのJQである。とはいえ、唯一の正しい答えなど、存在しない。生態系は、正と負の因果関係が複雑に絡み合いながら、混沌の中から一定の秩序を生み出していく。しかし、その秩序は常にゆらぎ、次の価値破壊

（カオス）と価値創造（コスモス）のプロセスを創発する。福岡伸一氏が「動的平衡」と呼ぶ生命特有の力学である。

「人新世」という言葉の前で、思考停止に陥っている場合ではない。今こそ、生態系の好循環を作り出す人知によって、「シン人新世（ネオ・アントロポセン）」へと踏み出す知恵と覚悟が求められているのだ。

自分たちが自然の中で生き、生かされているという日本の伝統的な倫理観の中に、そのヒントがあるのではないだろうか。

一七世紀から一九世紀にかけて、西洋社会が産業革命を起点に負の人新世をひた走り始めた二五〇年間、日本はちょうど江戸時代。鎖国政策によって、ほぼすべての物資とエネルギーを国内で賄わなければならなかった。そこで生まれたのが究極の循環型社会である。衣食住のあらゆる面でリユースとリサイクルが徹底された。たとえば、衣の分野であれば、ふんどしまでリサイクルされたというのだから、半端ではない。

その間に経済成長は、右肩上がりを示してきた。一七世紀には〇・〇一％だったＧＤＰの成長率は、一八世紀に〇・二四％、一九世紀には〇・二九％にまで上昇した。二〇二四年度の日本の実質経済成長率の予測値〇・三％[1]と肩を並べる数字である。

一人当たりの推計ＧＤＰでは、一七世紀中にはインドを、一八世紀にはついに中国とトルコを追い越してアジアのトップに立った。主に社会の安定と農村工業の発展が、そのような経済成長を可能にしたのである。江戸時代は定常社会などではなく、持続的な成長社会だったといえるだろう。

その後、明治維新を経て日本は西洋社会に追いつけ追い越せと、世界的にも類がない急成長を果たしてきた。それは西洋的な負の人新世に加担した時期でもあった。そして「失われた三〇年間」に突入し、すっかり活力をそがれてしまった。

最近、久方ぶりのインフレ、円安、株高が手伝って、日本経済もようやく息を吹き返しつつある。しかし、だからといって、バブル期のような成長をめざしたのでは、あまりにも能がない。

今こそ量的な成長社会でもなく、かといって定常社会でもなく、新しい質的な進化をめざしていく絶好の機会だ。そこで問われるのが、日本が古来大切にしてきた生態系倫理を、今日的な文脈の中でアップデートしていく知恵である。それを世界に発信していくことができれば、日本が「シン人新世」時代のフロントランナーになることも夢ではないはずだ。

第11章

時間軸――共時性経営

空間軸の次は、時間軸を考えてみたい。

「Time flies」という英語がある。「時は跳ぶように過ぎる」。漢詩には「光陰矢のごとし」という言葉がある。洋の東西を通じて、人間が時を捉える感性が同じことに気づかされる。

では、時はどのように流れているのだろうか。通常われわれは、時を過去・現在・未来に三分割して捉えている。そして、ポール・ゴーギャンの名画のタイトルが示すように、「われわれはどこから来たのか、われわれは何者か、われわれはどこへ行くのか」と問いかける。

しかし、時は必ずしも、一方向に不可逆的に流れていくとは限らない。誰しも「デジャブ（既視感）」を体験したことがあるはずだ。実際には体験したことがない過去が、再来したような感覚である。

東洋では「輪廻転生」、すなわち生命は何度も再生するという仏教やヒンズー教の教えが、長らく受け継がれてきた。三島由紀夫は遺作『豊饒の海』の中で、そのような時間の反復性を深く抉り出してみせた。

東洋に限らない。古代エジプトや古代ギリシアでは、神々が創造した世界は円環構造になっており、無限に反復するものと信じられていた。それを否定したのがキリスト教だ。そこでは、時間は神が支配し、終末に向かって直線的に進むものとされた。

このキリスト教の思想を、根本から覆そうとしたのがフリードリヒ・ニーチェだ。主著『ツァラトゥストラはこう語った』の中で、「永劫回帰」を唱える。すべてのものには始まりも終わりもなく、全く同じように繰り返されると説いたのである。もっとも、ニーチェの「超人思想」は、長らく異端（というより「狂人」）扱いされ続けた。

それより二世紀前に、物理学の立場からアイザック・ニュートンが近代的な時間の概念を提唱した。前章で登場したルネ・デカルトの『方法序説』から、ちょうど半世紀後に出版された『自然哲学の数学的諸原理（プリンキピア）』（一六八七年）の中で、「絶対時間」という考え方を唱えたのだ。いかなる観察者とも無関係に存在し、宇宙のいかなる場所でも一定の早さで進んでいく時間のことを指す。古典力学は、ここを足場に長足の進歩を遂げていく。

イマヌエル・カントをはじめ、ニュートンの機械的な思想を批判した哲学者は少なくない。そして、理論物理学の立場から新説を唱えたのが、アルバート・アインシュタインだ。『特殊相対性理論』（一九〇五年）の中で、「時間は観察者の運動状態によって、伸び縮みする」と論じ、ニュートン物理学の常識を覆したのである。

しかし、伸び縮みするにせよ、時間が一方向に進むという考え方そのものを物理学が手放したわけではない。熱力学の第二法則によると、時間の経過とともにエントロピー（無秩序さの度合い）が増えていく。つまり、物理的な世界は、何も手を加えないと秩序から混沌へと一方向に流れていくのである。

これに異を唱えたのが、ロシア出身の化学者イリヤ・プリゴジンだ。開放系の中では、エネルギーが散逸していく中で、ゆらぎを起点とする自己組織化が起こることを発見した。そして生命は、このような散逸構造の中から発生し、進化すると唱えた。この「散逸理論」によって、一九七七年にノーベル化学賞を受賞。主著『混沌からの秩序』は、複雑系理論家たちの新たなバイブルとなっていった。

時間は混沌へと一方向に進むだけでなく、混沌から秩序が生み出されうる。それは、かつて、ニーチェが「永劫回帰」と呼んだ現象にも符合する。そして、この時間の逆転、ないし再生の思想は期せずして、輪廻転生という東洋思想にも通底していく。まさに時空を超えた目がくらむような「デジャブ」感覚である。

ここまで、時間論の歴史を足早に概観してきた。これから、われわれはどこに向かうのか。歴史は未来を照らす手がかりを与えてくれるだろうか。

ホモ・デウスからホモ・フィリアへ

エシックス経営の未来には、いくつもの「つまずきの石」が隠されている。その一つがデジタル技術やバイオ技術をめぐる倫理のあり方であることは、異論のないところだろう。

そこには二つの意味合いが込められている。バイオ技術やデジタル技術によって作り出される人工頭脳(AI)が持つべき倫理、そして、それらを開発・利用する人間側の倫理だ。イスラエルの歴史学者ユヴァル・ハラリは、この両面性と、それらが悪意をもって重なることの脅威を描いてみせた。

ハラリはまず『サピエンス全史』(二〇一四年)で人類の歴史を振り返っている。そして、家畜の飼育を始めたことが人類の最悪の罪だと論じている。

次著『ホモ・デウス』(二〇一六年)では、人類の未来を描いている。そこでは、一部の人間がバイオ技術やデジタル技術を操る力を手に入れ、それらによってその他の人間を支配する。すなわち、一部の人間だけが「ホモ・デウス(ヒトの神)」の座に座り、その他の人間はバイオやデジタルのアルゴリズムの「家畜」になるというのである。そう、まるで、人間が動物を家畜として飼育し始めたように。これが自らはヴィーガン(菜食主義者)となったハラリ流の「歴史は繰り返す」の読み解きだ。

しかし、「歴史は繰り返す」というのであれば、一部の権力者がその他の人間を支配する構造は、これまでも何度となく繰り返されてきたのではなかったか。それこそアドルフ・ヒトラーは、ユダヤ人であるハラリ自身が戦慄するような「ホモ・デウス」ではなかったのか。そして今、ガザで起こっていることが、その焼き直しではないと言い切れるのか。

そして、いったんはそのような暴君の出現を許したとしても、人間は必ず倫理を取り戻して、再び善をめざし始める。それも「歴史は繰り返す」ことからの教訓だったはずだ。

そこでカギを握るのが「倫理」である。悪を絶つだけでなく、善に向かって大きく前に進もうとする精神である。バイオ技術やデジタル技術が発達すればするほど、倫理のOSをバージョンアップしていかなければならない。

その際のヒントとなるのが、アリストテレスが『ニコマコス倫理学』で説いた「友愛(フィリア)」ではないだろうか。アリストテレスによれば、「友愛(フィリア)」は三つの関係性に基づく。実用、快楽、そして、善の三つだ。このうち、最高のレベルが「善」の関係に基づく友愛である。これは、お互いが自分のことだけでなく、他者のことも配慮するという互恵関係の中から生まれる。

「ホモ・デウス」は、悲観主義者ハラリらしい暗い未来だ。しかし、これまで歴史上繰り返されたように、私たちが明るい未来に向かう可能性を見失ってはならない。そのためには、「ホモ・フィリア(友愛のヒト)」とでも呼ぶべき人間本来の倫理を取り戻す必要がある。

日本では古来、「自利利他」が尊ばれてきた。「自らの仏道修行により得た功徳を、自分が受け取るとともに、他のためにも仏法の利益をはかる」という仏教用語が原典だ。それを事業精神として掲げているのが、創業後四〇〇年続く住友グループである。同じ江戸時代に、近江商人が「売り手よし、買い手よし、世間よし」の「三方よし」を経営哲学としてきたことは、よく知られているとおりだ。

昭和に入っても、稲盛和夫氏が「利他の心」を経営の真髄に位置づけた。稲盛氏が創業した京セラの経営フィロソフィは、「正しい判断をする」という項目の冒頭で、次のようにうたっている[1]。

「私たちの心には『自分だけがよければいい』と考える利己の心と、『自分を犠牲にしても他の人を助けよう』とする利他の心があります。利己の心で判断すると、自分のことしか考えていないので、誰の協力も得られません。自分中心ですから視野も狭くなり、間違った判断をしてしまいます。

一方、利他の心で判断すると『人によかれ』という心ですから、まわりの人みんなが協力してくれます。また視野も広くなるので、正しい判断ができるのです。

より良い仕事をしていくためには、自分だけのことを考えて判断するのではなく、まわりの人のことを考え、思いやりに満ちた『利他の心』に立って判断をすべきです」

このことを、京セラフィロソフィでは、「利他の心を判断基準にする」と呼ぶ。「判断基準」とは、まさに本書で唱えている「プリンシプル（行動原理）」にほかならない。

「善の巡環」を経営精神として掲げるのがＹＫＫだ。筆者が提唱するＪ－ＣＳＶ（日本型共通価値創造）経営のインタビューで、同社の二代目ＣＥＯ（現・相談役）を務めた吉田忠裕氏は、次のように語っている。(2)

「事業活動を通じて新たな価値を創造することが、自社の事業を発展させるだけでなく、顧客や取引先の繁栄につながり、さらには社会の繁栄にも貢献し、それが巡り巡って自社のもとに還ってくる。それが『善の巡環』の考え方なんです」

二〇世紀型の利己的な資本主義に違和感を持ち、伝統的精神を大切にする日本企業は、世界を良い方向に導くエシックス経営を主軸に置いている。そのような日本企業の活躍と発信が、今こそ大いに期待されている。

ユニバースからマルチバースへ

ここで時計の針を五〇年、一〇〇年と進めてみよう。二一世紀の後半、そして、二二世紀に向けて、どのような未来を拓いていくのだろうか。そして、そこで倫理は、どのような役割を担うのだろうか。

一時期過熱気味だったメタバース(仮想空間)への過剰な期待は、早くも沈静化したかのように見える。二〇二二年一一月のＣｈａｔＧＰＴの登場以来、世の中の関心は、すっかりＡＩに移ってしまったようだ。歴史的に見れば、そのＡＩも、第一次ブーム(一九五〇年代)、第二次ブーム(一九八〇年代)を経て、今回が第三次ブームだ。そして、ブームの宿命として、いずれはまた潮目が変わることだろう。

一方で、ブームが去ったかに見えるメタバースも、水面下で着々と進化を続けている。しかも、経営にとって見逃せないのが、メタバースとリアルバースが融合し始めていることだ。ゲームや仮想通貨など、別世界の話だと思っていたメタバースが、現実世界そのものに異次元の進化をもたらし始めているのである。

たとえば、生産現場などで活用されているバーチャルツイン。センサーを使って現場の状況をバーチャルに再現し、そこでシミュレーションを行ったうえで、最適解を現場にフィードフォワードすれば、試行錯誤のプロセスをケタ違いに高速化できる。

とはいえ、現場はアルゴリズムどおりには動かない。デジタルには割り切れない慣性の法則や、アナログ特有の微妙なズレが生じるからだ。そこでパワーを発揮するのが、現場を熟知した匠の技だ。デジタル（＝サイバー）とリアル（＝フィジカル）を融合させたＣＰＳ（Cyber Physical System）の世界では、現場の知恵こそが希少価値を持つのである。このＣＰＳの時代には、現場を熟知している日本企業がデジタル武装することによって、世界の最前線に躍り出ることも夢ではない。

さらに期待できるのは、「リアルツイン」が登場する近未来だ。バーチャルツインと真逆で、仮想の世界を現実に再現するという手法である。これは筆者の造語で、まだ辞書にはない。

仮想の世界では、想像の翼さえあれば「何でもあり」だ。しかし、それを現実の世界に再現するとなると、とたんにハードルが高くなる。３Ｄプリンターが高度化しても、想像の世界をリアルに作り出すことは容易ではない。

そこでカギを握るのは、技術というより「技能（Crafting Skill）」である。ＣＰＳでもパワーを発揮しているアナログの現場力が、ここでも希少価値として活躍するだろう。その一つの元型が、人工臓器やヒューマノイドなどのサイボーグだ。

ちなみに、サイボーグは前述した「サイバネティクス」すなわち自動制御技術と、「Organ」すなわち、生命体を融合させた言葉である。まさにデジタル技術とバイオ技術を、リアルの世界に再現させたものといえるだろう。

イギリスの身体性認知科学者アンディ・クラークは、二〇年前から人間は「生まれながらのサイボーグ」であると、二〇一五年に刊行した同名の著書で論じている。日本でも、大阪大学教授でロボット工学者の石黒浩氏は、人間自体がサイボーグとして進化していくと語っている。

そのような世界では、バーチャルアバターならぬリアルアバターが活躍するはずだ。すでに簡易型のリアルアバターは3Dスキャナーなどで実現しているが、今後、ヒューマノイド技術が進歩すると、実物と瓜二つのリアルアバターが登場するだろう。平野啓一郎氏は小説『本心』の中で、二一世紀後半という設定で、リアルアバターと共存する世界を描いている。

これまでは宇宙を「ユニ」バース、すなわち「単一の世界」と呼んできた。そして、「メタ」バースは、その宇宙を超えた仮想空間を指す。リアルツインやリアルアバターが登場すると、複数の宇宙が存在することになる。「マルチ」バースの世界である。

そこでは、自分自身の分身であるアバターが、異次元の世界を体験するだけでなく、リアルの世界にも入り込んでくる。そして自分自身もリアルとバーチャルの世界を自由に行き来するようになる。まさに、平野氏が「分人主義」と呼ぶ世界である。

科学がそのような世界を実現するのは、時間の問題だろう。そのときに課題となるのが倫理だ。デカルトのような心身二分論を是としていては、科学の進歩に倫理が追いつかなくなってしまう。ここでも二重の意味で、倫理のOSをバージョンアップする必要がある。

今、盛んに論じられているのが、ＡＩ、そしてそれを搭載したサイボーグの倫理である。ここでも、先述した「ロボット工学三原則」のようなプリンシプルを、改めて規定する必要がある。ＡＩが自律的に学習する際にも、倫理的なプリンシプルに従うことをＯＳに組み込んでおかなければならない。

ＡＩは人間の本来的な行動原理を学習することにより、人間以上に倫理的な判断を下すだろう。ノーベル文学賞作家カズオ・イシグロ氏の『わたしを離さないで』に出てくるクローン人間のキャシー、そして、近著の『クララとお日さま』に登場するＡＦ（アーティフィシャル・フレンド）のクララは、いずれも人間より、はるかに人間的な倫理観の持ち主である。これらの作品は、それぞれがバイオ技術、そして、デジタル技術が進展した未来の倫理のあり方をわれわれに気づかせてくれる。

そうなると、より重要なのは、ＡＩやサイボーグを生み出す人間自身の倫理観である。もちろん、悪意を持てば、これらの技術を悪用することはたやすい。それは、太古の昔に人間が薬物や武器を手にしたときから、変わっていない。そして人間は、懲りることなく、殺人や戦争を繰り返してきたことも事実である。

しかし一方で、倫理観を呼び覚ますことによって深く反省し、滅亡に続く道から立ち戻ってきたことも歴史が証明している。二〇二四年のアカデミー賞受賞映画『オッペンハイマー』も改めて、際限なき核兵器開発競争への警鐘を鳴らしている。

ＡＩやサイボーグは戦争兵器ではない。しかし、核兵器以上の破壊力を持ちうる。それを阻止しうるのは、やはり、人間自身が持つ倫理のパワーでしかない。

一般人や政治家は、ＡＩやサイボーグを使うことも、それに翻弄されることもできる。ちょうど『オッペンハイマー』の中で、時の米大統領ハリー・トルーマンがいみじくも語ったように。しかし、それを開発し、価値創造に活用するのは企業側である。エシックス経営の真価が、今こそ問われているのである。

シンクロニシティ——ユング再考

誰しもみな、「シンクロニシティ」という時空の魔術にかかったことがあるだろう。日本語では「共時性」と訳される。因果関係がない二つの事象が同時に起こることを指す。

事例として、「部屋の花瓶が落ちて割れたのと同じ時間、病院で祖母が他界した」という体験話がよく取り上げられる。日本では昔から「縁起」や「虫の知らせ」といわれる現象である。

もっとも、最近では乃木坂46の同名の歌のほうが、よく知られているかもしれない。次の歌詞が、シンクロニシティの本質を現代的に歌い上げている。

みんなが信じてないこの世の中も
思ってるより愛に溢れてるよ
近づいて「どうしたの？」と聞いてこないけど
世界中の人が誰かのことを思い浮かべ
遠くの幸せ願う　シンクロニシティ*

「シンクロニシティ」という言葉は、スイスの心理学者カール・グスタフ・ユングが提唱した概念である。ユングは、一九五二年に出版された同名の著書の中で、「意味のある偶然の一致」と定義する。

単なる偶然の一致ではないというところがミソだ。ユングは、シンクロニシティに現れる「意味」は、もっぱら元型（アーキタイプ）であると主張した。元型とは、「影」「アニマ」「老賢人」などの集合的無意識に由来する象徴を指す。つまり、個人同士が原風景の中でつながっているというのである。ユングが臨床医としてかかわった精神疾患患者の夢の中にも、長く研究を積み重ねてきた神話の中にも、そのような共時性が見られるという。

ユングがシンクロニシティを発見する一つのきっかけとなったのが、東洋文化との出会いである。中国の易経やマンダラに関心を持ち、自分の内と外は連動しているという東洋思想から、西洋的な因果関係を超える本質の存在に気づいたという。

ユングは禅師・鈴木大拙とも交友があった。大拙の『禅仏教入門』のドイツ版(一九三九年)の序文に「禅の瞑想」という論文を寄せ、次のように述べている。(3)

「『悟りは禅の存在理由《レゾン・デートル》である。悟りなくして禅は禅ではない』と、鈴木は言っている。西洋の神秘主義者が『開悟』Erleuchtungという言葉によって理解しているもの、もしくは宗教的意味でそのようによばれている内容について把握することは、西洋の悟性にとってもそれほど困難なことではないかもしれない。しかしながら東洋の『悟り』は、ヨーロッパ人にとっては、追求することがほとんど不可能な、特殊な種類とやり方による開悟なのである」

ユングはその後、心霊体験を取り上げるなど、超心理学の分野まで手を広げていった。そのユングの思想は、ユング没後の一九六〇年代に、アメリカを舞台に「ニューサイエンス」ブームに引き継がれていく。デカルト以来の要素還元主義的な科学の限界を超え、全体包括主義的なアプローチをとろうとする潮流である。

物理学者フリッチョフ・カプラの『タオ自然学——現代物理学の先端から「東洋の世紀」がはじまる』(一九七五年)は世界的なベストセラーとなった。今から半世紀前のことである。

もう一人の論客、ユング派の思想家ケン・ウィルバーは、東洋の宗教的な思想と現代心理学を総合的に統合するという試みを展開している。日本の禅やチベット仏教の修行を実践する筋金入りの求道者でもある。初期には「超個（トランスパーソナル）心理学」を、その後、「統合（インテグラル）思想」を提唱。時空を超えるという意味では共時性に通じ、個人を超えて一つの原体験を共有するという意味では、「分人」思想とも呼べるだろう。

「個人」は自分の殻に閉じこもり、利己的に振る舞いがちだ。しかし、「分人」として自らを自分以外の世界に融合させることができれば、実は、筆者の造語である「和人」体験が可能になる。その結果、時空を超えて共感を広げることができるようになる。

平野啓一郎氏は、『私とは何か——「個人」から「分人」へ』の中で、分人になることで、異なる価値を持った人たちとも交感できるようになると説く。それは多様な価値観が交錯する時代において、世界平和につながる倫理思想ではないだろうか。

善い未来に向かうためには、「共時性」を尊び、「分人」化を通じて「和人」関係を紡ぎ出していく必要がありそうだ。

時をかける少女

ちょっと時間の針を先に早回ししすぎたかもしれない。ユングやニューサイエンスの旗手たちが関心を持ち続けた日本思想に焦点を当てるうえでも、日本における時間の捉え方について、歴史的に俯瞰してみたい。

まず古代にさかのぼってみよう。古神道においては、「中今《なかいま》」という時間が尊ばれてきた。『広辞苑』によると、「中今」とは、「過去と未来との真ん中の今。遠い無限の過去から遠い未来に至る間としての現在」を意味するという。つまり、「今この一瞬」のことだ。『日本書紀』の続編である『続日本紀』(七九七年に完成)に登場する言葉らしい。

中世になると、仏教、なかでも、禅の教えが広がった。曹洞宗を開いた道元は、『正法眼蔵』(一二五三年に完成)の「大悟の巻」の中で「而今《にこん》」の大切さを説いた。


「我をして過去未来現在を意識せしめるのは、いく千万なりとも今時《こんじ》なり、而今なり」


古来の「中今」が、ここでは「而今」と表現されている。真意は同じく、「今を大切に」という教えである。

近代になると、哲学者・九鬼周造がパリで『時間論』についての講演を行っている。その後、同名のデビュー作(フランス語で一九二八年に刊行)に収録されているこの講演は、欧州留学の成果を踏まえたうえで、九鬼独自の時間論を展開している。

ドイツでカントやニーチェ、ハイデガーを深く学んだ九鬼は、まずニーチェの説く「永劫回帰」に注目する。時間は永遠に回帰する。しかし、だからといって無為に任せるのではなく、カントのいう「善意志」、つまり、無条件に善い意志を持って、「今」を生きなければならないと説く。

それは、ハイデガーの実存主義、さらには、ノーベル賞作家のアルベール・カミュが『シーシュポスの神話』で描いた抵抗の精神に通底する思想である。

しかし、九鬼はそれをあえて「武士道的精神」と表現する。(4)

> 「武士道は意志の肯定であり、否定の否定であり、ある意味で涅槃の廃棄である。それは自己の固有の完成のみを気にかけるような意志である。それゆえ、仏教にとっては最高の悪であった意志の永遠の繰り返しが、今や最高の善となったのである。『この世界において、いや、一般にこの世界のそとにおいてさえ、無制限に善と見なされうるものはただ善意志以外には考えられない』とカントは言った。武士道が肯定するのはこれと同じ理想である。完全には実現しえず、また、つねに『幻滅』に運命づけられている無限の善意志は、つねに自己の努力を新たにしなければならない」

ここでも、「今を生きる」ことの重要性が説かれている。日本的な時間思想は、古代から近代に至るまで、この点において一貫していることに今さらながら驚く。

では、現代において、時間はどのように捉えられているのだろうか。

『時をかける少女』シリーズが、その一つの糸口を提供してくれそうだ。SF作家の筒井康隆氏が一九六五年から六六年にかけて、学習研究社の『中学三年コース』と『高一コース』に連載した少年少女小説が原作。その後、『タイムトラベラー』というテレビドラマ、さらに、いく度となく実写映画やアニメ映画としてメディア展開されるなど、半世紀以上にわたる超ロングヒットとなった。

筆者の世代にとっては、なんといっても一九八三年に大林宣彦監督、原田知世主演の「時かけ」(本シリーズのニックネーム)が記憶に焼きついている。松任谷由実氏の作詞作曲、原田氏が歌った主題歌は、今も脳裏でリフレインし続けている。

時をかける少女
愛は輝く舟
過去も未来も星座も越えるから
抱きとめて*

当時のキャッチフレーズは、「愛の予感のジュブナイル」。ちなみにジュブナイルとは、少年期・少女期という意味だ。そして、この柔らかな感性こそが、現代日本人の時間論の真骨頂でもある。

ユーミンが語る「愛＝輝く舟」は、中今、而今、武士道という過去の思いを瞬時に「今」に蘇らせる。そして「未来の子どもたち」が、次々に目の前に登場してくる。そのような愛の舟に乗ることができれば、倫理に満ちた世界にたどり着けるだろう。そして、それは星座、すなわち、ユニバース（宇宙）を越えて、マルチバース（多層空間）の扉を開いていくだろう。

シン・タイムマシン経営のすすめ

「タイムマシン」物語は、人々を魅了し続けてきた。

元祖は、イギリスの小説家H・G・ウェルズの『タイムマシン』（一八九五年）だ。われわれ世代には、それから九〇年後に登場したSF映画『バック・トゥ・ザ・フューチャー』（一九八五年）シリーズのほうが、なじみ深いかもしれない。

日本では、アニメの世界にタイムマシンが頻繁に登場する。古くは、手塚治虫の「鉄腕アトム」シリーズだ。「ドラえもん」シリーズも、息長く愛され続けている。そもそもドラえもん自身、二二世紀からやって来たネコ型ロボットという設定だ。もっとも、ドラえもんのタイムマシンは「時を駆けるじゅうたん」。しかも中古なので、エンジンがなかなかかからないというオチが、なんとも微笑ましい。

科学の世界では、タイムマシンの可能性が論議されてきた。イギリスBBCは「タイムマシンは作れるのか　科学者たちの挑戦」という特集番組を放映した（二〇一八年七月一〇日）。それによると、アルバート・アインシュタインは、三次元空間は時間とつながり、時間が四次元として機能していると考え、「時空連続体」と呼んだ。そして、この時空連続体を折り曲げることで、遠隔の二地点間に近道を作れると考えていた。「ワームホール」と呼ばれる時空を駆け抜けるトンネルだ。多くの科学者がこのワームホールの発見、そして、そこへの接近の可能性を探索し続けているという。

イギリスの理論物理学者スティーヴン・ホーキングも、「ディスカバリーチャンネル」の中で、タイムトラベルの可能性を論じている。(5)

「私たちは、今回の旅を通じてさまざまな宇宙の不思議を知りました。時間の進むスピードは場所によって違うこと。信じられないほど巨大なブラックホールが時間と空間を歪めること。小さなワームホールはあらゆる場所にあること……。この先、私たちに必要なのは技術の開発です。そうすれば物理法則の知識を生かして時間を旅することが可能になるでしょう」

もっとも、科学の世界だけに限定して、時間を捉える必要は全くない。心の世界においては、想像力という翼さえあれば、どんな過去にも未来にも飛んでいける。かつての神話や民話、今のSF映画やアニメ、そして、われわれ自身が見る夢や空想の世界で「マルチバース」として実在するのである。

日本では、経営論の中でも、タイムマシン経営が語られることがある。欧米やアジア（主に中国や韓国、インド）で成功した事業モデルを日本に持ち込み、いち早く展開する経営手法を指す。ソフトバンクの孫正義CEO（当時）が命名し、自ら実践して成功を重ねてきたモデルだ。

最近は、「逆・タイムマシン経営」も注目されている。高度成長期以降の近過去を調べることで、企業戦略や事業における大局観をつかむという方法論だ。一橋ビジネススクールで筆者の同僚の楠木建特任教授らが、『逆・タイムマシン経営論――近過去の歴史に学ぶ経営知』で提唱するモデルである。

楠木氏は、新聞や雑誌などを一〇年間寝かせてから読むことを推奨している。歴史をたどることで、経営の本質を見抜く力を養い、戦略構想のセンスやビジネスにおける大局観の錬成に役立つ新たな思考の型を身につけることができると説く。

孫氏が説く近未来も、楠木氏が説く近過去も、現在に投影しやすいという意味では、とても実利的である。ただし、そこから非連続なイノベーションが期待できるだろうか。近未来をコピペしたり、近過去を現時点に立って反芻することでは、現在地から大きく羽ばたくことはできないだろう。

遠い未来、少なくとも今世紀後半、できれば二二世紀を想像してみよう。遠い過去、それこそ中世や古代に立ち返ってみよう。その長い時間の流れから見えてくるのは、大きな進化の方向性と、時間という束縛からの自由だ。

「時かけ」の少女は、二つのことに気づく。想像の翼さえあれば（ラベンダーの香りをかげば）、過去にも未来にも自由に飛んでいけるということ。そして、だからこそ、今を精一杯生きることにこそ価値があるということを。

現在は過去の積分だ。しかし、そこから先の未来は大きく開かれている。伝統は縛りではなく、未来という革新の跳躍台となるのである。これこそが、真のイノベーションをめざすための経営モデルではないだろうか。そして、その実践のためには、そのような時間倫理を経営の中に、しっかりと埋め込むことがカギとなる。

それこそが、次の価値軸の課題でもある。

第12章

価値軸——異結合経営

「価値」という言葉ほど、魅力的で、かつ、厄介なものはない。機能的な価値であれば、機能という軸でとらえることができる。しかし「感性的な価値」となると、とたんに捉えどころがなくなる。感性は定義上、主観的で多義的だからだ。顧客ごとどころか、顧客のTPOによって全く異なってくる。マーケティングの世界では、そのような価値を「オケージョンベネフィット」と呼ぶ。そして、利用場面(オケージョン)ごとに、顧客の体験価値(ベネフィット)を見極めようとする。

そもそも、マーケティングという言葉は、日本語にならない外来語の一つだ。一九世紀にアメリカで生まれたものである。産業革命によって大量生産が始まると、需要の拡大が必須となったのである。だとすると、本書の文脈で考えると、負の「人新世」を演出した疑いすら免れない。

アメリカのマーケティング協会は、「顧客・クライアント・パートナー・社会にとって価値あるものを、創り伝え届け交換するための、さまざまな活動・プロセス・組織」と定義している。(1) 一方、日本マーケティング協会は、二〇二四年一月、三四年ぶりに定義を刷新した。

「(マーケティングとは)顧客や社会と共に価値を創造し、その価値を広く浸透させることによって、ステークホルダーとの関係性を醸成し、より豊かで持続可能な社会を実現するための構想でありプロセスである」

「共創」「関係性」「持続的な社会」「構想」などのキーワードを入れている点に、今日的な意味合いが込められており、高く評価できる。

消費者庁では、「消費者志向経営」を推進している。その一環として、「消費者志向経営優良事例表彰」という事業があり、筆者は二〇一九年より選考委員長を務めている。

その際に、同賞の位置づけを大きく見直した。従来は、消費者に真摯に向き合う経営を支援してきた。しかし、それだけでは、消費者はあくまで受益者にすぎず、一方の事業者は消費者におもねる経営に傾きがちだ。そこで、「消費者と共創・協働して社会価値を向上させる経営」という定義に改めることにした(図12－1)。今回の日本マーケティング協会の定義も、われわれが五年前に打ち立てた方向と合致している。

図12-1

消費者と事業者との共創・協働

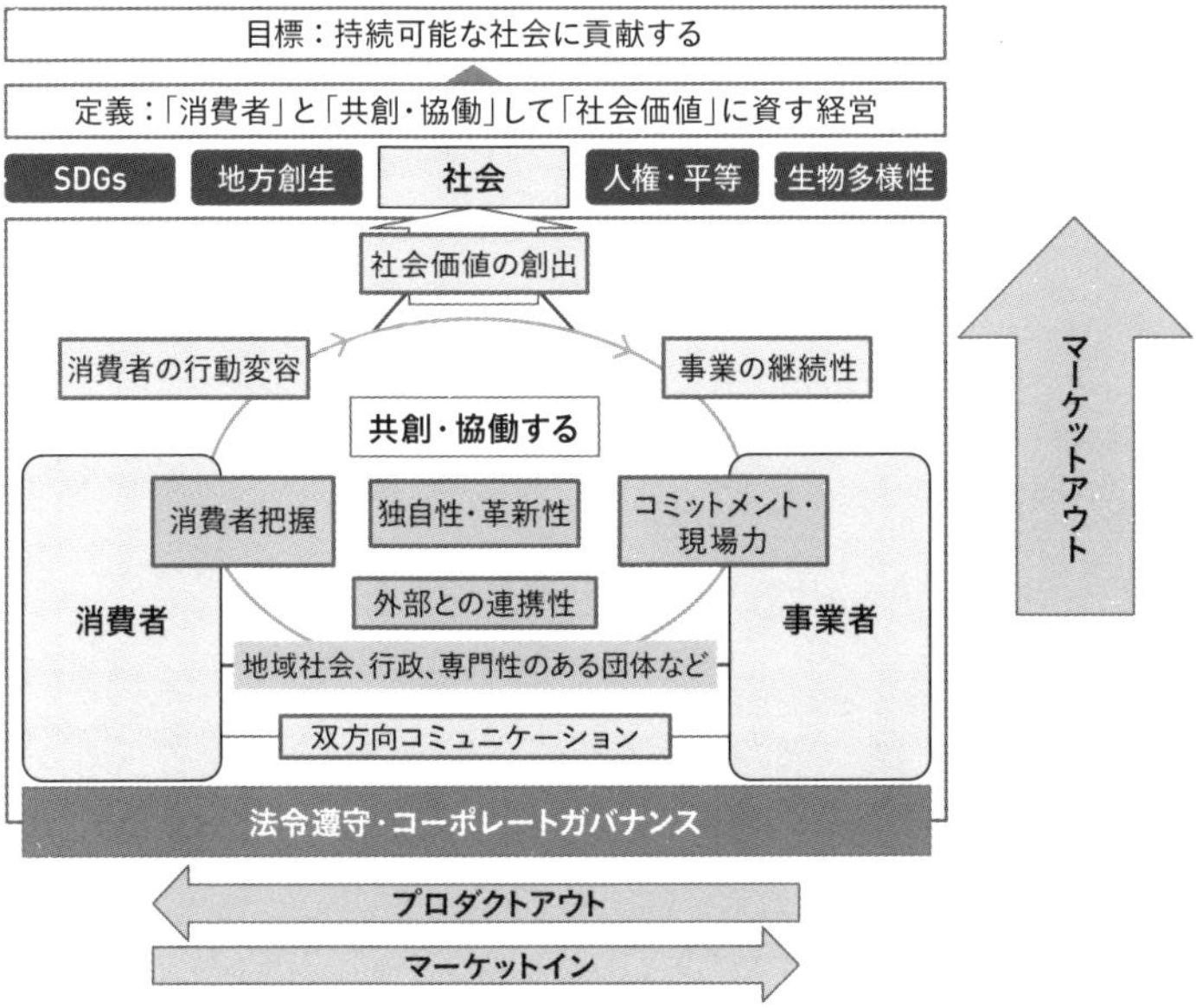

出所：消費者庁。欄外の3つの矢印を追記。

とはいえ、やはりここでも、価値というマジックワードが使われている。そもそも価値とは何か、という疑問は依然として残ったままだ。

価値を受け止める主語は、顧客であり社会であり、ここではより広く「ステークホルダー」として捉えられている。これは、「マルチステークホルダー主義」を標榜する現代の資本主義の方向性とも平仄が合っているように思われる。

しかし、ステークホルダーごとに当然、価値軸は異なる。となると、何にどう照準を合わせてよいのか。すべてのステークホルダーに配慮しようとすると、「八方美人」「八方イケメン」的な対応にならざるをえなくなる。それでは結局、誰の心もひきつけられなくなってしまう。

それに比べて、近江商人の「三方よし」のほうが、よほど実践的だ。「売り手よし、買い手よし、世間よし」ということで、順番がはっきりしている。まずは売り手自身がワクワクし、買い手が共感し、そして、世の中がより良くなる。近江商人は今日的に見ても、マーケティングの達人なのかもしれない。

しかし、それでも「よし」、すなわち、価値とは何かという疑問は残る。本章では、機能的価値、感性的価値を超えた第三の価値を考えてみたい。それは「倫理的価値」とは何か、という問いである。

エシカル消費というつまずきの石

「エシカル消費」という言葉を、誰しも耳にしたことはあるだろう。そもそもは、一九八九年にイギリスの専門誌*Ethical Consumer*で初めて使われるようになったものだ。この専門誌も含め、欧米では「エシカル」には、環境保全や、人や動物の権利保護という意味合いが込められている。したがって、エシカル消費とは、環境や社会問題の解決に貢献できる商品やサービスを購入し、そうでない商品は購入しないという消費活動を指す。

消費財の世界では、自らのエシカル価値をうたう商品が注目されている。たとえば、天然素材の活用や、大量消費を煽るファストファッションとは一線を画すことを強調するエシカルファッション。自然環境、人権や動物への配慮を価値として訴求するエシカルフード。これらは、エシカル消費に迎合した新種のマーケティング技法でもある。

ただし、エシカルをうたっていても、それが常に、顧客に選ばれるための決め手になるわけではない。そもそも通常の顧客にとって、倫理的価値は機能的価値、感性的価値を犠牲にしてまで重要な要件であることはない。「バリュー・フォー・マネー」という言葉があるように、まさにこれらの総合的なバリューが、支払う対価に見合うかどうかが、顧客としてのプリンシプルになるからだ。

倫理的価値を押しつけられても、全体のバランスが取れたもの(アリストテレス的にいえば中庸の価値)でなければ、顧客の倫理的行動を誘発しえない。「エシカル消費」という掛け声の割には需要を喚起しないのは、「倫理」が一面的にしか捉えられていないからだ。

さらにいえば、そもそも「消費」という言葉自体が「エシカル」な行動にそぐわない。これまでのマーケティングは、まさに欲望を誘発して、大量消費と大量生産という人工的な循環を生み出してきた。それは一見、「より豊かな生活」を求め続ける人間にとって望ましいサイクルのようでいて、結果的に生態系の破壊につながっていった。負の「人新世」を生み出した悪魔のサイクルである。

生態系全体の正しいサイクルを取り戻すためには、消費という一方向の流れから、リサイクルやリユースによって生態系への負担を減らしていかなければならない。さらには生態系を再生し、生態系全体が豊かになる知恵が求められる。「リジェネラティブ(再生)」と称される新潮流だ。先述した「シン人新世」型倫理の確立こそが、「エシカル」な行動の本質なのである。

そのためには、まず「消費」という言葉を、安易に使わないようにしなければならない。未来学者アルビン・トフラーは、約半世紀前に『第三の波』(一九八〇年)の中で、「消費者(コンシューマー)」ではなく、「生産消費者(プロシューマー)」の時代が来る、と予言した。トフラーは、農業革命を第一の波、産業革命を第二の波と呼び、脱産業社会を第三の波と呼ぶ。そして、それは情報革命がもたらすと唱えた。

日本では消費者ではなく、「生活者」という言葉が好んで使われる。最近でも、二〇二二年一〇月に、経済同友会が「生活者共創社会」の実現を提唱した。同会の代表幹事（当時）として本レポートを取りまとめた櫻田謙悟氏から直接聞いたところによると、「生活者」にあたる英語がないので、あえて「Seikatsusha」という日本語を世界に発信することにしたという。

もっとも、日本では「生活者」という言葉は、八〇年以上前から使われていたようだ。社会学者の天野正子氏の『「生活者」とはだれか――自律的市民像の系譜』（一九九六年）が参考になる。

古くは、三木清の名著『人生論ノート』（一九四一年）の中に出てくる。三木は京都学派の哲学者で、ハイデガーや西田幾多郎に師事した。同書の中で、近代人は「二重生活者」だという。生産的な時間と享楽的な時間が切断された生活を送っているからである。これは、今の言葉に直せば、「ワーク・ライフ・バランス」につながる。本来は「ワーク・イン・ライフ」であるべきだとする筆者の提言と、まさに符合する指摘だ。

経済学の世界で「生活者」という言葉にこだわったのが、社会派経済学者の大熊信行だ。一九四〇年から使っていたという。大熊は、『生命再生産の理論』（一九七四年）の中で、生活者を次のように定義している。(2)

「生活者とは、生活の基本が『自己生産であることを自覚しているもの』であり、『時間と金銭における必要と自由を設定し、常に識別し、あくまで必要を守りながら』、大衆消費社会の『営利主義的戦略の対象としての、消費者であることをみずから最低限にとどめよう』とする人びとである」

ややストイック（抑制的）な生活の勧めのようにも聞こえるかもしれない。ただし、そこには、当時の欲望資本主義、そして、大量消費に対する痛烈な批判が込められている。

「生活者」に軸足を置いて経営論を展開したのが、筆者の師匠・大前研一氏だ。筆者がマッキンゼーに入社した当時（一九九一年）、『生活者革命』を出版。その後、生活者視点の政策論を矢継ぎ早に打ち出していった。

最近も大前氏は、ＡＩとスマートフォンがもたらす「第四の波」によって、「ソロ（おひとりさま）社会」が誕生しつつあると論じる。そして、生活者の「個（ソロ）化」と「つながり」願望が、新しい生活行動を生み出していくことに注目せよと説く。[3]

これは筆者がＤＡＣＯ（自律異結合型組織）と名づけている新しい組織モデルとも符合している。前に紹介したとおり、個人がさらに分人化され、分人同士が「和人」となって、新しいつながりを創っていく社会である。

そのような次世代社会において、「消費」という二〇世紀型の一方向のプリンシプルは、それこそ「消費」期限が切れている。「消費者庁」もそろそろ「生活者庁」とでも名称を変えることを真剣に検討する必要があるのではないだろうか。

ウェルビーイングという魔法の杖

今日、日本では「ウェルビーイング」という言葉が、魔法の杖のように使われている。日本語では「幸福」と訳されているが、そもそも自分自身にとっての「幸福」の本質がわかっている人間など存在しない。ましてや他人、そして他生物、さらには無生物の「幸福」など、知りえようがない。

その結果、「幸福」は自己中心的（自分、家族、友人、コミュニティメンバーの幸せ）になりやすく、どんなに頑張ってみたところで人間中心主義の枠から出られない。それでは生態系全体にとっての答えにはならないのだ。これが、空間軸上の大きな課題である。

もしこの言葉を使いたいのであれば、「ウェル」の主語、そして、その意味そのものを、真剣に問い続ける必要があるはずだ。誰にとってのウェルなのか、そして、ウェルとはどういう状態を指すのか。

時間軸上で捉えると、なぜウェルで止まるのか？　ベターであり続けなければ、そこに止まってしまうのでは？　同じ意味で、「ビーイング」も単に静止した状態を示すのでは？　「ビカミング」という動態を表す言葉がよりふさわしいのでは?

だとすれば、「ベタービカミング」のほうが、はるかに開放感と躍動感を醸し出すはずだ。いずれにせよ、「ウェルビーイング」などという世の中で上滑りしている風潮に流されることなく、独自の倫理思想を究めなければならない。

そのためには、日本が伝統的に大切にしてきた倫理観に立ち返ることが起点となるはずだ。自然崇拝、「一即多、多即一」や「共生」という一連の日本古来の思想が、生態系の未来を拓き続けるうえで、世界遺産ともいうべき価値を秘めているのだから。

「人新世」は、人間が世界の生態系を破壊し続けた残念な時代だとされている。だとすれば、今すぐそのような時代には終止符を打たなければならない。

しかし、だからといって、資本主義から共産主義への転向も、成長社会から定常社会への宗旨替えも、ウェルビーイングという安住の地への退避も答えにはならない。世界には、解決しなければならない課題が山のように積み上がっているからだ。そして、その先に新しい価値を創造しない限り、そもそも生きる価値すらないからだ。

前出の三木清は『人生論ノート』の中で、幸福について次のように語っている。[4]

「彼の幸福は彼の生命と同じように彼自身と一つのものである。この幸福をもって彼はあらゆる困難と闘うのである。幸福を武器として闘う者のみが斃《たお》れてもなお幸福である」

戦時中に治安維持法違反で獄中につながれても、知的闘争を続けた三木らしい言葉だ。「彼」とは、そのような三木自身であり、三木のように真剣に人生に向き合う覚悟のある人間を指す。チャラさを粋がる現代の風潮に合わないと感じるだろうか。しかし、そのようなチャラい幸福の先に、本当の希望が持てるのだろうか。

そもそも、何を「粋」と感じるか、そのものが時代の価値観の問題である。チャラさというのは、新種の享楽主義を象徴する言葉だ。自己を中心に今の幸せを求めて、刹那的に生きるだけでは、希望する未来は永遠にやってこない。それどころか、そのようなチャラい生き方の先には、環境破壊、バイオハザード、そして、ホモ・デウスという悪夢が待っているだけだ。

「ウェルビーイング」などという流行り言葉に翻弄されるのではなく、人生の価値とは何かを真剣に見つめ直さなければならない。「価値創造」を語る前に、そもそも価値とは何かを問い続けなければならない。

答えは、すぐには見つからないだろう。いや、永遠に見つからないかもしれない。しかし、三木が語るように、簡単に妥協せず、困難と闘い続けることによって初めて、真の幸福を手に入れることができるのではないだろうか。

マーケットインからマーケットアウトへ

プロダクトアウトからマーケットインへの転換が唱えられて久しい。しかし、そもそもマーケット(市場)とは誰のことを言っているのか。そしてそのマーケットは、本当に自分たちが求めているベネフィットがわかっているのか。

「マーケティング」を文字どおりに捉えると、「マーケット(市場)」を創る活動、すなわち「市場創造」と言い換えることができる。そしてそれは、ヨーゼフ・シュンペーターやピーター・ドラッカーが「イノベーション」と呼んでいる活動と同義である。では、マーケティングとイノベーションは何が違うのか。

イノベーションは、日本語では「新機軸」と訳される。機軸とは中心の軸であり、新機軸とは新しい軸を創ることである。したがって、革新的な発想で、新しい価値を顧客に提供することで市場創造を行うことを指す。

だとすると、マーケティングとの違いは、この「革新性」ということになるのだろう。革新性がないマーケティングは、「マーケットイン」、すなわち、顧客が望んでいる価値を提供する活動ということになる。いわば、「顧客志向」という美名の下に、顧客に寄り添う、さらにいえば、顧客におもねるアプローチである。

それに対して、新機軸に基づくイノベーションは、新しい顧客に革新的な価値を創造することである。言い換えれば、「マーケットアウト」、文字どおり、新しい市場(マーケット)を創造(アウト)する活動である。マーケティングが、マーケットインからマーケットアウトへと視野を未来に拓くことができれば、「市場創造」に踏み出すことができるはずだ。

「マーケットアウト」は、金型部品商社ミスミの創業者・田口弘氏が生み出した言葉である。顧客が想像すらしていない革新的な価値を作り出し、新しい市場を創造することを指す。田口氏は、売り手の代理店業を営んでいた通常の卸とは真逆の発想で、買い手の購買店という新たな業態を作り上げた。

マーケットアウトは、プロダクトアウトと紙一重だ。どんなに革新的でも、結果的に顧客を創造できなければ、独善的なプロダクトアウトに終わってしまうからだ。その意味では、顧客の声を丹念に聞いてから商品を提供するマーケットインは手堅い。顕在的な需要を前提としているからだ。しかし、それでは新しい顧客や市場の創造にはならない。

どうすればマーケットアウトで成功するか。起点は既顧客ではなく「未」顧客でなければならない。

なぜ顧客になっていないのか？　どのような価値を提供すれば、思わず膝を打つような「アハ」体験を演出できるか？　そのような「未顧客」の「未体験シーン」を具体的にイメージすることによって、新たな価値、そして新たな市場を生み出すことができる。

通り一遍の市場調査からは、答えは出ない。自分自身が未顧客になりきって、未来の体験に浸る必要がある。他者になりきるためには、前述した「和人」の術が欠かせない。一方で、自分自身の偏執狂的なこだわりも必要だ。この自分自身の軸と、未顧客の未体験価値の結節点に新市場を生み出すことができるのである。

イノベーションは、常にそのような思考プロセスから生まれている。アップルのｉＰｏｄからｉＰｈｏｎｅ、ｉＰａｄに至る持続的なイノベーションはその典型例である。他にも、スターバックスやイケア、リクルートやユニクロなど、新しい業態と市場を創り出した成功事例はいずれも、自己流に未来の顧客を創り出すプロセスから生み出されたものである。

Ｂ２Ｃだけではない。Ｂ２Ｂの世界、たとえば素材においても、未来市場創造型イノベーションは数多い。東レの炭素繊維、カネカの生分解性プラスティックなどは、新製品を基軸に新市場を創造したマーケットアウトの代表例である。また、半導体製造装置メーカーの東京エレクトロンやアドバンテストは、半導体メーカーのみならず、将来の半導体ユーザー企業との対話を通じて、次世代の市場創造に注力している。

「未来の顧客」との「共感関係」を創り出すこと。まさに、関係性の哲学という意味でのエシックス経営の実践である。空間軸を開放系に、そして、時間軸を非線形にずらすことによって、未来の顧客と未来の自分が出会う場が創出できるはずだ。それが新たな価値軸を発見する最も確実なアプローチである。

そこでは、小手先のマーケティング手法など通用しない。自分ならではの未来志向の倫理思想を磨き続ける必要がある。

ボード4・0

未来市場創造型のイノベーションを起こすためには、多様な共創関係を創ることが必須となる。顧客との共創はもちろん、異質な資産や能力を持ったプレーヤー、さらには、政府や自治体、NPOやNGOとの共創も視野に入れる必要がある。

防災の世界では、自助、公助、共助の三位一体が語られる。自助は、一人一人が自ら取り組むこと、公助は国や地方自治体などが取り組むこと、そして、共助は地域や身近な者同士が一緒に取り組むことである。これらを組み合わせることによって、効果的な防災をめざす。

この三位一体モデルは、災害という負への備えだけでなく、よりポジティブな価値創造にも力を発揮する。エシックス経営の文脈においては、自助が執行側の自治、公助が社外の監視による統治だとすれば、共助とは社内と社外が緊密に連携し合いながら、未来に向けて価値を共創していく姿を指す。

そのような価値創造型の経営体制を、筆者は「ボード4・0」と呼ぶ。ボード、すなわち、企業経営を司る取締役会は、次の四つのステップで進化していくと考えるからである。

ボード1・0：社内関係者中心
ボード2・0：独立社外取締役中心
ボード3・0：多様なステークホルダーによる合議
ボード4・0：社内・社外の多様な関係者による共創

今の日本は、1・0から2・0に向けた「ガバナンス改革」を、それこそ産官学の三位一体で推し進めようとしている。しかし、それでは真のエシックス経営からは、離れていくばかりだ。エシックス経営は「自助」が機能して初めて実践できるのであり、「公助」的に外から支えられるようでは「張り子のトラ」にすぎない。ましてや、外部人財や経営の素人集団が企業経営に口出しをする姿は、茶番劇としかいいようがない。

ボード3・0は、「独立」ではなく「関係性」を重視している点で、エシックス経営に向けた大きな前進となる。ただし、アメリカで論じられているボード3・0のように、投資家だけを参画させても不十分だ。正しいエシックス経営に向かうためには、社員、コミュニティメンバー、未来世代など、多様なステークホルダーが参画する仕組みを構築しなければならない。

そして、その先にあるのが、ボード4・0だ。それぞれのステークホルダーの利害を反映させるだけでなく、それらが相乗効果を生み出すようなウィン・ウィン関係を生み出していく必要がある。そこで求められるのは、複雑系の因果ループを構想するシステム思考と、そのような方向に社内・社外の関係者を導いていくプロデュース力である。

演劇にたとえると、プロットを制作する劇作家と、それを舞台に投影する演出家の役割だ。音楽でいえば、作曲家と指揮者に相当する。価値創造に向けて、これからの日本に必要な組織能力は、この二つである。

経営者は、産官学のレベルの低い三重奏に耳を傾けるのではなく、エシックス経営の実践をめざして、独自の旋律を奏でることに取り組まなければならない。そこでカギを握るのは、アメリカ流の経営理論の受け売りではなく、日本古来の倫理に基づく新しい価値創出モデルの構築である。

地域創生マンダラ

「自助、公助、共助」の組み合わせは、地域創生を考えるうえでもヒントになる。

地域創生は、日本における次世代成長機会として注目されてきた。ただし、実際に成功しているケースは、きわめて少ない。当初、自治体が力を入れても、年度予算の打ち切りや、首長

図12-2

CSRからCSVへ

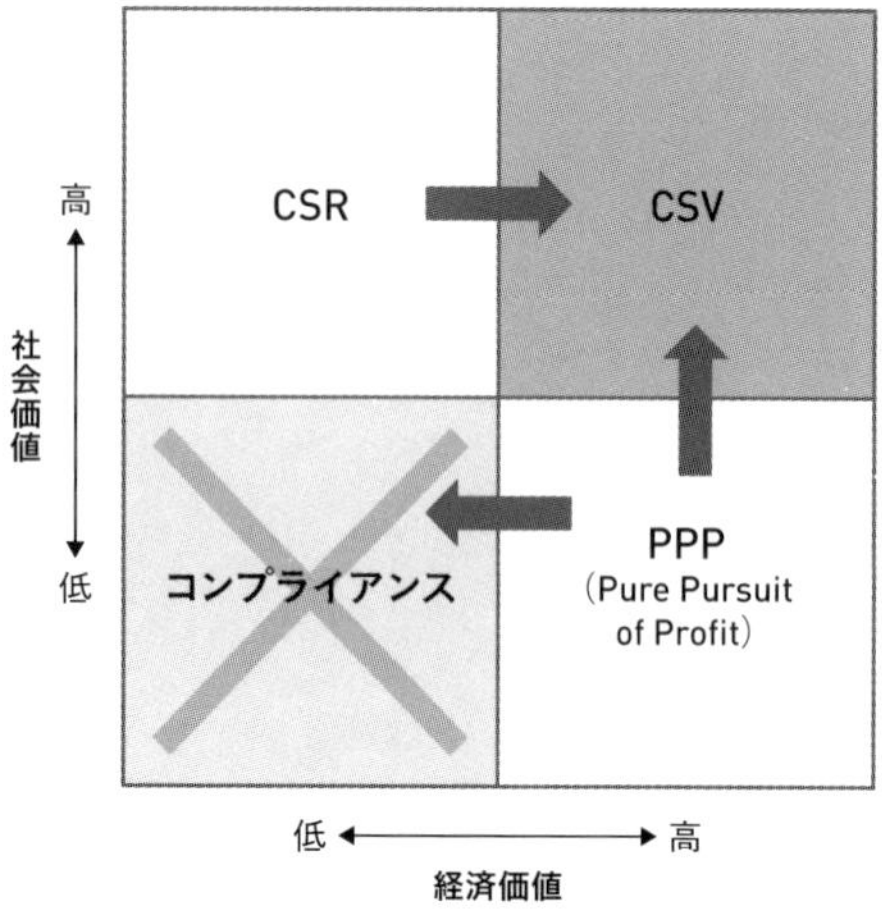

の交代などの理由で、尻つぼみとなってしまう。企業を誘致しようとしても、働き手やその家族の支援インフラが足りない。そもそも外需を取り込むだけの魅力と競争力がない限り、飽和した国内市場のパイを奪い合うだけでは、大きな成長は望めない。このように、供給側も需要側も大きな壁が立ちはだかる。

筆者が二〇一四年から主催しているＣＳＶフォーラムという研究会でも、最近は毎年のように地域創生がテーマアップされる。ちなみに、ＣＳＶはCreating Shared Valueの略で、日本語では「共通価値の創造」と訳される(図12-2)。二〇一一年に、ハーバード・ビジネススクールのマイケル・ポーター教授が提唱して以来、世界の先進企業がこぞって取り組んでいる[5]。

本業において、共通価値、すなわち、社会価値と経済価値をいかに高め続けられるか。これまでの経営では経済価値が優先されたが、それだと利益至上主義に陥りやすい。一方、SDGsに掲げられた一七のゴールなど、社会価値を本気で優先すればするほど、経済価値を棄損してしまう。ちなみに筆者は、SDGsを「儲からないリスト」と呼んでいる。CSVを高いレベルで実践しようとすれば、イノベーションが不可欠となる。

東京一極集中を食い止め、過疎化しつつある地方を活性化することをねらった地域創生は、大きな社会価値が期待できる。しかし、前述したように、需要と供給の本質的な課題を解くイノベーションが起こせない限り、企業としての経済価値（＝将来利益）を持続的に期待することはできない。つまり、CSR（企業の社会的責任）としては意義があるものの、CSVのテーマとしてはきわめて成立しにくいのである。

それにもかかわらず、二〇二三年度のCSVフォーラムで、このテーマに果敢に挑戦したグループがあった。そのグループの提案内容を筆者なりにモデル化したのが、図12－3である。二〇二四年二月の第六回「未来まちづくりフォーラム」のパネルディスカッションで披露させていただいた。名づけて「CSV型地域創生マンダラ」。このモデルのポイントは、大きく三点に集約される。

第一に、右側の企業主体の「自助」。具体的には、経営陣とキーパーソンのコミットメント、そして、事業としてヒトとカネが回る仕組みづくりが必須となる。

図12-3

CSV型地域創生マンダラ

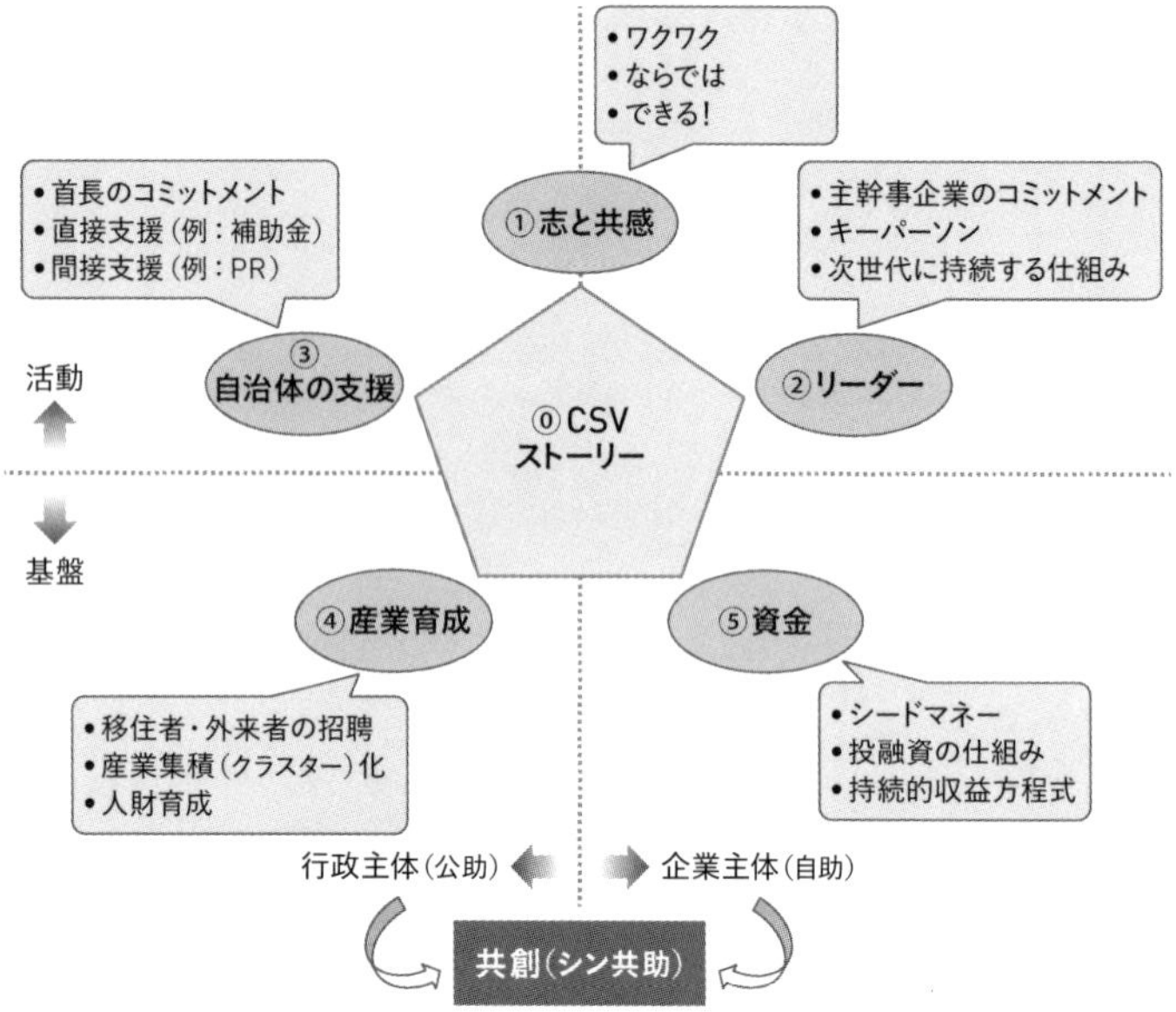

第二に、左側の行政主体の「公助」。具体的には、首長のコミットメントと直接・間接の支援、そして、産業育成の仕組みづくりが必須となる。

第三に、真ん中に位置づけられる企業側と行政側との「共助」。具体的には、多くの共感を喚起するパーパスを掲げ、社会価値と経済価値が二律背反ではなく、相乗効果を生み出すようなダイナミズム（CSVストーリー）を生み出す仕組みづくりが必須となる。

そこでカギを握る人財が、前述したストーリーテラーとしての劇作家（または作曲家）と、パーパスとパッションを醸成する演出家（または指揮者）だ。しかも、いずれも企業と行政を束ねて仕組みづくりができる高いプロデュース能力が求められる。

ここでも小手先のテクニックは通じない。深くかつ動的な共創を紡ぎ出すには、高い倫理力が求められるのだ。なぜなら倫理こそが、マンダラに示されている関係性を構築する哲学にほかならないからである。

このCSV型地域創生マンダラの成功例は、まだ存在しない。高い倫理を軸に共創を創発できる人財群が、企業側にも行政側にもまだ出現していないからだ。経済価値を最優先するアメリカ型経営モデルを、「世界標準」などと崇めているようでは、いつまで経っても、マンダラのような複雑系を紡ぎ出すエシックス経営にはたどり着かない。

イノベーションは外発的ではなく、内発的なものである。そろそろ、外を追随する卑屈な癖は封印しよう。そして、日本の伝統的な倫理思想に立ち返ってみよう。そこにこそ、日本的な価値共創のヒントがあるはずだ。

「ムスビ」の力

日本では古来、「ムスビ」が大切にされてきた。「むす」は「産す」、「ひ」は神霊を意味する。したがって、「ムスビ」とは、天地・万物を生み出す神霊を指す。『日本書紀』では「産霊」という字を当てている。

さらに古い『古事記』は、次のような記述で始まる。(6)

「天と地が初めて分かれたとき、高天《たかま》の原に現れなさった神の名は、天之御中主神《あめのみなかぬしのかみ》、つぎに高御産巣日神《たかみむしひのかみ》、つぎに神産巣日神《かみむしひのかみ》。この三柱《みはしら》の神は、独身《ひとりみ》の神としてお現れになり、そのまま姿をお隠しになった」

いわゆる「造化《ぞうか》三神」物語である。三柱とも独神、すなわち性別がない点は、現代社会においても大変示唆に富む。同時に、三神のうちの二柱の名前に「ムスビ」が込められている点に注目したい。

写真12-1

結び

なお、最初に登場した天之御中主神だけは、その後、どこにも出てこない。「天の中心の神」は、自然そのものと一体となって世界に遍在していることを、暗示しているように思われる。まさに神霊の祖ともいうべき存在なのだろう。ここにも日本の自然信仰の元型(アーキタイプ)が現れている。

残った二柱の「ムスビ」の神たちは、天地創造に取りかかる。その中から人間が生まれていくのだが、そこからは性別が付与されていく。男の子であれば「ムス・コ(産・彦)」、女の子なら「ムス・メ(産・姫)」と呼ばれる。こうして「ムスビ」が代々受け継がれていくのである。

この神話にも示唆されているように、古来、日本では「ムスビ」には神の力が宿ると信じられてきた。たとえば、神が降臨する神聖な場所には、注連縄《しめなわ》が結ばれる。これが神社の発祥である。現存する最古の神社とされる奈良の大神《おおみわ》神社には本殿がない。三輪山を神体山として直接、拝するようになっているからだ。そしてそこには、注連縄が結ばれ、「結界」が作られている。

この「ムスビ」の力を大切にする風習は、生活の中でも今日も息づいている。たとえば、正月の注連飾りやおみくじを結ぶ習慣、力士の大銀杏や祝儀の水引などには、神が宿ることへの期待が込められている。日本人にとって、「ムスビ」は神聖なパワースポットなのである。

「結い2101」

前述した地域創生の文脈の中でも、「ムスビ」の力は、古来、いかんなく発揮されてきた。「結《ゆい》」という習慣である。

村の住民同士が、力を合わせて助け合う。いわば「交換労働」である。単なる共同作業である「模合《もやい》」とは異なり、借りた労働力は、後で必ず返すというしきたりとなっている。「結返し」という。

沖縄では、今でも「ゆいまーる」という習慣が残っている。「結回る」、すなわち、相互扶助を順番かつ平等に行うことを指す。岐阜県の白川郷では、合掌造りの茅葺屋根の葺き替え作業に、今なお結を実践している。

結はまさに「共助」そのものである。そしてその伝統は、先述した「CSV型地域創生」の共助モデルに投影することができそうだ。課題は、同質な仲間同士の共助から、異質な仲間を引き込んだ異次元の共助へと進化させていくことにある。

たとえば、金融の世界。ここでも、そのような思いを形にしたファンドがある。その名も「結い2101」。二二世紀まで必要とされる企業を厳選し、投資家も「結い」のメンバーとなって、そのような企業を応援することをねらいとした投資信託だ。

この投信を運用する鎌倉投信は、その趣旨をホームページで次のように述べている。[7]

「『結い2101』では、資産形成だけではなく、投資先の『いい会社』の事業によってもたらされる、豊かな社会づくりに貢献することができます。また、ゆっくりと安定した運用成果をめざしているため、安心して投資を続けることができ、長期にわたって自分のお金を社会の発展にも役立てることができます」

では、「いい会社」とは何か。鎌倉投信では、「人・共生・匠」の三つの要素に分けて評価している。「人」は、優れた企業文化を持ち、人財を生かしているか。「共生」は循環型社会を創ろうとしているか。「匠」は、日本の匠の技を生かして、感動的なサービスを提供しているか。なかでも、最も大切にしているのは「人」だ。実際に企業に足しげく通い、経営者や社員との対話を通じて、「社員個人の尊重」「企業文化」「経営姿勢」という三項目をしっかりと見極めるという。

日本では最近、人的資本の重要性が声高に語られている。それ自体、日本の優良企業は伝統的に最も大切にしてきたことであり、今さら感は否めない。アメリカ流の経営モデルを追随してきた付和雷同型の企業ほど、資本市場からの要請を受けて、人的資本とやらの開示に躍起になっている。しかし、そもそも人は資本(キャピタル)、すなわち、金儲けの材料ではなく資産(アセット)、すなわち、価値創造の源泉であるはずだ。

鎌倉投信の創業者・鎌田恭幸社長は、最近のインタビューの中で、「人的資本フィーバー」について、次のように語っている(8)。

「私は本来ならばそういう指標は株主に対してではなく、むしろ社内に向けて開示するべきだと思います。わが社は、こういうことを大切にして経営していきたいので、それをこんな指標で測っていく。そういうコミュニケーションが社内でなされるべきだと。

株主は知っていても知らなくてもいい、とは言いすぎかもしれませんが、開示された指標は表面的に見るだけでは何もわからないのは事実です。その点、私たちはあえて実際に現場に足を運んでいるので、社員を大切にしているのか、人に対し投資をしているのかがよくわかっています。指標にしてしまうと、その数字が独り歩きし、数字を出すことだけが目的化してしまう危険性がある。大切なのは、数字の向こうにある目的と結果です。たとえば、ダイバーシティに関する指標を設け、さまざまな国籍の人たちを受け入れることで人的投資を進めている会社があったとしたら、その結果が売上や利益にどう影響しているのかまで見られれば理想的です。

これだけ人的資本に対する関心が高まってくると、『何から手をつけたらいいかわからない』と戸惑ってしまう経営者も多いようです。なぜ戸惑うのか。それは人的資本の大切さに経営者自身が気づいていなかったからです。私だったらこう言います。『あなた自身が社員を大事にしようと真剣に思うところから始めたらどうでしょうか』と」

では、そのような方針に基づいて運用されている「結い2101」は、肝心のリターンを生むのか。鎌田社長は、同ファンドがスタートして一四年が経過、その間、投資先企業の業績の伸び率は、右肩上がり一直線だと答えている。しかし、そもそもリターンをどう定義するかが、より本質的な問いかけだろう。なぜなら、これまでの資本市場の近視眼かつ視野狭窄的な座標軸の中には収まらないからだ。

まず時間軸でいうと、二一〇一年、つまり、ファンド組成時から九〇年先のリターンを視野に入れなければならない。一四年間のリターンは、あくまでその一里塚でしかない。

空間軸でいうと、鎌倉投信では、投資で得られる果実(リターン)を、投資家の「資産形成」「社会形成」「こころの形成(満足度)」が掛け合わさったものとして捉えている。つまり、投資の金銭的リターンに加えて、社会資産と心的資産が乗数効果をもたらすのだ。この視点こそ、アメリカ型資本主義が外部経済として切り捨ててきた無形の果実なのである。

一〇年前（二〇一四年）、筆者が主催するCSVフォーラムに登壇いただいた際、鎌田社長とは、これこそがJ－CSVがめざす一つの姿ではないか、と論じ合った。ポーター教授が提唱するCSVには、そもそも「心的資産」は入っていない。また「社会資産」も、「経済資産」と切り分けて捉えられている。

心的資産や社会資産が、経済資産そのものも、より豊かにしていくという視点は、きわめて次世代的かつ伝統日本的なのではないだろうか。しかも、そのような「結い2101」がスタートしたのが二〇一〇年、ポーター教授がCSV論文を発表した年の一年前であることに、偶然の符合とともに、日米の倫理観の運命的な出自の違いを感じさせられる。

鎌倉投信のオフィスは、鎌倉駅から鶴岡八幡宮を越えた静かな住宅街にひっそりたたずんでいる。古民家をリフォームした室内でお茶をいただいていると、ふとタイムスリップしたような不思議な錯覚にとらわれてしまう。

伝統の中にこそ、革新の芽が潜んでいる。豊かなコミュニティ、自然との共生など、ワクワクする未来を創造するうえで、まずは日本の元型に立ち戻ってみてはどうだろうか。「結」という概念は、そのような未来を拓く扉の一つになるはずだ。

シン新結合経営のすすめ

ここまで、「ムスビ」、そして、「結」の持つ力について論じてきた。実はこれこそが、日本的イノベーションを生み出すパワーの源泉となる可能性がある。

そもそもイノベーションという言葉を、経営用語として最初に使ったのは、オーストリア出身の経済学者ヨーゼフ・シュンペーターだ。一九一二年、二九歳のときに発表した『経済発展の理論』で提唱したものである。そこには、価値創造をめぐる三つのキーワードが示されている。

第一に、イノベートは「イン(内側)＋ノベート(新しくする)」を組み合わせたものだということ。つまり、「内側から新しくする」ことを指す。

外部の環境変化は、イノベーションを起こす絶好の機会を提供する。しかし、イノベーションの源泉は、内側にあるのだ。高い志や匠の技など、内側に豊富な無形資産を抱える日本企業には、イノベーションを「内発」させていく条件は、十分に揃っているはずだ。まさに伝統は、イノベーションの宝庫なのである。

ヒトのＤＮＡのうち、読み解かれている部分はわずか二％しかないという。残りの九八％の領域には、未知の可能性が潜んでいるのである。それらは「トレジャーＤＮＡ」と呼ばれる。

新しい能力を生み出しうる秘宝という意味が込められている。

われわれの中にも、読み解かれていない可能性が眠っている。その宝の箱を開くカギが学ぶ力である。しかも、学習したうえで脱学習(アンラーン)する能力である。その結果、未知が既知となり、可能性が現実性に変換されていく。

日本には古来、「守破離」という学習の流儀がある。型を学び、それをずらし、そして、新しい地平を開いていく。この学習という動的能力を最大の武器とした日本的経営の本質を、筆者は「学習優位」と呼んでいる。

しかし近年、この伝統的な動的能力が著しく弱ってきている。新しい型を身につけようと「守」にいそしむものの、「破」と「離」という脱学習のプロセスが回っていない。その結果、日本ならではのイノベーションが生み出せなくなっている。それが「失われた三〇年」の真因である。

そして今なお、その悪癖が直っていない。あいかわらず、「世界標準」という偽った触れ込みで紹介されるアメリカ流経営手法を、ありがたそうに学び続けるばかり。そして、「リスキリング(学び直し)」の大合唱。AI、ダイバーシティ、ガバナンスなど、「守」のテーマは次々に押し寄せてくる。そして、それらの陳腐化も早い。このような表面的なキャッチアップモードを続けていると、「失われたX年」をひたすら続けるだけだ。

真に学ぶべきことは、「学ぶスキル」である。学習と脱学習のメビウスの輪を回し続けるスキルであり、守るだけでなく破り、離れるスキルである。新しい流行に飛びつくのではなく、「守破離」の伝統を今日の技に「ずらす」ことこそ、日本を「イン＋ノベート（内側から革新）」するための最大のチャレンジである。

シュンペーターの第二のキーワードは、「創造的破壊（Creative Destruction）」である。内側に持っている資産を、次世代の価値へと組み替えていかなければならない。ここでも「ずらし（pivot）」の技が求められる。

現有の資産を、新しい価値創造に「ずらす」には、不退転の覚悟が必要となる。既存の価値を破壊するリスクがあるからだ。日本の経営者がすがりがちな「両利きの経営」は、既存事業の深掘りと新規事業の探索を並行して進めようとする。一見、リスクがないので、やりやすいように錯覚する。

しかし、リスクを避ける安直な経営では、イノベーションは起こせない。伝統を未来の革新へとずらしていく知恵と勇気が求められるのだ。しかもその際には、単に小幅にずらすだけではイノベーションは生まれない。伝統に引きずられず、非連続にずらす。それによって、新しい伝統を創ることができるのである。

この大きく「ずらす」という伝統的な身のこなしを取り戻すことが、日本企業にとっての第二のチャレンジとなる。

第三のキーワードは、「新結合（New Combination）」だ。イノベーションは0から1を創ることではない。それは「発明（invention）」にすぎず、イノベーションは1から10、すなわち市場実装し、さらに10から100で大きな新市場を作り上げることを指す。そのためには、既存のものを組み合わせて、新しい価値に組み替えていく「結ぶ力」がカギを握る。

日本は古来、結合力を得意としてきた。まさに「ムスビ」であり、「結」である。新しいもの（革新）を受け入れ、それを古いもの（伝統）と結合させる技は、日本のお家芸である。古くは「和魂漢才」や「和漢折衷」、そして、明治以降は「和魂洋才」や「和洋折衷」という形で学ぶ対象をずらしながら、伝統と革新を融合させてきた。

ただし、その際に、日本流に同質化させてしまいがちだ。革新を取り込んで伝統を進化させることは得意だが、伝統を革新へと大きくずらしていくパワーが弱い。社会の中においても「同調圧力」が働き、異質なものは排除される。古くは「村八分」、最近でも「出る杭は打たれる」。「空気」を読むことが求められ、「ソンタク」がはびこる。

真のイノベーションは、異質なもの同士の新結合から生み出される。筆者はこの異質性を強調するために、あえて「異結合（Cross-Coupling）」と呼んでいる。日本は同質化という伝統的な技に持ち込むだけではなく、それぞれの異質性を尊重しつつ、そこから革新を生み出していかなければならない。

日本は異質なものの同質化を得意とする。これこそ最近流行語となっている「ダイバーシティ&インクルージョン」だ。しかし、異質なものを触媒として、革新的なものを生み出す力が弱い。「インクルージョン&ダイバーシティ」へと発想を反転させなければならない。そこで求められるのは、差異を同質化するのではなく、差異を結合させてさらに異質なものを生み出す知恵である。ジャック・デリダのいう「差延(différance)」の技を身につける必要がある。これが、日本にとっての三つ目のチャレンジである。

イノベーションの本質は、新しい価値を創造し、新しい市場を創造することである。イノベーションをめぐる三つのキーワードを深掘りしてみると、日本にとって、得意な領域と不得意な領域が見えてくる。この得意技と不得意技を新結合することこそ、これら三点に共通した本質的なチャレンジといえそうだ。

第Ⅳ部の小括

ここでは、エシックス経営の未来を、三つの切り口から論じてきた。それぞれの切り口において、大きなパラダイムシフトが必須であること、そして、その際に日本の伝統に宝が眠っていることにも気づかされる。さらに、今後どのような能力が必要とされるかも見えてくる。

第一に空間軸。ここでは、閉鎖系から開放系へのパラダイムシフトが求められる。人間中心主義から、生物・無生物、地球・宇宙、そして自然や生態系全体に、視野を広げていく必要がある。その際にヒントとなるのが、日本が古来、大切にしてきた「共生」という生き方である。そして、未来に向けて、私たちは「空間編集力」を鍛えていかなければならない。

第二に時間軸。過去・現在・未来という時間を、線形に捉えるのではなく、非線形として捉え直す。過去から現在の延長に未来はない。デジタル技術やバイオ技術は、非連続な未来を拓いていく。一方で、未来や過去が時間を飛び越えて現在に姿を現す。この「共時性（シンクロニシティ）」は、古来、「縁起」という現象として、日本人が大切にしてきたものだ。私たちは、この「時かけ力」を起点に、未来の倫理を紡ぎ出す「時間編集力」に磨きをかける必要がある。

第三に価値軸。価値が多元化する中で、異質なものを同質化する「ダイバーシティ&インクルージョン」から、異質性を包含しつつ、そこから次世代の異質な価値を紡ぎ出す「インクルージョン&ダイバーシティ」へのパラダイムシフトが求められる。その際には、日本古来の「ムスビ」や「結」の思想がパワーを発揮する。同時に、異質から異次元の異質を生み出す「異質（ヘテロ）編集力」を身につける必要がある。

これら三つの軸は、独立したものではない。空間は三次元、時間は四次元、そして、価値は五次元の広がりを持って、かつ、重なり合っている。これら次元を超えた「三位一体」をいかに編集できるかがエシックス経営の究極の課題である。

本書で論じたとおり、幸いなことに、日本には独自の手がかりがある。外の知恵にすがるのは、そろそろ終わりにしよう。答えは、私たち自身の中にあるのだ。

一方で、それらはいずれも大きくバージョンアップしていかなければならない。伝統に安住するのではなく、伝統の中から革新を生み出していく必要がある。そしてそれが、私たちの明日の伝統になり、さらに次の革新を生み出す母体となるはずだ。

エシックス経営の未来は、私たち一人一人が自信と覚悟を持って、大きく踏み出していけるかどうかにかかっている。

おわりに

「倫理」は、誰もが向き合うテーマである。倫理が「関係性のあり方」を問うものである以上、社会人として基本OS（Operating System：動作規範）といってもよいだろう。そして企業、より広く捉えるとあらゆる組織が、内部、外部の関係性の中で成り立っている以上、倫理は企業や組織にとっての基本OSでもある。

他者（他社）との関係性への問いは同時に、「自己（自社）とは何か」という問いにもつながる。したがって、社会人・組織人としての倫理は、「他者としての自己」を捉え直すことにほかならない。倫理は社会的であると同時に、きわめて個人的な問いでもある。

筆者個人の倫理体験も、振り返ってみると、それなりに味わい深い。ただここで、あまりにパーソナルな体験をカミングアウトすることは躊躇されるし、そもそも読者にとっても興味のないことだろう。そこで、倫理をめぐる個人的な読書遍歴という形で、素描してみたい。

今でも鮮烈に思い出されるのが、中学一年の夏休みの自由研究に取り上げたジュリアス・レスターの『奴隷とは』という一冊の本だ。残念ながら今では絶版となっているが、アメリカに連れてこられた黒人奴隷の実態を、生々しく描いた名著である。なぜこの本を選んだのかは思い出せない。しかしこの体験は、人権という社会課題に気づく個人的な体験となった。

記憶の二ページ目は、高校一年の夏休みに読んだレイチェル・カーソンの『沈黙の春』である。生物学の先生の勧めもあり、英語の勉強も兼ねて原書で読んでみたが、その内容にまたしても大きな衝撃を受けた。今日的なテーマでもある環境問題に、目を開かされた貴重な体験となった。

大学時代は、哲学の森をさまよっていたが、なかでも、大学一年の夏に読んだマルティン・ハイデガーの大著『存在と時間』には圧倒された。「世界＝内＝存在」として実存を捉えるという視点は、まさに関係性の哲学としての倫理学そのものでもある。

大学を卒業して三菱商事に入った年に、また衝撃的な本と出合った（今度はさすがに「夏休み」ではないが）。アルビン・トフラーの『第三の波』という、情報化社会における人間や組織のあり方を展望した名著である。未来は大胆に展望し、自ら拓くものだということに気づかされた。

その八年後に入ったハーバード・ビジネススクールでは、折しも「倫理」が企業経営の中核テーマとして、大きく注目されていた。そもそも入学願書で最重要視されている項目が、「倫理的（エシカル）ジレンマ」に関する質問だった。「あなたはこれまで、どのような倫理的なジレンマに直面したか？　そしてそのときにどう考え、どう行動したか？」という問いである。

そして、最初の授業が、「ビジネス・エシックス」である。担当のジョセフ・バダラッコ教授は、本文でも紹介したジョンソン・エンド・ジョンソンのタイレノール事件のケースを取り上げ、「あなただったら、どうする?」と問いかける。バダラッコ教授は今や、同スクールの倫理分野のリーダーとして多くの名著も出しているが、当時はハーバードらしく、実際の企業ケースの千本ノックで鍛えられた。

マッキンゼーの血気盛んな(?)パートナー時代にめぐり合ったのが、複雑系理論である。当時、同理論の本拠地「サンタフェ研究所」と協業する中で、スチュアート・カウフマン教授の『自己組織化と進化の論理』が、われわれの知的バイブルとなった。複雑系は本書の中でも、次世代型倫理的思考の切り札として紹介しているとおりだ。

一橋ビジネススクールに移って感銘を受けたのが、グラミングループの創始者ムハマド・ユヌス教授である。ノーベル平和賞受賞の翌年に出版した『貧困のない世界を創る』(二〇〇七年)を読んで、ソーシャルビジネスのパワーに気づかされた。二〇一三年にバングラデシュ、そして、東京でご一緒する機会があり、倫理資本主義の未来について深く考えるヒントをいただいた。

そして、京都に活動の場を広げてからは、「稲盛教」に引き込まれている。「教祖」の稲盛和夫氏は残念ながら二〇二二年に亡くなられたが、数々の著書の中でも『生き方』と『心。』はまさに、人として、そして、組織リーダーとしての倫理のあり方を教えられた。これも、本書の中で京セラの事例などで紹介しているとおりだ。

半世紀にわたる個人的な読書遍歴を倫理という糸で読み解いてみると、改めて広がりの中での一貫性を実感させられる。しかも、時代の進展、そして、筆者自身の成長とともに、非連続に進化していることにも気づかされる。倫理は、このように個人の中でも学習によって「伝統」となり、脱学習によって「革新」されていくのだろう。

この伝統から革新を生み、革新が次世代の伝統となるというダイナミズムは、個人にとっても組織にとっても、これからも倫理の進化の源泉となるはずだ。

さて、禅でいうところの「而今《にこん》」、すなわち、「今、この瞬間」に立ってみよう。

筆者は三年前に『パーパス経営』を上梓して以来、パーパス経営の伝道師となって、「布教活動」やさまざまな企業のご支援を続けてきた。パーパス経営が広まりつつあることに確かな手ごたえを感じている。

しかし一方で、パーパス（志）が上滑りしている実情も、見えてきた。筆者が三条件と呼ぶ「ワクワク、ならでは、できる！」を感じさせる素晴らしいパーパスを掲げるものの、その実践（プラクティス）がままならない。先進企業は、「マイパーパス One-on-One」などを通じて、パーパスの自分ごと化も進めている。それでも、日々の行動につながっていかないのだ。

それどころか、パーパス経営の先進企業と自他ともに認められていた企業においても、当面の業績にこだわるあまり、経営レベルで痛恨の判断ミスを犯してしまう。その一例としてのS

OMPOのケースは、本文の中でも論じているとおりだ。応援席に立つ筆者も、これには頭を抱えた。

しかしよく考えてみれば、その理由はいたって明確だ。パーパスは未来の「きれいごと」であるのに対して、それを実践しようとすると、さまざまな現実の壁に阻まれる。未来はこの壁を越えない限り、絵に描いた餅にすぎない。

現実の延長線上に、ありたい未来はないからだ。実践しようともがけばもがくほど、未来と現実のはざまで動きが取れない。未来を取るのか、現実を優先するのかという二律背反のジレンマに陥ってしまうからだ。

パーパスの実践に向けては、現実の壁を乗り越えるための日々のプリンシプルが不可欠なのである。プリンシプルとは、「何を優先すべきか、何をしてはならないのか」についての基本的な行動指針である。それが判断軸となってしっかり実装されれば、経営も現場も、パーパスに向けて現実の壁をどう乗り越えていくかを、試行錯誤の中から学び出していくはずだ。

ただし、パーパスは夢、そして、プリンシプルは原則にすぎない。現実を変えていくためには、それを実践（プラクティス）していく努力が不可欠だ。そして、その活動を通じて見えてきた未来の姿を踏まえて、パーパスそのものもアップデートしていかなければならない。

つまり、「パーパス→プリンシプル→プラクティス」のループを「三位一体」として回し続けること。それを筆者は「学習優位の経営」と呼ぶ。そしてそれが、パーパス経営の先に見えてきたエシックス経営の本質である。

本書は、『パーパス経営』のいわば続編として、この三年間考え続けてきた次世代経営思想を凝縮させたものである。その過程で、いろいろな方々からご示唆、ご支援をいただいた。

編集工学研究所の創業者・松岡正剛氏と社長の安藤昭子氏には、編集工学がエシックス経営の思想的OSとなることを学ばせていただいた。丸井グループCEOの青井浩氏とPwCジャパンの前パートナーの磯貝友紀氏とは、読書会などを通じて、エシックス経営の最先端を展望する議論をさせていただいた。

元・日本航空副会長の大川順子氏からは、パーパスよりプリンシプルがカギであることを教わった。また、長島・大野・常松法律事務所の深水大輔氏とは、プリンシプルを基点とした次世代ガバナンスのあり方を深く議論させていただいた。

さらに、インターブランドジャパン社長の並木将仁氏には、仕事を通じた協働や対談などを通じて、倫理経営の真髄を見極めるうえでの素晴らしいソートパートナー（知的同志）となっていただいた。また、エシックス経営で世界的に名高いイギリスの「プリンシピア」創業者のデービッド・ロディン氏とは、エシックス経営の本質について語り合う機会があった。他にも本文中に紹介させていただいたエシックス経営を実践する企業の経営者の皆さんからは、多くの実践的な学びをいただいた。この場を借りてお礼申し上げたい。

本書の着想段階からずっとご支援いただいた東洋経済新報社の佐藤敬氏にも、お礼を申し上げたい。佐藤氏とのタッグは、本書で四冊目となる。前著『パーパス経営』をプロデュースいただいてから三年、本書がその姉妹版として広く読んでいただけるようになるとすれば、それはひとえに佐藤氏の熱意とご支援の賜物である。

筆者は常々「知的ノマド」生活を提唱し、自ら実践している。ノマドワーカーといえば、一つの場や企業の枠に収まらず、遊牧民のように非定住な仕事の仕方をする人を指す。最近は、遊牧先からリモートで職場に参加したり、複数の仕事（「複」業）をリモートでこなすデジタルノマドも出現している。

筆者の場合、そのどちらも実践しているが、さらに仕事を超えて、知のスペースそのものをフラクタル（自己相似的）に広げていくことをめざしている。筆者の関心は、本業（そもそも何が本業かも、もはや怪しいが……）の経営学にとどまらず、宗教、哲学、生命学、情報工学など、リゾーム（地下茎）のように増殖していく。

ただし、興味本位で雑食的に知の餌（Food for Thought）を追い求めるのではなく、それをある種の構造の中に取り込んでいく活動を心がけている。「空海の夢」になぞらえれば、それはマンダラ図を描くような試みかもしれない。

本書では、それを「シン三位一体」という形で、自己相似形を描くように心がけてみた。前著では、その中心に「志（パーパス）」を置いた。今回は、その中心をダブルクリックしたときに、何が現れるかを見極めようとした。そして、そこに見えてきたのが、「倫理（エシックス）」である。

もちろん、これがノマド生活の終着地ではない。本書で描いたように、倫理そのものが、時空の壁を越えて、自由に進化していく。しかも、倫理をダブルクリックすると、さらに深淵が見えてくることだろう。

知的ノマドの旅は続く。三年後には、また別の地平にワープしているかもしれない。そのような異次元の発見こそが、筆者のひそかな楽しみである。それまで読者の皆さんも、自由な知の旅を楽しまれることを心から祈念しつつ、ここらでいったん、「保存」ボタンをクリックすることとしよう。

【著者紹介】
名和高司（なわ　たかし）
京都先端科学大学ビジネススクール教授、一橋大学ビジネススクール客員教授。1980年東京大学法学部卒業、三菱商事入社。90年ハーバード・ビジネススクールにてMBA取得（ベーカー・スカラー）。その後、約20年間、マッキンゼーのディレクターとしてコンサルティングに従事。日本、アジア、アメリカなどを舞台に、多様な業界において次世代成長戦略、全社構造改革などのプロジェクトに幅広く従事。2011～16年ボストン コンサルティング グループのシニアアドバイザー。14年より30社近くの次世代リーダーを交えたCSVフォーラムを主宰。10年より一橋大学大学院国際企業戦略研究科教授、22年より現職。ファーストリテイリング、味の素、デンソー、SOMPOホールディングスの社外取締役を歴任。インターブランドジャパン、アクセンチュアなどのシニアアドバイザーを兼務。主な著書に『学習優位の経営』（ダイヤモンド社）、『CSV経営戦略』『企業変革の教科書』『パーパス経営』（以上、東洋経済新報社）、『コンサルを超える 問題解決と価値創造の全技法』（ディスカヴァー・トゥエンティワン）、『超進化経営』（日本経済新聞出版）などがある。

＊日本音楽著作権協会（出）許諾第2405743-401号

エシックス経営
パーパスを経営現場に実装する

2024年10月1日発行

著　者――名和高司
発行者――田北浩章
発行所――東洋経済新報社
〒103-8345　東京都中央区日本橋本石町 1-2-1
電話＝東洋経済コールセンター　03(6386)1040
https://toyokeizai.net/

装　丁………………竹内雄二
本文デザイン・DTP……米谷　豪（orange_noiz）
印刷・製本…………丸井工文社
編集担当……………佐藤　敬

ISBN 978-4-492-53478-6

索引

▶ 英数字

▶ ア行

▶ **カ** 行

▶ サ行

▶ **タ**行

▸ ナ行

▸ ハ行

▶ マ行

注

▶ 第1章

⑴ アイディール・リーダーズ「上場企業3849社のパーパス策定状況の調査結果を公開」PR Times，2022年11月2日（https://prtimes.jp/main/html/rd/p/000000029.000014688.html）.

⑵ ポーター／クラマー（2011）.

⑶ 堀口大學による訳．三島（2020）p.8.

⑷ ドラッカー（1974）.

▶ 第2章

⑴ アリストテレス（2015）上巻，pp.38-41.

⑵ 和辻（2011）第1巻，pp.45-46.

⑶ スミス（2014）p.57.

⑷ スミス（2014）p.91.

⑸ スミス（2014）pp.3-32.

⑹ アシモフ（2004）p.5.

▶ 第3章

⑴ ドラッカー（2006）下巻，p.262.

▶ 第4章

⑴ *Fortune*, Jan. 31, 2023.

⑵ 「ディズニー職員2万人を一枚岩にする「SCSE」とは，夢の国へ導く顧客対応4つの鍵」Gem Med，2016年6月8日（https://gemmed.ghc-j.com/?p=9159）.

⑶ マッキー／シソーディア（2014）.

⑷ マッキー／シソーディア（2014）pp.xi-xii.

⑸ シュイナード（2007）pp.2-4.

⑹ ヘイスティングス／メイヤー（2020）.

⑺ シュイナード（2007）p.122.

⑻ *The Guardian,* May 10, 2019.

⑼ *New York Times*, Sep. 14, 2022.

⑽ スタンリー／シュイナード（2024）.

▶ 第5章

(1) 稲盛（2004）p.20.
(2) 稲盛（2014）.
(3) 小野寺正「私の履歴書」『日本経済新聞』2020年10月29日.
(4) 稲盛（2006）p.231.
(5) 稲盛（2004）p.107.
(6) 稲盛（2004）p.108.
(7) 稲盛（2014）p.340.
(8) 大塚友美「モビリティカンパニーとして『幸せの量産』に挑む」サステナブル・ブランド・ジャパン，2021年2月10日（https://www.sustainablebrands.jp/article/interview/detail/1200798_1533.html）.
(9) トルストイ（1989）上巻，p.5.
(10)「トヨタウェイ2020／トヨタ行動指針」（https://global.toyota/jp/company/vision-and-philosophy/toyotaway_code-of-conduct/）.
(11) クリストフ・ウェバー「モラルある組織で人々の健康に貢献」『日経ESG』2021年9月号，pp.56-57.
(12) 日経ビジネス電子版，2021年2月14日.
(13)「花王のESG戦略――Kirei Lifestyle Plan」（https://www.kao.com/jp/sustainability/klp/）.
(14)「花王，人材活性化へ新制度導入」『日経ESG』2021年2月号，p.8.
(15) 大山一也「金融・社会課題に真正面から取り組み，新たな資金循環を創り上げる」広告朝日，2021年10月25日（https://adv.asahi.com/series/interview/14432052）.
(16)「みさきNews Letter」vol.10，2022年.
(17)「トップメッセージ（統合報告書 2023 ディスクロージャー誌）」三井住友トラスト・ホールディングスのウェブサイト（https://www.smth.jp/investors/report/disclosure/topmessage）.
(18)「経営陣の本気が成功の鍵。三井住友信託銀行『Well-being』浸透策」Smart HR Mag.，2023年9月1日（https://mag.smarthr.jp/hr-management/od/reiwano-jinji-smtb/）.
(19) 注17と同じ.
(20)「POWERING GOODで社会イノベーションを加速する――日立流「パーパス経営」の真価」ダイヤモンド・オンライン，2022年1月17日（https://diamond.jp/articles/-/291461）.
(21)「パーパス経営と日立　第1回――“志”という視点から見た日立」Executive Foresight Online，2023年5月30日（https://www.foresight.ext.hitachi.co.jp/_ct/17624807）.
(22)「パーパス経営と日立　第5回――パーパスの成果を測る2つの指標」2023年6月

13日(https://www.foresight.ext.hitachi.co.jp/_ct/17624811).
(23) 注21と同じ.
(24)「パーパス経営と日立　第3回──どこを拠点にするか」2023年6月6日(https://www.foresight.ext.hitachi.co.jp/_ct/17624809).
(25)「企業研究　リクルートホールディングス──創造への破壊は続く」『日経ビジネス』2017年10月16日, pp.58-60.
(26) 名和高司「社外委員メッセージ」2016年9月30日リクルートホールディングスウェブサイト(https://recruit-holdings.com/ja/sustainability/about/management/committee/nawa/).
(27) 谷口工務店のウェブサイト(https://taniguchi-koumuten.jp/about/message.html).
(28)「『家道』を世の中に広め日本の家づくりを変えたい」『The 21』2024年7月号, pp.65-67.
(29) 注28と同じ.

▶ 第7章

(1) 野中・勝見(2020) pp.21-23.
(2)「企業倫理」武田薬品工業ウェブサイト(https://www.takeda.com/jp/about/corporate-responsibility/ethics-disclosures/ethics/).
(3) 野中(2021).

▶ 第8章

(1) 中沢(2006).
(2) マーフィ重松(2020).

▶ 第9章

(1) ドラッカー(1989).
(2) ドラッカー(1992).
(3) 及川・前野(2023).
(4) 及川・前野(2023).
(5)「ロート製薬山田会長「人材の可能性を引き出すのは経営の責務」日経ビジネスオンライン, 2024年1月16日(https://business.nikkei.com/atcl/seminar/19nv/120500136/122701185/).
(6) 注5と同じ.
(7) PIVOT, 2024年4月1～2日.
(8)「パーパス経営実践論」NewsPicks, 2022年8月4日.

(9) 「様々な新規事業を生んだマルイグループ“8つの変革”――企業価値高める『ウェルビーイング経営』」Sankei EVENT Info, 2023年3月14日(https://www.sankei.com/article/20230314-RRQ4ISNKEJEPLLFJ2XXPOPZFRA/?outputType=theme_event).
(10) 「野中郁次郎の経営の本質――丸井グループ 代表取締役社長CEO 青井浩氏」リクルートワークス研究所, 2021年10月8日(https://www.works-i.com/works/series/management/detail003.html).
(11) 武田(2021).

▶ 第10章

(1) 第一生命経済研究所調べ, 2024年2月15日.

▶ 第11章

(1) 稲盛(2014) p.197.
(2) 「『善の巡環』という企業精神(前編) YKKはなぜ世界をリードできるのか」Hitachi Executive Foresight Online, 2016年9月28日(https://www.foresight.ext.hitachi.co.jp/_ct/16994459).
(3) ユング(1983) p.176.
(4) 九鬼(2016) pp.22-23.
(5) 日本語版は2014年8月28日に放映.

▶ 第12章

(1) 「34年振りにマーケティングの定義を刷新」日本マーケティング協会ウェブサイト, 2024年1月25日(https://www.jma2-jp.org/home/news/916-marketing).
(2) 大熊(1974) p.xxx.
(3) 大前(2023) pp.104-115.
(4) 三木(1978) p.22.
(5) ポーター/クラマー(2011).
(6) 梅原(2012) p.8.
(7) 「はじめての方へ」鎌倉投信ウェブサイト(https://www.kamakuraim.jp/about-yui2101).
(8) 鎌田恭幸「人的資本開示についての投資家の視点――情報開示で大切なのは数字の背後にある開示目的と結果」リクルート・マネジメント・ソリューションズのウェブサイト, 2024年2月5日(https://www.recruit-ms.co.jp/issue/interview/0000001229/).

参考文献

アインシュタイン，アルバート(1988)『相対性理論』内山龍雄訳・解説，岩波文庫.
浅田彰(2023)『構造と力——記号論を超えて』中公文庫.
アシモフ，アイザック(2004)『われはロボット(決定版)』小尾芙佐訳，ハヤカワ文庫.
天野正子(1996)『「生活者」とはだれか——自律的市民像の系譜』中公新書.
アリストテレス(2015)『ニコマコス倫理学(上・下)』渡辺邦夫・立花幸司訳，光文社古典新訳文庫.
イシグロ，カズオ(2006)『わたしを離さないで』土屋政雄訳，早川書房.
————(2021)『クララとお日さま』土屋政雄訳，早川書房.
伊丹敬之(1987)『人本主義企業』筑摩書房.
稲盛和夫(2004)『生き方——人間として一番大切なこと』サンマーク出版.
————(2006)『アメーバ経営——ひとりひとりの社員が主役』日本経済新聞社.
————(2014)『京セラフィロソフィ』サンマーク出版.
————(2019)『心。——人生を意のままにする力』サンマーク出版.
稲盛ライブラリー・ダイヤモンド社「稲盛和夫経営講演選集」共同チーム編(2023)『経営——稲盛和夫，原点を語る』ダイヤモンド社.
ウィーナー，ノーバート(2011)『サイバネティックス——動物と機械における制御と通信』池原止戈夫ほか訳，岩波文庫.
宇沢弘文(2000)『社会的共通資本』岩波新書.
梅原猛(2012)『古事記(増補新版)』学研M文庫.
及川美紀・前野マドカ(2023)『幸せなチームが結果を出す——ウェルビーイング・マネジメント7か条』日経BP.
大熊信行(1974)『生命再生産の理論——人間中心の思想(上・下)』東洋経済新報社.
大前研一(1991)『生活者革命——国家主義の終焉』NHK出版.
————(2023)『日本の論点2024～2025』プレジデント社.
カウフマン，スチュアート(1999)『自己組織化と進化の論理——宇宙を貫く複雑系の法則』米沢富美子監訳，日本経済新聞社.
カーソン，レイチェル(1974)『沈黙の春』青樹簗一訳，新潮文庫.
カプラ，フリッチョフ(1979)『タオ自然学——現代物理学の先端から「東洋の世紀」がはじまる』吉福伸逸ほか訳，工作舎.
ガブリエル，マルクス(2018)『なぜ世界は存在しないのか』清水一浩訳，講談社選書メチエ.
————(2024)『倫理資本主義の時代』斎藤幸平監修，土方奈美訳，ハヤカワ新書.
カミュ，アルベール(1969)『シーシュポスの神話』清水徹訳，新潮文庫.
カント，イマヌエル(1961)『純粋理性批判(上・中・下)』篠田英雄訳，岩波文庫.

――――(1979)『実践理性批判』波多野精一・宮本和吉・篠田英雄訳，岩波文庫.
九鬼周造(2016)『時間論　他二篇』小浜善信編，岩波文庫.
楠木建・杉浦泰(2020)『逆・タイムマシン経営論――近過去の歴史に学ぶ経営知』日経BP.
クラーク，アンディ(2015)『生まれながらのサイボーグ――心・テクノロジー・知能の未来』呉羽真ほか訳，春秋社.
クレイグ，ニック／ビル・ジョージ／スコット・スヌーク(2024)『True North リーダーたちの羅針盤 フィールドブック――「オーセンティック・リーダーシップ」を発揮するためのガイド』小川孔輔・林麻矢訳，生産性出版.
小立敬(2008)「米国における金融規制のあり方とプリンシプルの議論――ファイナンシャル・サービス・ラウンドテーブルの提言」『野村資本市場クォータリー』春号，pp.83-93.
コッター，ジョン・P(2011)「新訳　リーダーシップとマネジメントの違い――両者は補完関係にある」『DIAMONDハーバード・ビジネス・レビュー』9月号，pp.50-64.
斎藤幸平(2020)『人新世の「資本論」』集英社新書.
坂本太郎ほか校注(1994)『日本書紀(1～5)』岩波文庫.
サンデル，マイケル(2010)『これからの「正義」の話をしよう』鬼澤忍訳，早川書房.
シャーマー，C・オットー(2010)『U理論――過去や偏見にとらわれず，本当に必要な「変化」を生み出す技術』中土井僚・由佐美加子訳，英治出版.
シュイナード，イヴォン(2007)『社員をサーフィンに行かせよう――パタゴニア創業者の経営論』森摂訳，東洋経済新報社.
――――／ヴィンセント・スタンリー(2012)『レスポンシブル・カンパニー』井口耕二訳，ダイヤモンド社.
ジョージ，ビル(2004)『ミッション・リーダーシップ――企業の持続的成長を図る』梅津祐良訳，日本生産性本部.
スタンリー，ヴィンセント／イヴォン・シュイナード(2024)『レスポンシブル・カンパニーの未来――パタゴニアが50年かけて学んだこと』井口耕二訳，ダイヤモンド社.
スティグリッツ，ジョゼフ・E(2019)『プログレッシブ・キャピタリズム――利益はみんなのために』山田美明訳，東洋経済新報社.
スピノザ(1951)『エチカ(上・下)』畠中尚志訳，岩波文庫.
スミス，アダム(1959～66)『諸国民の富(1～5)』大内兵衛・松川七郎訳，岩波文庫.
――――(2014)『道徳感情論』村井章子・北川知子訳，日経BP.
関根正雄訳(1967)『旧約聖書　創世記』岩波文庫.

センン，アマルティア(1989)『合理的な愚か者――経済学＝論理学的探究』大庭健・川本隆史訳，勁草書房．

――――(2011)『正義のアイデア』池本幸生訳，明石書店．

センゲ，ピーター・M(2011)『学習する組織――システム思考で未来を創造する』枝廣淳子・小田理一郎・中小路佳代子訳，英治出版．

――――ほか(2006)『出現する未来』野中郁次郎監訳，高遠裕子訳，講談社．

タイラー，エドワード・バーネット(2019)『原始文化(上・下)』松村一男監修，奥山倫明ほか訳，国書刊行会．

武田英明(2021)「分人型社会システムによるAI共存社会の枠組みに向けて」『情報通信政策研究』5巻1号，pp.113-129.

月本昭男訳(1996)『ギルガメシュ叙事詩』岩波書店．

デカルト(1997)『方法序説』谷川多佳子訳，岩波文庫．

ディクソン＝デクレーブ，Sほか(2022)『Earth for All　万人のための地球――『成長の限界』から50年 ローマクラブ新レポート』武内和彦監訳，森秀行・高橋康夫ほか訳，丸善出版．

道元(1990～1993)『正法眼蔵(1～4)』水野弥穂子校注，岩波文庫．

ドゥルーズ，ジル(2002)『スピノザ――実践の哲学』鈴木雅大訳，平凡社ライブラリー．

トフラー，アルビン(1980)『第三の波』徳山二郎監修，鈴木健次・桜井元雄ほか訳，日本放送出版協会．

ドラッカー，ピーター・F(1974)『マネジメント――課題，責任，実践(上・下)』野田一夫・村上恒夫監訳，ダイヤモンド社．

――――(1989)『新しい現実――政府と政治，経済とビジネス，社会および世界観にいま何がおこっているか』上田惇生・佐々木実智男訳，ダイヤモンド社．

――――(1992)『未来企業――生き残る組織の条件』上田惇生・佐々木実智男・田代正美訳，ダイヤモンド社．

――――(2006)『現代の経営(上・下)』上田惇生訳，ダイヤモンド社．

トルストイ(1989)『アンナ・カレーニナ(上・下)』中村融訳，岩波文庫．

中沢新一(2006)『三位一体モデル――TRINITY』東京糸井重里事務所．

中山達樹(2021)『インテグリティ――コンプライアンスを超える組織論』中央経済社．

名和高司(2010)『学習優位の経営――日本企業はなぜ内部から変われるのか』ダイヤモンド社．

――――(2015)『CSV経営戦略――本業での高収益と，社会の課題を同時に解決する』東洋経済新報社．

――――(2021)『パーパス経営――30年先の視点から現在を捉える』東洋経済新報社．

――――(2022)『資本主義の先を予言した史上最高の経済学者　シュンペーター』日経BP.
――――・並木将仁(2024)「経営アジェンダとしての組織倫理にリーダーはいまどう向き合うべきか」『DIAMONDハーバード・ビジネス・レビュー』2月号.
西田幾多郎(1979)『善の研究』岩波文庫.
ニーチェ，フリードリヒ(1964)『道徳の系譜』木場深定訳，岩波文庫.
――――(1967・70)『ツァラトゥストラはこう言った(上・下)』氷上英廣訳，岩波文庫.
ニュートン，アイザック(2019)『自然哲学の数学的原理(第1編～第3編)』中野猿人訳，講談社ブルーバックス.
ヌスバウム，マーサ・C(2012)『正義のフロンティア――障碍者・外国人・動物という境界を越えて』神島裕子訳，法政大学出版局.
ノージック，ロバート(1994)『アナーキー・国家・ユートピア――国家の正当性とその限界』嶋津格訳，木鐸社.
野中郁次郎(2021)「身体知こそイノベーションの源泉である」『DIAMONDハーバード・ビジネス・レビュー』3月号，pp.60-69.
――――・勝見明(2020)『共感経営――「物語り戦略」で輝く現場』日本経済新聞出版社.
――――・紺野登(2007)『美徳の経営』NTT出版.
――――・竹内弘高(2020)『ワイズカンパニー――知識創造から知識実践への新しいモデル』黒輪篤嗣訳，東洋経済新報社.
ハイデガー(2013)『存在と時間(1～4)』熊野純彦訳，岩波文庫.
ハーバーマス，ユルゲン(1985～87)『コミュニケイション的行為の理論(上・中・下)』河上倫逸ほか訳，未来社.
バーマン，モリス(1989)『デカルトからベイトソンへ――世界の再魔術化』柴田元幸訳，国文社.
ハラリ，ユヴァル・ノア(2016)『サピエンス全史――文明の構造と人類の幸福(上・下)』柴田裕之訳，河出書房新社.
――――(2018)『ホモ・デウス――テクノロジーとサピエンスの未来(上・下)』柴田裕之訳，河出書房新社.
ピケティ，トマ(2014)『21世紀の資本』山形浩生・守岡桜・森本正史訳，みすず書房.
平野啓一郎(2012)『私とは何か――「個人」から「分人」へ』講談社現代新書.
――――(2021)『本心』文藝春秋.
プリゴジン，イリヤ／イザベル・スタンジェール(1987)『混沌からの秩序』伏見康治ほか訳，みすず書房.
ヘイスティングス，リード／エリン・メイヤー(2020)『NO RULES――世界一「自

由」な会社，NETFLIX』土方奈美訳，日本経済新聞出版．

ベイトソン，グレゴリー（1986・1987）『精神の生態学（上・下）』佐伯泰樹ほか訳，思索社．

ポーター・マイケル・E／マーク・R・クラマー（2011）「共通価値の戦略――経済的価値と社会的価値を同時実現する」『DIAMONDハーバード・ビジネス・レビュー』6月号，pp.8-31．

ポルマン，ポール／アンドリュー・ウィンストン（2022）『ネットポジティブ――「与える＞奪う」で地球に貢献する会社』三木俊哉訳，日経BP．

マッキー，ジョン／ラジェンドラ・シソーディア（2014）『世界でいちばん大切にしたい会社――コンシャス・カンパニー』鈴木立哉訳，翔泳社．

マーフィ重松，スティーヴン（2020）『スタンフォードの心理学授業――ハートフルネス』島田啓介訳，大和書房．

三木清（1978）『人生論ノート』新潮文庫．

三島由紀夫（1977）『豊饒の海（1～4）』新潮文庫．

――――（2020）『花ざかりの森・憂国――自選短編集（新版）』新潮文庫．

メドウズ，ドネラ・Hほか（1972）『成長の限界――ローマ・クラブ「人類の危機」レポート』大来佐武郎監訳，ダイヤモンド社．

メルロ＝ポンティ，モーリス（1967・1974）『知覚の現象学（1・2）』竹内芳郎ほか訳，みすず書房．

ユヌス，ムハマド（2008）『貧困のない世界を創る――ソーシャル・ビジネスと新しい資本主義』猪熊弘子訳，早川書房．

ユング，C・G（1983）『東洋的瞑想の心理学（ユング心理学選書⑤）』湯浅泰雄・黒木幹夫訳，創元社．

ヨナス，ハンス（2010）『責任という原理（新装版）――科学技術文明のための倫理学の試み』加藤尚武訳，東信堂．

リクール，ポール（2010）『他者のような自己自身（新装版）』久米博訳，法政大学出版局．

レスター，ジュリアス（1970）『奴隷とは』木島始・黄寅秀訳，岩波新書．

レヴィナス，エマニュエル（2005・06）『全体性と無限（上・下）』熊野純彦訳，岩波文庫．

レブ，バルーク／フェン・グー（2018）『会計の再生――21世紀の投資家・経営者のための対話革命』伊藤邦雄監訳，中央経済社．

ロールズ，ジョン（2010）『正義論（改訂版）』川本隆史・福間聡・神島裕子訳，紀伊國屋書店．

和辻哲郎（2007a）『倫理学（1～4）』岩波文庫．

――――（2007b）『人間学としての倫理学』岩波文庫．

――――（2011）『日本倫理思想史（1～4）』岩波文庫．